खंडहर बोलते हैं

खंडहर बोलते हैं

गुणाकर मुळे

राजकमल प्रकाशन
नयी दिल्ली पटना इलाहाबाद

मूल्य : ₹ 300

पहला संस्करण : 2011

प्रकाशक : राजकमल प्रकाशन प्रा. लि.
1-बी, नेताजी सुभाष मार्ग, दरियागंज
नई दिल्ली-110 002

शाखाएं : अशोक राजपथ, साइंस कॉलेज के सामने, पटना-800 006
पहली मंजिल, दरबारी बिल्डिंग, महात्मा गांधी मार्ग, इलाहाबाद-211 001

वेबसाइट : www.rajkamalprakashan.com
ई-मेल : info@rajkamalprakashan.com

आवरण : राजकमल स्टूडियो

मुद्रक : बी.के. ऑफसेट
नवीन शाहदरा, दिल्ली-110 032

KHANDHAR BOLTE HAIN
by Gunakar Mule

ISBN : 978-81-267-2044-6

प्राक्कथन

हमारे देश के इतिहास का एक बहुत बड़ा हिस्सा किलों के खंडहरों में मौजूद है। ऐसे सैकड़ों किले हैं, भारत के कोने-कोने में।

राजा-महाराजा एक-दूसरे से लड़ते रहे हैं—राज्यों की सीमाएं बढ़ाने के लिए। राज्यों की सीमाओं की सुरक्षा के लिए वे किले बनाते थे। जैसे-जैसे लड़ाई के साधन बदलते रहे, वैसे-वैसे किले की बनावट में बदलाव होता गया। इसलिए किलों में न केवल राज्यों के उतार-चढ़ावों का, बल्कि भवन-निर्माण और लड़ाई के पुराने साधनों का भी इतिहास छुपा हुआ है।

किले राज्य, राज-परिवार और राजकोष की रक्षा करते थे। किले शत्रुओं को राज्य में घुसने से रोकते थे।

दुर्ग, किला, गढ़ वास्तव में राज-शक्ति के प्रतीक हैं। ये किले हमारी राजसत्ता के केंद्र भी रहे हैं।

पुराने किले खंडहर बनते जा रहे हैं। मगर ये किले अब भी बोलते हैं, अपने समय के इतिहास की प्रामाणिक जानकारी भी देते हैं।

भारत के प्रसिद्ध किलों के विषय में श्री गुणाकर मुळे जी ने 'बाल भारती' में बड़े सरल और रोचक ढंग से लिखा था, जो बहुत प्रसिद्ध हुए थे। उनका शीर्षक था 'खंडहर बोलते हैं'।

अब मैं उन्हें पुस्तक रूप में राजकमल से प्रकाशित करवा रही हूं। आशा करती हूं कि यह पुस्तक बच्चों और बड़ों दोनों को पसंद आएगी और उपयोगी सिद्ध होगी।

सी-210, पांडव नगर
दिल्ली-92

—शांति गुणाकर मुळे

अनुक्रम

गुफाओं से किलों तक का सफर

आरंभ में मानव किसी जलाशय या नदीतट के निकट जंगल में रहता था। फिर खूंखार जानवरों से अपनी रक्षा के लिए उसने गुफाओं को अपना घर बनाया। पांच से पंद्रह हजार साल पहले के ऐसे प्राचीन गुफाघर, जिन्हें 'शैलाश्रय' कहते हैं, हमारे देश के कई स्थानों में मिले हैं।

फिर मानव ने गुफाघरों के आसपास खेती शुरू कर दी। साथ ही, स्थायी निवास के लिए झोंपड़ियां बनने लगीं। कई झोंपड़ियों ने मिलकर एक बस्ती का रूप ले लिया। हिंसक जंतुओं से रक्षा के लिए बस्तियों के इर्द-गिर्द बाड़ बनाई जाती थी। फिर बस्तियों के बीच युद्ध होने लगे, तो इस बाड़ या घेरे ने मजबूत और ऊंचे परकोटे का रूप ले लिया।

कुछ बस्तियां फैलकर नगर बन गईं, नगर राज्य बन गए। चूंकि विभिन्न नगरों में शत्रुता रहती थी, इसलिए नगरों के चारों ओर परकोटे बनाए गए–आरंभ में लकड़ी के और बाद में पत्थरों के। गांवों में ऊंचे स्थानों पर गढ़ियां बनाई जाती थीं। परकोटे केवल बाहरी शत्रु से रक्षा के लिए ही नहीं, प्रजा के विद्रोह या आक्रोश से शासक-वर्ग की रक्षा के लिए भी बनाए जाते थे। किले के भीतर प्रायः एक और किला बनाया जाता था। नगर की बाहरी रक्षा-पंक्ति टूटने पर अथवा जनसाधारण के विद्रोह करने पर शासक-वर्ग इस भीतरी किले में शरण लेता था।

'किला' शब्द अरबी भाषा का है, जिसका अर्थ है–'लड़ाई के समय बचाव का एक मजबूत स्थान'। इसी से 'किलेदार' और 'किलेबंदी' जैसे शब्द बने हैं। किले के लिए संस्कृत का शब्द है–'दुर्ग', जो 'दुर्गम्' शब्द से बना है, जिसका अर्थ है–'जहां पहुंचना कठिन हो'। 'दुर्ग' शब्द पहली बार हमारे देश के सबसे प्राचीन ग्रंथ ऋग्वेद में देखने को मिलता है। वैदिक काल में 'पुर' शब्द का अर्थ था–बाड़ या परकोटे से घिरी हुई बस्ती। इंद्र ने ऐसे अनेक पुरों को नष्ट किया था, इसलिए उसे 'पुरंदर' कहा गया। दुर्ग के लिए अन्य प्रचलित शब्द हैं–कोट और गढ़। अंग्रेजी के 'फोर्ट' शब्द का अर्थ है–'मजबूत'।

प्राचीन काल से ही यह पहचान लिया गया था कि दुर्ग राज्य का एक महत्त्वपूर्ण अंग होता है। महाभारत, रामायण और पुराणों में दुर्गों के बारे में काफी जानकारी मिलती है। मनुस्मृति और कौटिल्य के अर्थशास्त्र में भी दुर्गों के बारे में उपयोगी सूचनाएं हैं। हमारे देश के प्राचीन ग्रंथों में दुर्गों के प्रमुख रूप से छह प्रकार बताए गए हैं–

लकड़ी की बाड़ से घिरा हुआ वैदिक काल का एक गांव (पुर)

- **गिरिदुर्ग** : यह पहाड़ पर बना है।
- **जलदुर्ग** : यह नदी, सरोवर या समुद्र के जल से घिरा होता है।
- **धन्वदुर्ग** : मरुभूमि अथवा दलदली भूमि पर बना दुर्ग।
- **महीदुर्ग** : सामान्यतः भूमि पर बना दुर्ग। इसे स्थलदुर्ग भी कहते हैं।
- **वनदुर्ग** : वह दुर्ग जिसके चारों ओर घने जंगल हों।
- **नरदुर्ग** : ऐसे साहसी आदमियों की बस्तियों से घिरा दुर्ग जो जरूरत के समय राजा की सहायता कर सकें।

कौटिल्य ने गिरिदुर्ग और जलदुर्ग को सबसे महत्त्वूपर्ण बताया है। कौटिल्य ने अपने अर्थशास्त्र (लगभग 300 ई. पू.) में दुर्गों के निर्माण के बारे में सूचनाएं दी हैं। यह भी बताया है कि दुर्ग में आवश्यक वस्तुओं का भरपूर संग्रह होना चाहिए और जरूरत पड़ने पर दुर्ग से निकल भागने के लिए गुप्त मार्ग होने चाहिए।

प्राचीन भारत के दुर्गों की दीवारें और उनके प्रवेशद्वार कैसे थे, इसके दृश्य सांची, भरहुत आदि के शिल्पांकनों में देखने को मिलते हैं। सांची के एक दृश्य में नगर को पत्थरों की एक मजबूत दीवार से घेरे हुए दिखाया गया है। कुशीनगर का प्रवेश-द्वार इतना ऊंचा था कि उसमें से हाथी, उस पर सवार महावत सहित, मजे में गुजर सकता था। सांची के एक दृश्य में एक स्त्री को परकोटे के पास की परिखा (खाई) से पानी भरते हुए दिखाया गया है। कौटिल्य के अर्थशास्त्र में बताया गया है कि परिखा में मगरमच्छ पालने चाहिए, ताकि शत्रु उसे तैरकर पार न कर सके।

सन् 1921-22 में भारत में, वेदों से भी पहले की, एक प्राचीन सभ्यता का पता चला। इसे 'सिंधु सभ्यता' का नाम दिया गया है। चार-पांच हजार साल पुरानी यह सभ्यता अफगानिस्तान से लेकर पश्चिमी उत्तर प्रदेश और कश्मीर से लेकर नर्मदा नदी तक फैली हुई थी। अभी लोहे की खोज नहीं हुई थी; औजार तांबे, कांसे और पत्थरों के बनते थे। तब भी सिंधु सभ्यता के लोगों ने योजनाबद्ध तरीके से अपने नगर बसाए थे और वे पकाई हुई ईंटों का इस्तेमाल करते थे। कोट दीजी, मोहनजोदड़ो और हड़प्पा जैसे स्थल पाकिस्तान में चले गए हैं। स्वतंत्र भारत में लोथल (सौराष्ट्र), कालीबंगा (राजस्थान), धौलावीरा (कच्छ) आदि अनेक स्थलों की खोज 1947 के बाद हुई।

भारत में मिले दुर्ग या किले के सबसे प्राचीन अवशेष सिंधु सभ्यता के ही हैं। सिंधु सभ्यता के करीब एक दर्जन नगरों की खुदाई में परकोटे के अवशेष मिले हैं। किलेबंदी के सबसे प्राचीन अवशेष हड़प्पा के कुछ पहले के कोट दीजी स्थान से मिले हैं। सिंधु सभ्यता के मोहनजोदड़ो, हड़प्पा और कालीबंगा जैसे प्रमुख नगरों के दो भाग रहे हैं—पश्चिम की ओर मिट्टी की ईंटों के ऊंचे चबूतरे पर बना 'दुर्ग' और पूर्व की ओर मुख्य आबादी वाला 'निचला शहर'। ऊंचे चबूतरे वाले दुर्ग को 'गढ़ी' कहना बेहतर होगा। गढ़ी में शासक-वर्ग के लोग रहते थे।

हड़प्पा जैसे कुछ नगरों में केवल गढ़ी (दुर्ग) को ही दीवार से घेरा गया था, मगर कालीबंगा जैसे अन्य स्थलों में निचले शहर की भी घेराबंदी की गई है। सिंधुजनों ने धूप में सुखाई और आंवे में पकाई, दोनों ही प्रकार की ईंटों का इस्तेमाल किया है—न केवल अपने मकान बनाने में, बल्कि दुर्ग की दीवार बनाने में भी। दुर्ग की दीवार काफी चौड़ी थी और प्रवेश-द्वार के दोनों तरफ बुर्ज बने हुए थे।

वैदिक काल में गांव लकड़ी के बाड़ों से घिरे हुए होते थे। ऐसे गांवों को वेदों में 'पुर' कहा गया है। ये पुर बड़े आकार के भी होते थे। आमतौर पर बाड़ों का

उपयोग बाहरी हमलों, जंगली पशुओं और लुटेरों आदि से रक्षा के लिए होता था। पशुओं को सुरक्षित रखने के लिए भी बाड़ों का उपयोग होता था। गांव में प्रवेश के लिए फाटक होता था।

सिंधु सभ्यता के अवसान के बाद भारत में दुर्ग वाले नगरों का 600 ई.पू. के आसपास पुनः उदय होता है। ईसा पूर्व छठी सदी में राजगृह (राजगीर, बिहार) मगध की राजधानी थी और चारों ओर से पहाड़ियों से घिरी हुई थी। नगर को इन पहाड़ियों के ऊपर से गुजरने वाली रोड़े-पत्थरों से बनी एक ऊंची दीवार द्वारा घेरा गया था। उस दीवार के अवशेष आज भी देखे जा सकते हैं।

छठी सदी ई.पू. के दुर्गों के अवशेष एरण (सागर, मध्य प्रदेश), कौशांबी (इलाहाबाद, उत्तर प्रदेश), उज्जैन (मध्य प्रदेश), वैशाली (बिहार), राजघाट (वाराणसी), शिशुपालगढ़ (भुवनेश्वर के पास, उड़ीसा) आदि स्थानों की खुदाई में भी मिले हैं। एरण नगर को तीन दिशाओं में एक मजबूत दीवार से घेरा गया था और चौथी दिशा की रक्षा बीना नदी द्वारा होती थी। परकोटे से करीब 15 मीटर की दूरी पर परिखा थी जिनमें बीना नदी का पानी भरा रहता था। कौशांबी और उज्जैन की खुदाई में भी परिखा, प्राकार (परकोटे) और प्रवेश-द्वार के अवशेष मिले हैं।

वास्तुशिल्पों में दुर्ग दृश्यों का अंकन

मौर्यकाल के एक दुर्ग-नगर का परकोटा, परिखा और प्रवेश द्वार

ईसा पूर्व चौथी सदी में राजगृह को त्यागकर पाटलिपुत्र (आधुनिक पटना) को मगध की राजधानी बनाया गया। मेगस्थनीज, जो चंद्रगुप्त मौर्य के दरबार में यूनानी राजदूत था, पाटलिपुत्र नगर का वर्णन करते हुए लिखता है–"भारत का सबसे बड़ा नगर वह है जिसे पालिबोथ्रा (पाटलिपुत्र) कहते हैं। इसके चारों ओर एक चौड़ी खाई है। नगर के चारों ओर लकड़ी की बनी हुई एक रक्षा-दीवार है। उसमें 570 अट्टालक (बुर्ज) तथा 64 द्वार हैं।" पाटलिपुत्र की यह रक्षा-दीवार लकड़ी के मोटे लट्ठों से बनाई गई थी। पटना के बुलंदीबाग क्षेत्र की खुदाई में इस बात के सबूत भी मिले हैं।

मौर्य काल में दुर्ग राज्य के आवश्यक अंग बन गए थे। कौटिल्य ने राज्य के सात अंगों में दुर्ग को स्थान दिया है और इसे राजकोष और सेना से अधिक महत्त्वपूर्ण माना है। कौटिल्य ने अपने अर्थशास्त्र में दुर्गों के विभिन्न अंगों का विस्तृत वर्णन किया है और बाहरी आक्रमणों से इनके बचाव के अनेक उपाय बताए हैं।

वाल्मीकि की *रामायण* में अयोध्या, किष्किंधा, लंका जैसी नगरियों का जो वर्णन है उससे भी पता चलता है कि उस समय के नगरों और दुर्गों की रक्षा के लिए उनके चारों ओर खाइयां खोदी जाती थीं। रक्षा-दीवारों के ऊपर बुर्ज बनाए जाते थे। इनके ऊपर से शत्रु की हलचल पर नजर रखी जाती थी। नगर के चारों ओर प्रवेश-द्वार (गोपुर) बनाए जाते थे। महाभारत के शांतिपर्व में कहा गया है कि जो नगरी दुर्ग वाली हो, मजबूत परकोटे और परिखा से घिरी हो, बलवान मनुष्यों तथा हाथी-घोड़ों से सुशोभित हो, उसी में राजा को निवास करना चाहिए।

उत्तर भारत के अधिकतर नगर बारहमासी नदियों के तट पर बसे हुए थे। ये नगर मिट्टी और ईंटों से निर्मित विशाल परकोटों से घिरे हुए थे। दक्षिण भारत के परकोटे वाले नगर गंगाघाटी के परकोटे वाले नगरों से कुछ बाद के हैं। नागार्जुनकोंडा (आंध्र प्रदेश) से इक्ष्वाकुओं की राजधानी विजयपुरी के जो अवशेष मिले हैं वे ईसा की तीसरी-चौथी सदी के हैं। दीवार से घिरा हुआ यहां का दुर्ग लगभग चतुर्भुजाकार था और इसके दो प्रवेश-द्वार थे।

मौर्यों के बाद उत्तर भारत में शुंगों का और आंध्र-महाराष्ट्र में सातवाहनों का राज्य स्थापित हुआ। इनके समय के दुर्गों का स्वरूप सांची, भरहुत और अमरावती के बौद्ध-स्तूपों के शिल्पों में देखने को मिलता है। यूनानी लेखक तालेमी (ईसा की दूसरी सदी) बताता है कि सातवाहनों के साम्राज्य (200 ई.पू. से 225 ई.) में दीवारों से घिरे तीस नगर थे। जुन्नर (नाशिक जिला) के आस-पास के कुछ गिरिदुर्ग (पहाड़ी किलों) का इतिहास सातवाहन काल तक पीछे जाता है। जुन्नर के नजदीक का शिवनेरी किला, जहां 1630 ई. में छत्रपति शिवाजी का जन्म हुआ था, सातवाहनों के समय का ही है।

गुप्त-वाकाटक युग (लगभग 300 ई. से 500 ई. तक) में राजनीतिक माहौल कुछ शांत था, इसलिए दुर्गों को शायद कम महत्त्व दिया गया। लेकिन कालिदास (लगभग 400 ई.) ने अपनी रचनाओं में जिन नगरों का वर्णन किया है उनसे पता चलता है कि नगरों की रक्षा के लिए जो दुर्ग बनाए जाते थे वे प्राकार (परकोटे), परिखा, प्रवेश-द्वार आदि से सम्पन्न होते थे।

गुप्त साम्राज्य के टूटने के बाद देश में कई क्षेत्रीय राज्यों का उदय हुआ। राजनीतिक अस्थिरता बढ़ गई। इसके साथ ही दुर्गों का महत्त्व भी बढ़ता गया। दक्खन में ईसा की सातवीं-आठवीं सदी से दुर्ग-निर्माण का एक नया दौर शुरू हुआ।

चालुक्य, राष्ट्रकूट, यादव और शिलाहार शासकों ने बहुत सारे दुर्गों का निर्माण किया। फिर 1347 ई. से दक्खन में बहमनी सुलतानों का शासन स्थापित हुआ, तो उन्होंने दुर्गों के निर्माण में कई सुधार किए। उसके बाद मराठों ने पहले के दुर्गों को मजबूत किया और अनेक नए दुर्ग बनाए।

उत्तर भारत में राजपूत शासकों ने भी अपने दुर्ग बनाए। फिर खिलजी, तुगलक, सूरी और मुगल शासकों ने अपने-अपने किले बनवाए। इनमें से बहुत-से किले आज भी जैसे-तैसे खड़े हैं। इनके खंडहर राजवंशों के उतार-चढ़ावों की दिलचस्प दास्तान कहते हैं, अपने समय का सच्चा इतिहास बोलते हैं।

दिल्ली के किले

दिल्ली संसार का एक अद्भुत नगर है। दिल्ली को सात बार बसाए जाने का वर्णन मिलता है। जब भी नया नगर बसाया गया तो उसकी रक्षा के लिए नया किला भी बनाना पड़ा। दिल्ली में जितने किले बनाए गए, उतने शायद दुनिया के किसी भी अन्य नगर में नहीं बने। दिल्ली किलों का नगर है।

दिल्ली का इतिहास करीब साढ़े तीन हजार साल पीछे जाता है। **महाभारत** में पांडवों की राजधानी इंद्रप्रस्थ का वर्णन है। माना जाता है कि दिल्ली का पुराना किला इंद्रप्रस्थ के स्थान पर बसा हुआ है। पुराने किले की खुदाई में मौर्य काल से लेकर मुगल काल तक के पुरावशेष मिले हैं। दिल्ली से सम्राट अशोक (ईसा पूर्व तीसरी सदी) का एक शिलालेख भी मिला है।

दिल्ली के करीब दस किलों के बारे में जानकारी मिलती है। इन किलों के साथ कई राजवंशों की कहानी जुड़ी हुई है। दिल्ली कई राजवंशों की राजधानी रही

तुगलकाबाद के किले की टूटी दीवार

है, इसलिए यहां के किले, न केवल दिल्ली का, बल्कि काफी हद तक देश के एक बड़े भाग का इतिहास भी बताते हैं। इनमें कई किले अब खंडहर बन गए हैं, लगभग नष्ट हो गए हैं। फिर भी कुछ किले अभी भी अच्छी स्थिति में हैं।

तोमर राजपूतों ने ईसा की दसवीं सदी में दिल्ली के दक्षिणी सिरे की पहाड़ी पर, सूरजकुंड के पास, अपना शासन स्थापित किया था। फिर अनंगपाल तोमर ने 1051 ई. के आस-पास कुतुब मीनार के क्षेत्र में एक मजबूत किला बनवाया, जो **लालकोट** के नाम से प्रसिद्ध हुआ। इसे दिल्ली का पहला नियमित किला और दिल्ली का पहला शहर माना जा सकता है। आज कुतुब मीनार के पास की मस्जिद में जो लौहस्तंभ खड़ा है उसे एक अज्ञात विष्णु मंदिर से अनंगपाल ही अपनी राजधानी में उठा लाया था। लालकोट के परकोटे के बचे-खुचे भागों को कुतुब मीनार के ऊपर से देखा जा सकता है। परकोटे में बुर्ज थे, प्रवेश-द्वार थे और बाहर परिखा थी। लालकोट के भीतर के महल और मंदिर अब नष्ट हो गए हैं। इसके भीतर मंदिरों का जो परिसर था, उसकी जगह अब कुतुब मीनार और उससे जुड़े स्मारक खड़े हैं।

चौहान शासक विग्रहराज चतुर्थ (बीसलदेव) ने 1164 ई. में अंतिम तोमर राजा को हराकर दिल्ली पर अधिकार कर लिया। बीसलदेव के बाद दिल्ली का प्रसिद्ध राजा पृथ्वीराज चौहान हुआ, जिसे राय पिथौरा के नाम से भी जाना जाता है। राय पिथौरा ने लालकोट का विस्तार करके जो किला बनाया, वह किला राय पिथौरा के नाम से जाना जाता है। लगभग चौकोण के आकार के इस पिथौरागढ़ के दक्षिण-पश्चिम कोने में लालकोट रहा है। इसके परकोटे की दीवार 5 से 6 मीटर मोटी तथा 18 मीटर ऊंची थी और इसके बाहर चौड़ी खाई थी। पता चलता है कि पिथौरागढ़ के परकोटे में 13 प्रवेश-द्वार थे, जिनमें से कुछ आज भी देखे जा सकते हैं।

सन् 1192 में मुहम्मद गौरी ने पृथ्वीराज चौहान को हराकर दिल्ली का राज्य हथिया लिया। मुहम्मद के वापस चले जाने पर दिल्ली के राज्य की जिम्मेदारी उसके गुलाम व सेनापति कुतुबुद्दीन ऐबक ने संभाली। कुतुबुद्दीन के गुलाम वंश ने करीब सौ साल तक दिल्ली पर शासन किया। उन्होंने कोई बड़ा किला नहीं बनाया। वे पिथौरागढ़ को ही राजधानी बनाकर राज्य करते रहे। उन्होंने पिथौरागढ़ के भीतर के मंदिरों और महलों को नष्ट-भ्रष्ट करके अपने महल, मस्जिद, मीनार और मकबरे खड़े किए। कुतुब मीनार और उसके नजदीक की मस्जिद उन्हीं के समय के स्मारक हैं।

गुलाम वंश के पतन के बाद 1290 ई. में दिल्ली पर खिलजी वंश के अफगानी तुर्कों का शासन शुरू हुआ। अलाउद्दीन खिलजी ने 1303 ई. के आस-पास

पिथौरागढ़ के उत्तर-पूर्व में और हौज खास के दक्षिण-पूर्व में एक नगर बसाया और उसे एक मजबूत परकोटे से घेर दिया। पुराने सीरी नामक गांव के स्थान पर बसाए जाने के कारण यह सीरी किले के नाम से जाना जाता है। इस किले के सात दरवाजे थे और इसके अंदर करीब हजार खंबों वाला 'कोशके-हजार सुतून' नामक दो-मंजिला एक शानदार महल बनाया गया था। शहर को पानी पहुंचाने के लिए खिलजी सुलतान ने एक लंबा-चौड़ा तालाब खुदवाया, जो हौज खास के नाम से प्रसिद्ध है। इस किले के लगभग सभी स्मारक नष्ट हो गए हैं। बाद में शेरशाह सूरी ने दिल्ली में अपना नया नगर बसाया, तो सीरी की भवन-सामग्री का खूब इस्तेमाल किया। दिल्ली में एशियाई खेलों का आयोजन हुआ तो सीरी के भीतर विदेशी सहभागियों के लिए आवास बनाए गए थे। तब से सीरी की फिर से पहचान बढ़ी है।

खिलजी वंश के बाद 1321 ई. में तुगलक वंश का एक सैनिक गयास तुगलक दिल्ली का सुलतान बना। उसने आगे के दो सालों में कुतुब मीनार के करीब 8 किलोमीटर पूर्व में एक चट्टानी पहाड़ी पर तुगलकाबाद के नाम से एक नया नगर और किला स्थापित किया। रोड़े और पत्थरों से बना इसका परकोटा 6.5 किलोमीटर लंबा और 10 से 15 मीटर ऊंचा है। इसमें कई बुर्ज और दरवाजे बनाए गए थे। इस किले के तीन भाग थे। पूर्वी भाग में दीवार और बुर्जों वाली एक ऊंची गढ़ी थी। इसके उत्तर में सीधी सड़कों वाला शहर था। गढ़ी के घेरे में महल, धान्य के कोठे, गुप्त स्थान और तहखाने थे। तुगलकाबाद का केवल परकोटा ही अब जैसे-तैसे बचा हुआ है। आजकल भारत सरकार का पुरातत्त्व विभाग तुगलकाबाद में उत्खनन करवा रहा है।

गयास तुगलक के बेटे मुहम्मद तुगलक ने तुगलकाबाद के दक्षिण में एक छोटा किला बनवाया और उसका नाम आदिलाबान रखा, क्योंकि वह अपने को आदिल (न्याय करने वाला) कहता था। यह किला अब टूटी-फूटी दशा में है। मुहम्मद तुगलक ने एक और काम किया। उसने पिथौरागढ़ और सीरी के दोनों तरफ दीवारें खींचकर, दोनों को मिलाकर और उनके बीच की सारी जमीन को इस घेरे में लेकर एक विस्तृत शहर खड़ा कर दिया। इसे जहांपनाह का नाम दिया गया। इस तरह, पिथौरागढ़, सीरी और जहांपनाह, तीनों किले मिलकर एक हो गए। जहांपनाह की दीवार के अवशेष अब कुछ ही जगहों पर देखने को मिलते हैं।

तीसरे तुगलक सुलतान फीरोजशाह ने 1354 ई. में एक नया नगर बसाया—फीरोजाबाद। दिल्ली की आबादी बहुत बढ़ गई थी, इसलिए यह नगर दक्षिण में हौज खास से लेकर उत्तर में हिंदू राव अस्पताल तक फैला हुआ था। इस नगर का

किला शाहजहानाबाद के दिल्ली दरवाजे के दक्षिण में यमुना के तट पर बनाया गया और अब फीरोजशाह कोटला के नाम से जाना जाता है। किले की मोटी दीवार के भीतर जामी मस्जिद और महल थे। किले की पश्चिम दिशा के मुख्य दरवाजे के दोनों ओर बुर्ज थे। पूर्वी दिशा में नदी में उतरने के लिए परकोटे के पास सीढ़ियां बनाई गई थीं। किले में एक गोलाकार बावली भी है, जिसके अंदर कमरे बने हुए हैं।

आज फीरोजशाह कोटला का मुख्य आकर्षण है—सम्राट अशोक का स्तंभ। यह स्तंभ पिरामिड के आकार की एक तीन-मंजिली इमारत के ऊपर खड़ा किया गया है। फीरोजशाह के आदेश से बड़ी हिकमत से इसे अंबाला जिले के तोपड़ा गांव से नदी के रास्ते दिल्ली लाया गया था। उसी ने एक अन्य अशोक स्तंभ मेरठ के पास से लाकर हिंदू राव अस्पताल के पास पहाड़ी पर खड़ा करवाया था। फीरोजशाह के समय में देश का कोई भी पंडित इन स्तंभों पर खोदे हुए अशोक के ब्राह्मी लेखों को पढ़ नहीं पाया था। इन स्तंभ-लेखों को पहली बार 1837 ई. में पढ़ पाना संभव हुआ।

सबसे पुरानी दिल्ली, जिसे **इंद्रप्रस्थ** कहा जाता था, संभवतः पुराने किले के स्थान पर बसी हुई थी। मुगल बादशाह हुमायूं ने पुराने किले के टीले पर 1534 ई. में एक नए किले के नि र्माण का कार्य शुरू किया और उसे **दीनपनाह** नाम दिया। फिर शेरशाह सूरी ने उसे पूरा और पक्का किया तो वह **शेरगढ़** कहलाया। लेकिन अब यह **पुराना किला** के नाम से ही जाना जाता है। माना जाता है कि इस

फीरोजशाह कोटला की तीन-मंजिली इमारत पर खड़ा अशोक स्तंभ

किले का परकोटा और इसके भव्य दरवाजे हुमायूं ने बनवाए थे और इसके भीतर की खूबसूरत मस्जिद और शेरमंडल नामक दोमंजिली अष्टभुजाकार इमारत शेरशाह ने बनवाई थी। शेरमंडल के नीचे उतरते समय पैर फिसल जाने से हुमायूं की मृत्यु हो गई थी।

पुराने किले की खुदाई में 1000 ई.पू. से लेकर आरंभिक मुगल काल तक की पुरावस्तुएं मिली हैं। इसलिए माना जाता है कि **महाभारत** में पांडवों के जिस इंद्रप्रस्थ नगर का वर्णन है, वह पुराने किले के स्थान पर ही बसा हुआ था। शेरशाह के बेटे सलीमशाह ने लाल किले के उत्तर-पूर्व में यमुना के तट पर लगभग त्रिभुज के आकार का एक छोटा किला बनवाया था, जो **सलीमगढ़** कहलाया। जहांगीर ने एक पुल बनाकर सलीमगढ़ को लाल किले के साथ जोड़ दिया था। सन् 1864 में

पुराने किले का एक प्रवेश द्वार

जब रेल की लाइन सलीमगढ़ के ऊपर से निकाली गई तो उस पुल को हटा दिया गया। मुगल काल में सलीमगढ़ का उपयोग राजकीय जेल के रूप में किया जाता था।

हुमायूं के बाद अकबर और जहांगीर ने अपनी राजधानी आगरे में ही रखी। कुछ दिनों तक फतेहपुर सीकरी में भी अकबर की राजधानी रही। आगरे में 12 साल तक शासन करने के बाद शाहजहां 1638 ई. में अपनी राजधानी दिल्ली ले आया। अगले वर्ष उसने यहां सलीमगढ़ के दक्षिण में यमुना के तट पर भव्य किला बनाने का निर्णय लिया और इसकी जिम्मेदारी दिल्लीवासी दो भाई उस्ताद हामिद और अहमद को सौंपी। नौ साल बाद किला बनकर तैयार हो गया और पता चलता है कि इसे बनाने में उस समय के एक करोड़ रुपए खर्च हुए। इसके निर्माण में ज्यादातर लाल रंग के पत्थरों का इस्तेमाल हुआ है, इसलिए यह लाल किला के नाम से मशहूर हुआ।

इस अष्टभुजाकार किले की पूर्व और पश्चिम की ओर की दीवारें ज्यादा लंबी हैं। करीब ढाई किलोमीटर लंबा इसका परकोटा शहर की ओर करीब 33 मीटर ऊंचा और नदी की ओर 18 मीटर ऊंचा है। परकोटे के बाहर जो खाई है, वह पहले नदी से जुड़ी हुई थी। किले के दो प्रमुख दरवाजे आज भी कायम हैं। पश्चिम दिशा का मुख्य लाहौरी दरवाजा चांदनी चौक की ओर खुलता है और दक्षिण दिशा का दिल्ली दरवाजा फीरोजशाह कोटला की ओर। बाकी के तीन दरवाजे अब बंद हैं।

लाल किले का लाहौरी दरवाजा

प्रतिवर्ष 15 अगस्त को लाल किले के लाहौरी दरवाजे के ऊपर से ही प्रधानमंत्री झंडा फहराते हैं और भाषण देते हैं, इसलिए यह स्थान सबके परिचय का है। किले के दरवाजे के भीतर जाने पर छत वाला एक मार्ग है और उसके दोनों तरफ दुकानें हैं। आगे जाकर नक्कारखाने की तीन-मंजिली इमारत है। आजकल इसकी ऊपरी मंजिल में शस्त्रास्त्रों का संग्रहालय है।

नक्कारखाने के आगे के चौक के परे दीवान-ए-आम की भव्य इमारत है। इसके पिछवाड़े के मध्य में एक ऊंचे मंच पर संगमरमर की बनी एक खूबसूरत छतरी है। उसके नीचे बादशाह का तख्त रखा गया था। बादशाह यहां बैठकर आम जनता से मिलता था, उसकी शिकायतें सुनता था। तख्त के नीचे संगमरमर की एक चौकी है जिस पर वजीर बैठता था।

आरंभ में किले के पिछवाड़े में नदी की तरफ छह महल थे और उन सबमें से एक नहर (नहर-ए-बहिश्त) बहती थी। बचे हुए महलों में मुमताज महल दक्षिणी सिरे पर है। अब इसमें पुरातत्त्व संग्रहालय है, जिसमें प्रमुखतः मुगल काल की चीजें रखी हुई हैं। इसके उत्तर की ओर छह कक्षों वाला रंगमहल है। इसकी छतों और दीवारों पर छोटे-छोटे शीशे जड़े गए थे, इसलिए इसे शीशमहल भी कहते हैं। इसी पंक्ति में खास-महल है, जिसका बादशाह इबादत (पूजा-प्रार्थना) के लिए इस्तेमाल करता था। इसी के पीछे तीन कक्षों वाला ख्वाबगाह (शयनघर) है। इन कक्षों के उत्तर में संगरमर की एक खूबसूरत जाली है जिसमें 'न्याय का तराजू' बना हुआ है। इसके आगे उत्तर की ओर संगमरमर के ही बने तीन हमाम (स्नानघर) हैं।

हमाम के पश्चिम में एक छोटी मस्जिद है जिसे मोती मस्जिद कहते हैं। इसे औरंगजेब ने अपने निजी उपयोग के लिए बनवाया था।

लाल किले का सबसे शानदार स्मारक है—दीवान-ए-खास, जहां बादशाह अपने खास लोगों से मिलता था। इसके संगमरमर के खम्भों पर खूबसूरत नक्काशी की गई है। इस इमारत के मध्यभाग के एक चबूतरे पर हीरे-जवाहरात से जड़ा सोने का बेशकीमती तख्ते-ताऊस (मयूर-सिंहासन) रखा गया था। नादिरशाह ने 1739 ई. में दिल्ली और लाल किले को खूब लूटा और इस तख्ते-ताऊस को उठाकर वह अफगानिस्तान से होता हुआ फारस ले गया। इसी दीवान-ए-खास की एक दीवार पर हिंदी-फारसी के कवि अमीर खुसरो की ये पंक्तियां खुदी हुई हैं—

"यदि पृथ्वी पर कोई स्वर्ग है, तो वह यहीं है, यहीं है...यहीं है।"

देवगिरि-दौलताबाद का किला

पुरानी दिल्ली के कम-से-कम दो किले–सीरी और आदिलाबाद–दक्खन के देवगिरि किले से लूटकर लाए गए धन से बने थे। यह भी कहा जा सकता है कि देवगिरि से हासिल की गई बेशुमार दौलत ने ही अलाउद्दीन खिलजी को 1296 ई. में दिल्ली का सुलतान बनाया था।

सन् 1294 की बात है। दिल्ली के सुलतान जलालुद्दीन खिलजी का भतीजा अलाउद्दीन तब कड़ा (इलाहाबाद के पास गंगातट पर) का हाकिम था। अलाउद्दीन को जानकारी मिली थी कि देवगिरि के यादव शासकों के पास बेशुमार संपत्ति है। उसने सुलतान को बिना बताए दो-तीन हजार घुड़सवारों की फौज लेकर दक्खन की ओर प्रस्थान किया और जल्दी ही देवगिरि के पास पहुंच गया। देवगिरि की सेना राजकुमार शंकरदेव के नेतृत्व में दक्षिण की चढ़ाई पर गई हुई थी, इसलिए राजा रामचंद्रदेव सीधे युद्ध करने में असमर्थ था। राजा ने अपने को देवगिरि के अजेय दुर्ग में बंद कर लिया।

अलाउद्दीन ने देवगिरि को घेर लिया और शहर को खूब लूटा। उसी समय हमलावर से डरे हुए एक व्यापारी ने गाड़ियों में लदे बोरों को किले के पास उतारा। राजा के आदमियों ने उन्हें अनाज के बोरे समझकर उठा लिया, मगर बाद में पता चला कि उनमें नमक भरा हुआ है! किले में अनाज की कमी हो जाने के कारण राजा समझौते के लिए तैयार हो गया। उसने अलाउद्दीन को काफी धन-दौलत दी। उसी समय राजकुमार शंकरदेव देवगिरि लौटा और उसने अलाउद्दीन पर हमला बोल दिया। लड़ाई में शंकरदेव की हार हुई। पुनः जो समझौता हुआ उसमें देवगिरि के राजा ने अलाउद्दीन को 600 मन सोना, 1000 मन चांदी, 7 मन मोती, 2 मन हीरे-जवाहरात और रेशम के 1000 थान सौंपने के अलावा एलिचपुर (अचलपुर, महाराष्ट्र) के इलाके का उत्पन्न वार्षिक खिराज के रूप में देना स्वीकार किया।

उत्तर भारत के किसी इस्लामी शासक का दक्खन की ओर वह पहला फौजी अभियान था। देवगिरि से लाए धन का उपयोग करके अलाउद्दीन ने सुलतान की

फौज को अपने पक्ष में कर लिया और अपने चाचा का खून करके 1296 ई. में खुद दिल्ली का सुलतान बन बैठा। फिर देवगिरि के ही धन का उपयोग करके उसने दिल्ली के सीरी गांव में एक नया नगर बसाया, वहां एक शानदार महल बनवाया और उसे एक मजबूत परकोटे से घेर दिया। बाद में अलाउद्दीन के सेनापति मालिक काफूर ने देवगिरि और दक्षिण भारत पर तीन हमले किए। अंत में देवगिरि का राज्य दिल्ली सल्तनत का हिस्सा बन गया।

दिल्ली और देवगिरि के संबंधों की दूसरी घटना ज्यादा दिलचस्प है। मुहम्मद तुगलक के समय (1325-51 ई.) में दिल्ली का शासन दक्षिण भारत में दूर तक फैल गया था। मगर हिंदू शासकों के लगातार विद्रोह के कारण दक्षिण के इलाकों को अधिकार में रखना मुहम्मद तुगलक के लिए कठिन हो रहा था। सनकी स्वभाव के सुलतान ने इसका एक उपाय खोजा। उसने अपनी राजधानी दिल्ली से देवगिरि ले जाने का फैसला किया। उसने सन् 1328 में दिल्ली के निवासियों को देवगिरि जाने का हुक्म दिया। लोग दिल्ली छोड़ना नहीं चाहते थे, मगर कोई इलाज नहीं था। बहुतों को कठोर दंड दिया गया। दिल्ली से करीब 1150 किलोमीटर दूर देवगिरि जाने में लोगों को अपार कष्ट हुए।

सुलतान ने दिल्ली और देवगिरि के बीच सड़क बनवाई। देवगिरि में किले के पास एक नया नगर बसाया और उसे दौलताबाद का नाम देकर उसे साढ़े चार किलोमीटर लंबे एक परकोटे से घेर दिया। मगर दिल्ली से वहां गए लोग सुखी नहीं थे। वहां पानी की भी किल्लत थी। अंत में आठ-नौ साल बाद सुलतान ने लोगों

देवगिरि-दौलताबाद का किला

को दिल्ली लौटने की इजाजत दे दी। लोगों में कहावत मशहूर हो गई–''दिल्ली से दौलताबाद और दौलताबाद से दिल्ली!''

देवगिरि का किला महाराष्ट्र के औरंगाबाद शहर से 14 किलोमीटर पूर्वोत्तर में शंकु के आकार की एक अलग-थलग पहाड़ी पर स्थित है। पहाड़ी पास के मैदान से एकाएक करीब 190 मीटर ऊपर उठी हुई। पहाड़ को काटकर बनाई गई एलोरा (मराठी में 'वेरूळ') की विख्यात गुफाएं देवगिरि-दौलताबाद से केवल 16 किलोमीटर दूर हैं। अजंता (अजिंठा) की गुफाएं भी ज्यादा दूर नहीं हैं। इसलिए एलोरा और अजंता को देखने आने वाले पर्यटक देवगिरि के इस अद्भुत किले को देखने का अवसर हाथ से जाने नहीं देते।

देवगिरि का दुर्ग कब और किसने बनाया, इसके बारे में इतिहास में स्पष्ट जानकारी नहीं मिलती। मौर्यों के पतन के बाद महाराष्ट्र में सातवाहनों का शासन करीब 450 साल (237 ई. पू. से 230 ई.) तक चला। उनके समय में महाराष्ट्र के भाजा, कार्ले, कान्हेरी, जुन्नर आदि कई स्थानों में पहाड़ों को काटकर गुफाएं बनाई गई थीं। संभव है कि उसी समय देवगिरि में भी पहाड़ी को काटकर कुछ गुफाएं बनाई गई हों।

सातवाहनों के बाद इस क्षेत्र में वाकाटकों, चालुक्यों और राष्ट्रकूटों का शासन रहा। राष्ट्रकूटों के समय (ईसा की आठवीं सदी का उत्तरार्ध) में ही पहाड़ी को काटकर एलोरा का अद्भुत कैलास मंदिर (शिव मंदिर) बनाया गया था। देवगिरि दुर्ग के चहुंओर पहाड़ी को काटकर बनाया गया खड़ा कगार राष्ट्रकूटों के समय का ही होगा। इस दुर्ग में ऊपर जाने के लिए बना भूलभुलैया जैसा सुरंगी मार्ग भी संभवतः उसी समय का है।

राष्ट्रकूटों के बाद 950 ई. के आस-पास से इस क्षेत्र में यादवों का शासन शुरू हुआ। भिल्लम-पंचम (1185-93 ई.) एक शक्तिशाली यादव शासक था। उसने देवगिरि में अपना राज्याभिषेक करवाके उसे अपनी राजधानी बनाया। देवगिरि महाराष्ट्र के लगभग केंद्रभाग में स्थित है। सिंघण-द्वितीय के शासनकाल (1210-46 ई.) में यादव साम्राज्य अपने वैभव के शिखर पर पहुंच गया था। देवगिरि के दुर्ग का अधिकतर निर्माण-कार्य सिंघण-द्वितीय के समय में ही हुआ जान पड़ता है।

पहले हम बता चुके कि किस प्रकार अलाउद्दीन खिलजी ने 1294 ई. में देवगिरि पर हमला किया और अंत में वहां के यादव राज्य का अंत कर दिया। फिर मुहम्मद तुगलक ने दिल्ली की अधिकांश आबादी को देवगिरि ले जाकर उसे अपनी राजधानी बनाने का प्रयास किया और नगर को नया नाम दिया–दौलताबाद, यानी धन-दौलत वाला नगर। उसके बाद 1347 ई. में दौलताबाद का यह किला दक्खन

जुम्मा मस्जिद में पुरानी नक्काशी वाले स्तंभ

के बहमनी शासकों के अधिकार में चला गया। बहमनियों की पांच शाखाएं होने पर दौलताबाद का किला अहमदनगर की निजामशाही के हिस्से में गया। फिर 1633 ई. में इस किले पर मुगलों का अधिकार हुआ और औरंगजेब की मृत्यु (1707 ई.) तक यह उन्हीं के कब्जे में रहा। उसके बाद 1724 ई. में इस पर हैदराबाद के निजाम का अधिकार हो गया।

देवगिरि-दौलताबाद का किला आज भी काफी अच्छी स्थिति में है। इसे दक्खन का सबसे मजबूत किला माना गया था। युद्ध के सामान्य तरीकों और साधनों से इस किले को जीत पाना संभव नहीं था। इसकी किलेबंदी तीन दीवारों से की गई है, जिनमें अनेकानेक बुर्ज हैं। ये दीवारें किले की ऊंचाई तक पहुंचती हैं।

बाहरी दीवार (प्राचीर) अंडाकार है और इसका पूरा घेरा करीब साढ़े चार किलोमीटर का है। यह तुगलक शासनकाल की है। बाहरी और भीतरी दीवार के बीच में जो महल, मंदिर, मस्जिद आदि बने थे वे अब खंडहर बन गए हैं। पता चलता है कि किले में प्रवेश के लिए पहले सात या आठ दरवाजे थे, मगर अब

केवल दो दरवाजे कायम हैं। इनमें एक का नाम रोझा दरवाजा है और दूसरे का मक्का दरवाजा। ऊपरी किले के चहुंओर पत्थर को काटकर करीब 12 मीटर गहरी और काफी चौड़ी खाई बनाई गई है। खाई में पानी कम-ज्यादा करने की व्यवस्था की गई थी। खाई के ऊपर पुल का निर्माण इस तरह किया गया था कि शत्रु के पहुंचने पर वह खाई के पानी में डूब जाता था। खाई के ऊपर अब जो पुल है वह आधुनिक काल का है, पर पुराने पुल पर पहुंचने के लिए बनी सीढ़ियां अब भी देखी जा सकती हैं। खाई में मगरमच्छ भी छोड़े गए थे।

खाई के परे पत्थर को काटकर तैयार की गई दीवार एकदम खड़ी और चिकनी है। उसके बारे में लिखा गया है कि उस पर आदमी तो क्या, सांप या चींटी भी नहीं चढ़ सकते। किले के ऊपरी भाग (बालेकिला) तक पहुंचने के लिए पहाड़ को काटकर बनाए गए सुरंगों वाले रास्तों की सीढ़ियों से गुजरना पड़ता है। भूलभुलैया जैसी इन सुरंगी रास्तों में अंधकार रहता है, इसलिए मशाल का इस्तेमाल करना पड़ता है। शत्रु यदि किसी तरह इस सुरंगी मार्ग में पहुंच भी जाए तो उसे गलत रास्तों में भटकाकर मार डालने की भी व्यवस्था की गई है। सुरंगी मार्ग के ऊपरी सिरे पर लोहे की मोटी जाली रखी गई है। उस पर आग जलाकर सुरंग के भीतर गर्म हवा भरी जा सकती थी। देवगिरि-दौलताबाद के इस किले में पत्थर को काटकर बनाई गई सुरंग का अनोखा इंतजाम एक तिलस्मी कथानक की तरह जान पड़ता है।

सुरंग से निकलकर और सीढ़ियों वाले काफी चौड़े मार्ग के ऊपर चढ़ने पर किले के ऊपरी स्थान के पास बारह कोनों वाली बारादरी नामक एक खूबसूरत इमारत है। शाहजहां और औरंगजेब को यह इमारत बहुत पसंद थी। बारादरी से करीब सौ सीढ़ियां चढ़ने पर किले का सबसे ऊपरी स्थान (बालेकिला) है। यहां छत पर एक बड़ी तोप रखी हुई है।

निचले किले के भीतर के प्रमुख स्मारक हैं—चांद मीनार, चीनी महल और मेढ़ा तोप। चांद मीनार, जो करीब 63 मीटर ऊंची है, अलाउद्दीन बहमन शाह ने दौलताबाद को जीतने की यादगार में 1435 ई. में बनवाई थी। पूरे देश में यह अपने तरह की अकेली मीनार है। मीनार की दूसरी दिशा में जुम्मा मस्जिद है, जिसके नक्काशीदार स्तंभ किसी पुराने मंदिर के हैं। उसके पास ही पत्थरों से निर्मित एक विशाल तालाब है। निचले किले के सिरे पर स्थित 'चीनी महल' में औरंगजेब ने 1687 ई. में गोलकुंडा (हैदराबाद के पास का किला) के अंतिम शासक अब्दुल हसन तानाशाह को कैद करके रखा था। नजदीक के एक बुर्ज पर मेढ़े के मुंह वाली 'किला शिकन' (दुर्ग भंजक) नामक एक विशाल तोप है।

मेढ़े की मुंह वाली 'किला शिकन' तोप

किसी समय, कुछ समय के लिए ही सही, देश की राजधानी का गौरव प्राप्त करने वाला दौलताबाद शहर अब एक छोटा-सा देहात है। मगर किले के कई स्मारक अभी भी कायम हैं। देवगिरि-दौलताबाद के नजदीक कई प्रेक्षणीय स्थल हैं। यहां से एलोरा की विश्व-प्रसिद्ध गुफाएं सिर्फ 16 किलोमीटर दूर हैं। औरंगाबाद के पास भी प्राचीन बौद्ध गुफाएं हैं। औरंगाबाद में ही ताजमहल के अनुकरण पर बना औरंगजेब की बीवी का मकबरा है। खुल्दाबाद, जहां औरंगजेब की कब्र है, दौलताबाद से 13 किलोमीटर के अंतर पर है। रास्ते में ही मराठी के प्रसिद्ध कवि एकनाथ (1532-99 ई.) के गुरु जनार्दन स्वामी की समाधि है। जनार्दन स्वामी देवगिरि के किले में ही रहते थे। एकनाथ से बारह साल तक उनके सान्निध्य में रहकर ज्ञानार्जन किया था।

ग्वालियर का किला

रेलगाड़ी की रफ्तार धीमी हो रही है। ग्वालियर स्टेशन आ रहा है। नजरें पश्चिम दिशा की ओर मुड़ जाती हैं। शहर से सटी हुई करीब तीन किलोमीटर लंबी और कोई 100 मीटर ऊंची समतल पहाड़ी सभी का ध्यान आकर्षित कर लेती है। इसी पहाड़ी पर बना हुआ है ग्वालियर का शानदार किला, जिसके सुंदर महलों को देखकर मुगल बादशाह बाबर चकित रह गया था। एक मुस्लिम इतिहासकार ने ग्वालियर के किले के बारे में लिखा है–"हिंद के तमाम किलों की मणिमाला में यह एक सबसे खूबसूरत मोती की तरह है।"

उत्तर से दक्षिण भारत जाने वाले राजमार्ग पर स्थित होने के कारण सुरक्षा की दृष्टि से ग्वालियर का किला प्राचीन काल से ही बड़े महत्त्व का माना जाता रहा है। दिल्ली के हर शासक ने इस मजबूत किले को अपने कब्जे में रखने की कोशिश की। इसने हूणों, प्रतिहारों, कछवाहों, चंदेलों, तोमरों, पठानों, मुगलों, मराठों और अंग्रेजों के शासनकाल में बहुतेरे उलट-फेर देखे। यह अनेक शूरवीरों और कला-प्रेमियों की गाथाएं अपने में समेटे हुए है। सन् 1858 में ग्वालियर के किले के पास ही अंग्रेजों से लड़ते-लड़ते झांसी की रानी लक्ष्मीबाई की मृत्यु हुई थी।

किले पर पहुंचने के दो रास्ते हैं। पैदल जाने वाले पर्यटक पूर्व दिशा के ग्वालियर दरवाजे से होकर किले के ऊपर पहुंच सकते हैं। इस दरवाजे के आगे चार और दरवाजे हैं–हिंडोला दरवाजा, गणेश दरवाजा, लक्ष्मण दरवाजा और हाथीपोल। हाथीपोल सबसे ऊंचाई पर है। किसी समय यहां पूरी ऊंचाई का पत्थर का एक हाथी खड़ा था, इसलिए इस दरवाजे का नाम हाथीपोल पड़ा।

किले पर जाने के लिए दूसरा मार्ग पश्चिम की ओर के उरवाई दरवाजे से है। सवारी गाड़ी वाले इसी चक्करदार मार्ग से होकर किले में पहुंचते हैं। इस मार्ग के दोनों ओर की पहाड़ियों में अनेक जैन मूर्तियां बनी हुई हैं, जो करीब साढ़े पांच सौ साल पुरानी हैं। कुछ जैन मूर्तियां पूर्व की ओर के रास्ते पर भी दिखाई देती हैं। किले पर जाने के तीन और दरवाजे थे, जिन्हें अब बंद कर दिया गया है।

ग्वालियर का किला कब बना और किसने बनवाया, इसके बारे में ठोस जानकारी नहीं मिलती। एक लोककथा के अनुसार, ग्वालियर के उत्तर में कोई 45 किलोमीटर दूर कुतवार (प्राचीन कुंतलपुर) नामक स्थान के राजा सूरजसेन या सूरजपाल ने इसे बनवाया था। राजा कोढ़ के रोग से पीड़ित था। एक दिन वह शिकार खेलते-खेलते ग्वालियर की इस पहाड़ी पर पहुंच गया। उस समय यह पहाड़ी गोपाद्रि या गोपगिरि के नाम से जानी जाती थी और यहां घना जंगल था। पहाड़ी पर एक कुंड था और वहां ग्वालिपा नामक एक संत रहते थे।

संत से भेंट होने पर सूरजसेन ने उन्हें अपने रोग के बारे में बताया। संत ने राजा से कहा कि वह सामने के कुंड से स्नान करे। राजा ने वैसा ही किया और उसे कोढ़ से मुक्ति मिल गई। संत के कहने पर सूरजसेन ने कुंड को पक्का करा दिया और पहाड़ी पर एक किला बनवाया। तब से वह कुंड 'सूरजकुंड' कहलाने लगा और किले का नाम गोपाद्रि, ग्वालिपा, ग्वालिया आदि से आगे बढ़कर अंत में ग्वालियर हो गया।

इस लोककथा की सच्चाई के बारे में यकीन के साथ कुछ नहीं कहा जा सकता। देश के कई किलों के बारे में इस तरह की लोककथाएं प्रचलित हैं। कुछ इतिहासकारों का मत है कि सूरजसेन सचमुच एक राजा था, जिसने 274 ई. में ग्वालियर के किले का निर्माण किया।

ग्वालियर का किला

जो भी हो, 525 ई. से यानी आज से करीब 1500 साल पहले से ग्वालियर के किले का सिलसिलेवार इतिहास मिलने लग जाता है। यहां कई प्राचीन लेख मिले हैं, जिनसे इस प्रसिद्ध दुर्ग के बारे में प्रामाणिक जानकारी मिलती है। सूरजकुंड के पास बने सूर्य-मंदिर में एक लेख मिला है, जिससे पता चलता है कि 525 ई. में इस किले पर हूण विजेता मिहिरकुल का अधिकार था।

राजा हर्षवर्धन की मृत्यु 647 ई. में हुई। उसके बाद देश में कई छोटे-मोटे राज्यों का उदय हुआ। करीब डेढ़ सौ साल बाद गुर्जर-प्रतिहार वंश के शासकों ने अपने राज्य का विस्तार करके कन्नौज को अपनी राजधानी बनाया। ग्वालियर के किले के चतुर्भुज मंदिर में मिले दो लेखों से पता लगता है कि 875-76 ई. में यह दुर्ग शक्तिशाली गुर्जर-प्रतिहार राजा भोज (जिसे मिहिरभोज भी कहते हैं) के अधिकार में था।

गुर्जर-प्रतिहारों के पतन के बाद ग्वालियर के दुर्ग पर खजुराहो के चंदेल राजा धंग का शासन रहा। फिर यह दुर्ग कछवाहा (कच्छपघाट) राजपूतों के हाथों में चला गया। दुर्ग में 'सास-बहू' नामक पास-पास दो मंदिर हैं। यहां मिले 1093 ई. के एक लेख से पता चलता है कि उस समय इस दुर्ग पर कछवाहा राजपूतों का अधिकार था। इस वंश ने करीब सौ साल तक ग्वालियर पर शासन किया।

फिर दिल्ली के पहले सुलतान कुतुबुद्दीन ऐबक ने 1195-96 ई. में ग्वालियर के किले को जीत लिया, मगर इस पर प्रतिहारों का कब्जा कायम रहने दिया। कुछ साल बाद प्रतिहारों ने अपनी स्वतंत्रता घोषित की, तो सुलतान इल्तुतमिश ने ग्वालियर के दुर्ग पर चढ़ाई की। भयंकर युद्ध हुआ। राजा सारंगदेव ने लड़ते हुए वीरगति पाई। राजपूत महिलाओं ने 'जौहर' किया। उस घटना की याद दिलाने वाला जौहरताल आज भी किले में मौजूद है।

समरकंद के शासक तैमूरलंग ने 1398 में दिल्ली पर चढ़ाई की और उसे खूब लूटा। उस आक्रमण से दिल्ली सल्तनत की जड़ें हिल गई थीं। परिस्थिति का लाभ उठाकर तोमर वंश के राजपूतों ने ग्वालियर के दुर्ग पर अधिकार कर लिया और 1517 ई. तक यह उन्हीं के कब्जे में रहा। इस वंश का सबसे प्रसिद्ध राजा मानसिंह तोमर (1486-1517 ई.) हुआ, जिसने इस किले में विशाल महल और बड़े-बड़े द्वार बनवाए।

मानसिंह के बाद 1517 ई. में दुर्ग इब्राहिम लोदी के हाथ में गया। फिर भारत में मुगल राज्य के संस्थापक बाबर ने इस पर अधिकार कर लिया। वह 1528 ई. में ग्वालियर के दुर्ग में आया था और उसने यहां के महलों और मंदिरों को दिलचस्पी से देखा था। कुछ समय यह किला शेरशाह सूरी के कब्जे में भी रहा,

सास-बहू मंदिर : दाईं ओर सास का, बाईं ओर बहू का

परंतु 1558 ई. में अकबर ने पुनः इसे अपने राज्य में मिला लिया। पहले खिलजी सुलतानों ने और बाद में मुगल बादशाहों ने इस किले को मुख्यतः शाही कैदखाने के रूप में इस्तेमाल किया। जहांगीर के आदेश से सिखों के छठे गुरु हरगोविंद सिंह भी यहां कैद में रखे गए थे।

सन् 1765 में ग्वालियर के किले पर मराठा सरदार महादजी शिंदे का अधिकार हो गया। अंग्रेज-मराठा युद्ध (1780 ई.) के बाद किला अंग्रेजों के हाथ में आया। परंतु सालबाई की संधि (1782 ई.) के अनुसार शिंदे (सिंधिया) अंग्रेजों के मित्र हो गए, तो किला पुनः उन्हें मिल गया।

सन् 1857 के स्वाधीनता संग्राम में शिंदे शासकों ने अंग्रेजों का साथ दिया। तात्या टोपे और रानी लक्ष्मीबाई के नेतृत्व में स्वतंत्रता संग्राम के सेनानी ग्वालियर पहुंचे, तो शिंदे आगरा भाग गए। करीब एक पखवाड़े तक ग्वालियर का किला क्रांतिकारियों के अधिकार में रहा। उसके बाद किले के पास क्राांतिकारियों का अंग्रेजों से जो युद्ध हुआ उसमें 23 साल की लक्ष्मीबाई लड़ते-लड़ते 17 जून, 1858 को शहीद हो गईं। किले के नीचे दक्षिण दिशा में स्थित कोटा की सराय के पास के जिस स्थान पर रानी ने प्राण त्यागे वहां आज उनकी अश्वारूढ़ प्रतिमा खड़ी है।

सैनिक दृष्टि से ग्वालियर के किले का बड़ा महत्त्व था, इसलिए 1886 ई. तक अंग्रेजों ने उस पर अपना कब्जा कायम रखा और फिर इसे शिंदे को सौंप दिया। अंग्रेजों ने यहां बारूदखाना, सैनिक बैरकें और यूरोपीय ढंग की कई इमारतें बनवाईं। इन्हीं बैरकों और इमारतों में अब 'सिंधिया पब्लिक स्कूल' चलता है।

सन् 1947 में भारत के स्वतंत्र होने पर ग्वालियर राज्य और किला मध्य भारत (सन् 1956 से मध्य प्रदेश) के अंग बन गए।

किले में ऐतिहासिक महत्त्व के अनेक स्मारक हैं। किले के छह महलों में चार हिंदू राजाओं के और दो मुसलमान शासकों के हैं। इनमें से पांच महल किले के

भीतर उसके पूर्वी ढलान पर बने हैं, जबकि छठा गूजरी महल नीचे ग्वालियर द्वार के पास है। ऊपर के महलों में सबसे भव्य है मानमंदिर, जिसे मानसिंह तोमर ने 1427 ई. के आस-पास बनवाया था। महल की पूर्वी दीवार पर गुंबद वाली छह मीनारें हैं। महल का यह भाग करीब 100 मीटर लंबा और 26 मीटर ऊंचा है।

तेली का मंदिर

इसकी दीवारों को नाना रंगों के पत्थरों से अलंकृत किया गया था। महल की चार मंजिलें हैं–दो ऊपर और दो नीचे। नीचे की मंजिलें शाही कैदखाने के काम आती थीं। महल की ऊपरी मंजिलों में मीनाकारी, पच्चीकारी, संगतराशी आदि का काम बहुत ही कलापूर्ण है।

मानमंदिर के उत्तर में कर्णमंदिर और विक्रममंदिर है। पास ही मुगल काल में बने जहांगीरी महल और शाहजहानी महल हैं। स्थापत्य-कला की दृष्टि से इनका कोई विशेष महत्त्व नहीं है।

राजा मानसिंह एक ग्रामीण गूजर कन्या पर मोहित होकर उसे अपने महल में ले आया था। बाद में राजा ने उसके लिए ग्वालियर दरवाजे के पास दो-मंजिला महल बनवाया, जो गूजरी महल कहलाता है। प्रसिद्ध उपन्यासकार वृंदावनलाल वर्मा ने इस गूजरी कन्या की कथा को आधार बनाकर 'मृगनयनी' नाम से एक रोचक उपन्यास लिखा है। अब गूजरी महल में मध्य प्रदेश सरकार का पुरातत्त्व संग्रहालय है।

किले में नए-पुराने कई मंदिर हैं। इनमें सास-बहू के मंदिर बहुत ही मनोहर हैं। ये दोनों ही विष्णु के मंदिर हैं और पास-पास बने हुए हैं। बहू का मंदिर सास के मंदिर से छोटा है। सास के मंदिर के एक शिलालेख से पता चलता है कि इसे कछवाहा नरेश महीपाल ने 1093 ई. में बनवाया था।

थोड़ी दूरी पर 'तेली का मंदिर' है। यह किले में बनी इमारतों में सबसे ऊंचा है। ईसा की नौवीं सदी में बने इस मंदिर के निर्माण में उत्तर और दक्षिण भारत की स्थापत्य शैलियों का अनूठा मिश्रण देखने को मिलता है। यह भी विष्णु मंदिर ही है। पहले इसका नाम संभवतः 'तैलंग मंदिर' था, जो बिगड़ते-बिगड़ते 'तेली का मंदिर' हो गया।

किले में कई तालाब और कुंड हैं, जिन्हें चट्टानों को काटकर बनाया गया है। इनमें सूरज कुंड, जौहर ताल, अनार बावड़ी, रानी ताल, कटोरा ताल आदि मुख्य हैं। इनमें हमेशा पानी भरा रहता है।

किले के अलावा ग्वालियर शहर में कई ऐतिहासिक स्मारक हैं। संगीत के क्षेत्र में ग्वालियर का महत्त्वपूर्ण योगदान रहा है। ग्वालियर दरवाजे के पूर्व में महान संगीतज्ञ तानसेन की समाधि और सोलहवीं सदी के सूफी संत शेख मुहम्मद गौस का खूबसूरत मकबरा है। तात्या टोपे और रानी लक्ष्मीबाई के स्मारक हमारे प्रथम स्वातंत्र्य संग्राम का स्मरण कराते हैं।

गढ़ों में गढ़ चित्तौड़गढ़

चित्तौड़गढ़ भारत का संभवतः सबसे प्रसिद्ध दुर्ग है। कहावत भी प्रचलित है—गढ़ों में गढ़ चित्तौड़गढ़, और सब गढ़ैया। इस किले के कोने-कोने से देश-प्रेम, स्वाभिमान और मान-मर्यादा की रक्षा के लिए मर-मिटने वाले वीरों की कहानियां सुनाई पड़ती हैं। यहां की मिट्टी का एक-एक कण राजस्थानी रणबांकुरों के रक्त से रंगा हुआ है। चित्तौड़गढ़ का यह ऐतिहासिक दुर्ग अपने प्राकृतिक सौंदर्य और स्थापत्य शैली के लिए सदियों से विख्यात रहा है।

अरावली की एक विशाल पहाड़ी के पठार पर स्थित चित्तौड़गढ़ गंभीरी और बेड़च नदियों से घिरा हुआ है, समीप ही इन दोनों नदियों का संगम है। दुर्ग के पश्चिम में चित्तौड़ शहर है, जहां से उदयपुर 110 किलोमीटर दूर है। शहर से दुर्ग की ऊंचाई करीब 152 मीटर और समुद्र-सतह से 560 मीटर है। इसकी उत्तर-दक्षिण लंबाई 5.6 किलोमीटर और चौड़ाई 1 किलोमीटर से कुछ कम है। करीब 11 किलोमीटर लंबी प्राचीर से घिरा हुआ यह दुर्ग 274 हेक्टेयर में फैला हुआ है। किसी समय इस किले में खेती भी होती थी।

चित्तौड़गढ़ का इतिहास काफी प्राचीन है। जानकारी मिलती है कि परमार वंश के शासक चित्रांगद मोरी (मौर्य) ने ईसा की आठवीं सदी के आरंभ में इस दुर्ग का निर्माण किया था। उसी के नाम पर दुर्ग का नाम 'चित्रकोट' या 'चित्रकूट' पड़ा, जिससे बाद में चित्तौड़ शब्द बना। मेवाड़ के प्राचीन सिक्कों पर 'चित्रकोट' शब्द देखने को मिलता है।

इधर के वर्षों में चित्तौड़ से 11 किलोमीटर उत्तर की ओर स्थित नगरी नामक गांव से एक प्राचीन बस्ती के अवशेष मिले हैं। पुराने ग्रंथों के उल्लेखों से पता चलता है कि उस बस्ती का नाम मध्यमिका था और वह प्राचीन शिवि जनपद की राजधानी थी। एक लेख से यह भी पता चलता है कि ईसा पूर्व दूसरी सदी में मध्यमिका पर यूनानियों ने हमला किया था। ईसा की छठी सदी तक मध्यमिका का अस्तित्व कायम रहा। उसके बाद ही चित्तौड़गढ़ का महत्त्व बढ़ा। चित्तौड़ का निर्माण बहुत-कुछ नगरी के खंडहरों से प्राप्त की गई सामग्री से हुआ है।

ईसा की सातवीं-आठवीं सदी में राजस्थान में अनेक राजघराने उभरे, जिनमें एक था मेवाड़ का गुहिल राजवंश। गुहिलवंशी बप्पा रावल ने 734 ई. में मोरी शासकों को हराकर चित्तौड़ पर अधिकार कर लिया। मगर आगे के करीब साढ़े

विजय स्तंभ, चित्तौड़गढ़

चित्तौड़गढ़ का चौथा दरवाजा, गणेश पोल

तीन सौ साल तक गुहिलों को नागदा (उदयपुर के उत्तर में एकलिंगजी के नजदीक) में ही रहना पड़ा, क्योंकि चित्तौड़ पर क्रमशः प्रतिहारों, राष्ट्रकूटों और परमारों का कब्जा बना रहा। परंतु बारहवीं सदी में गुहिल वंश के राणाओं ने चित्तौड़ पर पुनः अधिकार कर लिया और उसे मेवाड़ की राजधानी बनाया।

चित्तौड़गढ़ दिल्ली से गुजरात जाने वाले पुराने मुख्य मार्ग पर स्थित था। इसलिए दिल्ली, मालवा और गुजरात के शासकों का प्रायः एक ही सपना रहा–चित्तौड़ पर कब्जा जमाना। चित्तौड़ पर जो अनेक हमले हुए उनमें तीन विशेष रूप से प्रसिद्ध हैं। तेरहवीं सदी में दिल्ली के कई सुलतानों ने चित्तौड़ पर हमले किए पर विजय प्राप्त करने में उन्हें सफलता नहीं मिली। फिर 1303 ई. में दिल्ली के सुलतान अलाउद्दीन खिलजी ने चित्तौड़ पर आक्रमण किया। उस समय वहां राणा रतन सिंह का शासन था।

कहा जाता है कि रतन सिंह की खूबसूरत रानी पद्मिनी को हासिल करने के लिए अलाउद्दीन ने यह हमला किया था, परंतु यह कथा सच नहीं है। अलाउद्दीन बड़ा महत्त्वाकांक्षी था, रणथम्भौर के किले को जीत चुका था और अब चित्तौड़ को लेकर पूरे राजस्थान पर अपना शासन स्थापित करना चाहता था। लड़ाई में राणा की हार हुई, तो पद्मिनी और अन्य वीरांगनाएं अग्नि में कूदकर भस्म हो गईं। चित्तौड़ का यह पहला 'साका' यानी जौहर था। उसके बाद चित्तौड़ पर कुछ समय

तक अलाउद्दीन के बेटे खिज्रखां ने शासन किया। परंतु 1336 ई. में चित्तौड़ पर पुनः राणा हम्मीर का अधिकार हो गया। हम्मीर ने और उसके बाद राणा कुंभा और राणा सांगा ने मेवाड़ राज्य का दूर-दूर तक विस्तार किया। परंतु 1527 ई. में खानवा के युद्ध में बाबर द्वारा राणा सांगा के पराजित होने के बाद मेवाड़ कमजोर पड़ गया।

मेवाड़ को कमजोर देखकर गुजरात के सुलतान बहादुर शाह ने 1534 ई. में चित्तौड़ पर आक्रमण किया। कहते हैं कि इस अवसर पर राजमाता कर्मवती ने हुमायूं को राखी भेजकर सहायता मांगी थी। मगर दिल्ली की फौज समय पर चित्तौड़ पहुंच नहीं पाई। विलासी राणा विक्रमजीत की करारी हार हुई और वह चित्तौड़ से भाग गया। रानी कर्मवती ने बहुत सी राजपूतानियों के साथ जौहर किया। यह चित्तौड़ दुर्ग का दूसरा 'साका' था।

हुमायूं की फौज के भय से बहादुर शाह भाग गया। विक्रमजीत चित्तौड़ लौटा। बाद में विक्रमजीत की हत्या हुई, मगर पन्ना धाय ने अपने बेटे का बलिदान करके उदयसिंह को बचा लिया, जो 1537 ई. में मेवाड़ की गद्दी पर बैठा। उदयसिंह स्वतंत्रता-प्रेमी और स्वाभिमानी शासक था। आमेर (जयपुर) के शासकों की तरह मुगलों से विवाह-संबंध जोड़ना उसे स्वीकार नहीं था। मगर अकबर रोटी-बेटी के संबंधों से हिंदू और मुसलमानों को एक-दूसरे के नजदीक लाकर अपने साम्राज्य को सुदृढ़ बनाने के सपने देख रहा था।

जैन स्मारक कीर्ति स्तंभ

अक्टूबर 1567 में अकबर स्वयं एक बड़ी फौज लेकर चित्तौड़ पहुंचा और दुर्ग को घेर लिया। राणा उदयसिंह ने दुर्ग की रक्षा की जिम्मेदारी वीर जयमल और पत्ता (फत्ता) को सौंप दी और स्वयं पहाड़ों में निकल गया। फरवरी 1568 तक, पूरे चार महीने,

घमासान युद्ध चला। जयमल, पत्ता और दूसरे राजपूत वीर आखिरी सांस तक लड़ते रहे। अंत में दुर्ग पर अकबर का कब्जा हो गया। इस बार भी किले में जौहर हुआ। यह चित्तौड़गढ़ का तीसरा और अंतिम 'साका' था।

चित्तौड़ पर अकबर का कब्जा हो जाने के बाद राणा उदयसिंह ने नया उदयपुर नगर बसाकर उसे मेवाड़ की राजधानी बनाया। उदयसिंह की मृत्यु के बाद उसके बेटे राणा प्रताप ने अकबर के विरुद्ध अपना संघर्ष जारी रखा। उसने कुंभलगढ़ और दूसरे पहाड़ी दुर्गों को मजबूत बनाकर अपनी फौज को संगठित किया। तब अकबर ने राजा मानसिंह को शाही फौज सौंपकर प्रताप के दमन के लिए भेजा। अप्रैल 1576 में हल्दीघाटी में दोनों फौजों के बीच युद्ध हुआ। प्रताप की पराजय हुई। गोगुंदा और कुंभलगढ़ के किले उसके हाथ से निकल गए। परंतु मुगलों के खिलाफ प्रताप का स्वातंत्र्य संघर्ष जारी रहा। मृत्यु के पहले उन्होंने कई गढ़ भी फिर से अधिकार में कर लिए मगर प्रताप के बेटे अमरसिंह ने बादशाह जहांगीर की अधीनता स्वीकार कर ली।

अकबर की विजय के बाद चित्तौड़गढ़ वीरान हो गया। उसकी प्राचीर को राणा जगतसिंह ने फिर बनवाया, परंतु शाहजहां के आदेश से उसे ढहा दिया गया। फलस्वरूप अठारहवीं सदी में चित्तौड़गढ़ शेर आदि जंगली जानवरों की शरणस्थली बन गया था। उन्नीसवीं सदी के अंत में इस दुर्ग का आंशिक पुनर्निर्माण हुआ। अब वहां एक छोटी बस्ती है और दुर्ग भारतीय पुरातत्त्व सर्वेक्षण के नियंत्रण में है।

बार-बार के हमलों से चित्तौड़गढ़ को बहुत क्षति पहुंची है, फिर भी इसके गौरवशाली अतीत का स्मरण कराने वाले कई ऐतिहासिक स्मारक आज भी दुर्ग के भीतर मौजूद हैं। पश्चिम की ओर से किले पर चढ़ने के लिए गंभीरी नदी पर बने करीब सात सौ साल पुराने पुल को पार करना पड़ता है। उसके बाद करीब डेढ़ किलोमीटर लंबी लहराती सड़क की चढ़ाई शुरू हो जाती है। ऊपर पहुंचने तक जो सात पोल यानी दरवाजे मिलते हैं उनके क्रमशः नाम हैं—पाड़न पोल, भैरो पोल, हनुमान पोल, गणेश पोल, जोड़ला पोल, लक्ष्मण पोल और राम पोल। राम पोल के आगे किले के भीतर दो समतल मार्ग उत्तर और दक्षिण की ओर जाते हैं।

दक्षिण की ओर कुछ आगे बढ़ने पर तुलजा भवानी का मंदिर आता है। इसके आगे नौलखा भंडार है। इन दोनों स्मारकों का निर्माण राणा विक्रमादित्य को छल से मारने वाले दासी-पुत्र बनवीर ने किया था। नजदीक ही राणा कुंभा का बनवाया शृंगार चौरी मंदिर है। इन स्मारकों के दक्षिण में कुंभा महल है। राणा कुंभा ने इसका जीर्णोद्धार किया था और इसमें नए भवन बनवाए थे, इसलिए यह कुंभा महल कहलाता है। यह महल राजपूत स्थापत्य शैली का उत्कृष्ट नमूना है।

कुंभा महल के पूर्व में उदयपुर के महाराणा फतह सिंह द्वारा बनवाया फतह प्रकाश महल है। इस महल में सरकार ने एक संग्रहालय की स्थापना की है। इस महल के पास ही सतबीस देवरी नामक एक प्राचीन जैन मंदिर है। यहां से एक सड़क चित्तौड़ दुर्ग के सर्वप्रमुख आकर्षण विजय स्तंभ की ओर जाती है। रास्ते में कुंभ श्याम का मंदिर और मीरा का मंदिर है।

विजय स्तंभ को राणा कुंभा ने मालवा पर अपनी विजय की स्मृति में 1448 ई. में बनवाया था। नौ मंजिला, 34 मीटर ऊंचा यह स्तंभ भारतीय स्थापत्य और कारीगरी का नायाब नमूना है। इसमें ऊपर जाने के लिए 157 सीढ़ियां हैं। इस स्तंभ के भीतरी और बाहरी भागों पर अनेक देवी-देवताओं की मूर्त्तियां और जन-जीवन की सुंदर झांकियां उकेरी गई हैं।

विजय स्तंभ के समीप ही समिद्धेश्वर महादेव का मंदिर है। मंदिर के गर्भगृह के नीचे के भाग में शिवलिंग और पीछे की दीवार में शिव की विशाल त्रिमूर्ति बनी हुई है। इस मंदिर का निर्माण मालवा के विद्यानुरागी परमार राजा भोज (1010-55 ई.) ने करवाया था। पास ही में विशाल गौमुख कुंड है, जिसमें लोग स्नान करते हैं।

चित्तौड़ दुर्ग का प्रसिद्ध कालिका माता मंदिर प्रतिहार स्थापत्य का एक उत्कृष्ट नमूना है। इसका निर्माण ईसा की आठवीं-नौवीं सदी में हुआ था। प्रारंभ में यह सूर्य मंदिर था। बाद में यहां कालिका की मूर्ति स्थापित कर दी गई। नवरात्र के दिनों में यहां मेला लगता है।

कालिका मंदिर से दक्षिण की ओर आगे बढ़ने पर एक जलाशय के किनारे रावल रतन सिंह की रानी पद्मिनी का महल है। एक छोटा महल जलाशय के भीतर भी है। पद्मिनी महल के एक कक्ष में बड़े-बड़े कांच लगे हैं जिनमें पानी के बीच वाले महल में खड़े व्यक्ति का प्रतिबिंब साफ दिखाई देता है। कहते हैं कि अलाउद्दीन खिलजी ने रानी पद्मिनी के प्रतिबिंब को इसी स्थान पर खड़े होकर देखा था। परंतु अनेक इतिहासकारों का मत है कि इस पद्मिनी-अलाउद्दीन कथानक में कोई सच्चाई नहीं है।

दुर्ग में प्रवेश के लिए उत्तर और पूर्व की ओर से भी मार्ग हैं। पूर्व के मार्ग पर बना सूरज पोल दुर्ग का सबसे प्राचीन दरवाजा है। इस दरवाजे से भीतर आने पर पास ही सात मंजिला और करीब 22 मीटर ऊंचा कीर्ति स्तंभ है। ऊपर पहुंचने के लिए इसके भीतर घुमावदार 54 सीढ़ियां बनी हुई हैं। इस स्मारक का निर्माण ईसा की बारहवीं सदी में दिगंबर जैन संप्रदाय के बघेरवाल महाजन जीजा ने किया था। कीर्ति स्तंभ प्रथम तीर्थंकर आदिनाथ का स्मारक है। इसके चारों पार्श्वों पर

छोटी-बड़ी अनेक जैन मूर्तियां खुदी हुई हैं। कीर्ति स्तंभ के पास ही महावीर मंदिर है, जिसका राणा कुंभा के समय में जीर्णोद्धार किया गया था।

कीर्ति स्तंभ से उत्तर की ओर आगे बढ़ने पर लखोटाबारी दरवाजा आता है। इस उत्तरी दरवाजे से भी एक रास्ता किले में पहुंचता है। लखोटाबारी दरवाजे पर पहुंचने के साथ ही चित्तौड़ के इतिहास-प्रसिद्ध दुर्ग की परिक्रमा पूरी हो जाती है।

शिवाजी की राजधानी–रायगढ़

किस्सा करीब तीन सौ चालीस साल पहले का है। स्थान–सह्याद्रि पर्वतमाला की एक बहुत ऊंची पहाड़ी पर बसा हुआ रायगढ़ किला। शिवाजी ने इसे 1656 ई. में जीता था और यहां तटबंदी मजबूत करके नई इमारतें बांधने का काम अपने सूबेदार आबाजी सोनदेव को सौंपा था। शिवाजी का आदेश था–"किले में पहुंचने के लिए एक ही रास्ता होना चाहिए।" साथ ही, उनकी रणनीति थी–"मित्र के लिए किले में प्रवेश आसान होना चाहिए, परंतु शुत्र के लिए असंभव।"

किले को मजबूत करवाने का काम पूरा हुआ तो उसकी अभेद्यता की जांच करने का शिवाजी ने फैसला किया। ढिंढोरा पिटवा दिया कि किले के मुख्य दरवाजे के अलावा किसी दूसरे रास्ते से जो भी सीढ़ी और रस्सी का उपयोग किए बिना किले में घुस सकेगा उसे सोने के सिक्कों से भरी एक थैली और सोने का एक कड़ा इनाम में दिया जाएगा।

तलहटी के एक गांव में रहने वाले अछूत जाति के एक बालक ने शिवाजी से किले में घुसने की इजाजत चाही। इजाजत लेकर जब वह लड़का चला तो आबाजी के होंठों पर अहंकार की मुसकराहट खेल रही थी। मगर मुसकराहट के गायब होने में ज्यादा समय नहीं लगा। कुछ देर बाद बालक ने किले पर चढ़कर उसकी चोटी पर झंडा फहरा दिया। उसे इनाम मिल गया। शिवाजी ने उस रास्ते को कायम कर बंद करवा दिया।

कुछ दिन बाद उसी तरह की एक और घटना घटी, जिससे पता चला कि किले के निर्माण में कुछ कमी रह गई है। रायगढ़ की पश्चिमी तलहटी में वाडी नामक एक गांव है। वहां की हिरकणी नामक एक ग्वालिन किले में रोज दूध बेचने जाती थी। एक दिन वह दूध बेच चुकी तो देखा कि रात हो चुकी है और किले के सारे फाटक बंद कर दिए गए हैं। रात को फाटक खोलने की सख्त मनाही थी। ग्वालिन यह सोचकर परेशान थी कि घर पर उसकी बूढ़ी सास और छोटा बच्चा उसके लौटने की राह देख रहे होंगे। कैसे भी हो उसे किले से बाहर निकलना ही

था। अपनी जान जोखिम में डालकर वह रेंगते हुए एक खड़ी चट्टान पर से नीचे उतरी और उसी रात घर पहुंच गई।

अगले दिन शिवाजी को जब इस घटना की सूचना मिली तो उन्होंने हिरकणी को बुला भेजा, उससे खुद पूछताछ की और उसके साहस की स्तुति करके उसे इनाम दिया। फिर शिवाजी ने उस रास्ते पर एक बुर्ज बनवा दिया। रायगढ़ का वह बुर्ज आज भी खड़ा है और 'हिरकणी बुर्ज' के नाम से जाना जाता है।

महाराष्ट्र के इतिहास में रायगढ़ किले का विशेष महत्त्व है। यहीं पर 1670 ई. में शिवाजी ने अपने नए 'हिंदवी स्वराज्य' की राजधानी स्थापित की थी। इसी गिरि दुर्ग पर 1674 ई. में शिवाजी का राज्याभिषेक हुआ और यहीं पर 1680 ई. में उनकी मृत्यु हुई।

रायगढ़ का किला मुंबई से 210 किलोमीटर दक्षिण में और महाड शहर से 27 किलोमीटर उत्तर में है। सह्याद्रि पर्वतमाला की जिस पृथक पहाड़ी पर यह किला बसा हुआ है उसकी समुद्र-सतह से ऊंचाई 845 मीटर है। पहाड़ी के ऊपरी पठार का क्षेत्रफल 5.12 वर्ग किलोमीटर है और उसके तीन प्रमुख 'कंधे' यानी ऊंचे उठे हुए कोने हैं—पश्चिम में हिरकणी, उत्तर में टकमक और पूर्व में भवानी। किले की तलहटी के पाचाड़ गांव में शिवाजी की मां जीजीबाई की समाधि और उनके लिए बनाए गए महल के अवशेष हैं। वहां से दो किलोमीटर दूर के चित दरवाजे तक पक्का रास्ता है। आगे लंबी चढ़ाई के बाद महादरवाजा आता है। किले में प्रवेश के लिए चोर दरवाजों के अलावा केवल यही एक मार्ग है। महादरवाजे के दोनों ओर दो विशाल बुर्ज और परकोटे की दीवार है। मगर आगे करीब सौ मीटर की चढ़ाई के बाद ही किले की चोटी पर पहुंचा जा सकता है। शिवाजी की राजधानी रहे इस गिरि दुर्ग के अनेक वैभवशाली स्मारक अब खंडहर बन गए हैं।

रायगढ़ का आरंभिक इतिहास अस्पष्ट है। पहले इसका नाम रायरी (राजा की पहाड़ी) था। पता चलता है कि 12वीं सदी में रायरी में शिर्के पालेगार (विद्रोही पहाड़ी सरदार) परिवार का निवास था। फिर यह गिरि दुर्ग विजयनगर साम्राज्य के अधीन चला गया। तदनंतर 1436 ई. में इसे बहमानी सुलतान अलाउद्दीन-द्वितीय ने जीत लिया। आगे निजामशाही, आदिलशाही आदि सत्ताओं का यहां शासन रहा। अंत में 1656 ई. में शिवाजी ने रायरी को आदिलशाही के सरदार जावली के चंद्रराव मोरे से छीन लिया। सामरिक दृष्टि से रायरी के महत्त्व को पहचानकर शिवाजी ने 1662 ई. से अपनी राजधानी बनाने का निश्चय किया और इसे नया नाम दिया—रायगढ़। किले को सुदृढ़ बनाने का कार्य शुरू हुआ।

1670 ई. में शिवाजी अपनी राजधानी राजगढ़ से रायगढ़ ले आए। रायगढ़ पर ही 1674 में उनका राज्याभिषेक हुआ। यहीं पर 1680 ई. में पचास साल की आयु में उनका देहांत हुआ। उसके बाद 1689 तक रायगढ़ शिवाजी के बेटे संभाजी के अधिकार में रहा और फिर मुगलों के अधिकार में चला गया। मराठों ने 1735 में रायगढ़ पर पुनः कब्जा कर लिया, परंतु उसका वैभव अब नष्ट हो गया था। पेशवा काल में रायगढ़ पर राजकीय कैदियों को बंदी बनाकर रखा जाता था। कुछ दिनों तक नाना फडणीस भी सपरिवार यहां रहे और उस दौरान उन्होंने यहां कुछ इमारतों की मरम्मत करवाई। अंत में मई, 1818 में कर्नल प्रॉथर के नेतृत्व में अंग्रेजों की फौज ने मराठों को हराकर इस किले पर अधिकार कर लिया। उस समय तोपों की गोलाबारी से रायगढ़ की इमारतों को भारी क्षति पहुंची।

आगे करीब आठ दशकों तक रायगढ़ पूर्णतः उपेक्षित रहा। फिर 1897 ई. में लोकमान्य तिलक आदि की प्रेरणा से रायगढ़ पर पहली बार शिवाजी-जयंती का उत्सव सम्पन्न हुआ। उसके बाद धीरे-धीरे इस गिरि दुर्ग के ऐतिहासिक स्मारकों पर नया प्रकाश पड़ता गया, उनकी सुरक्षा के प्रयास शुरू हुए। आज रायगढ़ एक प्रसिद्ध पर्यटन स्थल बन गया है।

अपने वैभव के दिनों में रायगढ़ पर 300 से भी अधिक मकान और स्मारक थे। लेकिन नगारखाना, मीनार, मंदिर, बुर्ज तथा अन्य कुछ छोटे-मोटे वास्तु के अलावा बाकी भग्नावस्था में पड़े हुए हैं। जैसा कि पहले बताया गया है, महादरवाजे को पार करके ही किले में पहुंचा जा सकता है। इस दरवाजे के दोनों

तलहटी के पाचाड़ गांव से रायगढ़ किले का दृश्य

ओर 22 मीटर ऊंचे दो बुर्ज हैं। भीतर पहरेदारों के लिए दोनों तरफ ड्योढ़ियां हैं। महादरवाजे के दक्षिण में एक और द्वार है, जिसे चोर दरवाजा कहते हैं।

महादरवाजे से भीतर जाने पर कुछ ऊंचाई पर बाईं ओर टकमक कोना और दाईं ओर हिरकणी बुर्ज दिखाई देते हैं; बालेकिल्ला (किले में सबसे ऊंचे स्थान पर बना छोटा किला) भी दिखाई देता है। मगर महादरवाजे से एक किलोमीटर की चढ़ाई के बाद ही रायगढ़ के सबसे ऊंचे सपाट स्थान पर पहुंचा जा सकता है। सबसे पहले फरास मदारशाह की दरगाह के दर्शन होते हैं। शिवाजी ने रायगढ़ में एक मस्जिद भी बनवाई थी।

मदारशाह की दरगाह के पास ही चट्टान को तोड़कर बनाया गया हाथी तालाब है। आगे करीब तीस मीटर के अंतर पर गंगासागर नामक तालाब है और आज भी उसका पानी अच्छा है। गंगासागर के दक्षिण में बारह कोनों के आधार वाली दो ऊंची मीनारें हैं, जिनका ऊपरी भाग गिर गया है। बताया जाता है कि पहले ये पांच मंजिली थीं। मीनारों की सम्पूर्ण रचना, विशेषकर इनकी खिड़कियों की बनावट, मुस्लिम वास्तुशैली की है।

मीनारों के पश्चिम में 31 सीढ़ियां चढ़ने पर बालेकिल्ले का पालखी दरवाजा लगता है। बालेकिल्ले का क्षेत्रफल 300150 मीटर है और उसके चहुंओर तटबंदी की गई थी। भीतर भग्न इमारतों की दो कतारें हैं। दाईं तरफ रानियों के सात

रायगढ़ की भव्य मीनारें और बालेकिल्ले की दीवार

महल थे और बाईं तरफ नौकरों के कमरे। सबके लिए संडास, सफाई आदि की उत्तम व्यवस्था की गई थी।

बालेकिल्ले के मध्य भाग में सिंहासन की जगह है। उसके चहुंओर का चौकोर चबूतरा आज भी अच्छी स्थिति में है। सिंहासन के सामने की खुली जगह में जो फव्वारे लगे हुए थे उनके निशान आज भी मौजूद हैं। फव्वारों के पूर्व में 16 मीटर ऊंचा भव्य नगारखाना (प्रवेश-द्वार के ऊपर बनी गैलरी, जहां बैठकर संगीतज्ञ निश्चित समय पर वाद्य बजाते थे) और बालेकिल्ले का मुख्य प्रवेश-द्वार है। यहीं पर शिवाजी का दरबार लगता था। सिंहासन के उत्तर में शिवाजी के महल के भग्न अवशेष हैं। जैसा कि पहले बताया गया है, रायगढ़ पर ही वाराणसी के गागाभट के पौरोहित्य में 6 जून, 1674 को शिवाजी का भव्य राज्याभिषेक समारोह सम्पन्न हुआ था।

रायगढ़ में स्थित मीनारों और नगारखाने की वास्तुशैली सासानी (ईरानी) और मुस्लिम पद्धति की है। इसलिए कुछ इतिहासकारों का मत है कि ये स्मारक शिवाजी के पहले से ही दुर्ग में मौजूद थे। परंतु कुछ इतिहासकारों की यह भी मान्यता है कि शिवाजी ने ये इमारतें मुसलमान वास्तुकारों से बनवा ली होंगी। जो भी हो, शिवाजी ने दक्खन के मुसलमान शासकों का भले ही विरोध किया हो, किंतु इस्लाम और उसकी संस्कृति से उन्हें नफरत नहीं थी। उन्होंने कुरान, मुस्लिम महिलाओं और पीरों का हमेशा ही सम्मान किया। उनके सैनिकों और अंगरक्षकों में मुसलमान भी काफी संख्या में थे।

रायगढ़ के नगारखाना के पूर्व में थोड़े अंतर पर कुशावर्त तालाब है। पास ही शिवाजी के अष्टप्रधानों के भवन थे। आगे कुछ नीचे की ओर बारूदखाने के कोठार के अवशेष हैं। अंग्रेजों ने 1818 ई. में सामने की पहाड़ी से इस बारूदखाने पर भारी गोलाबारी करके इसे ध्वस्त कर दिया था। पास ही चट्टानों में खोदे गए बारह कुंड हैं, जिनमें हमेशा पानी रहता है।

बालेकिल्ले के पश्चिमोत्तर में पीलखाने (हाथीशाला) की इमारत के भग्नावशेष हैं। शिवाजी की सैन्य-व्यवस्था में हाथी का कोई खास महत्त्व नहीं था, फिर भी उन्होंने अपनी राजधानी में कुछ हाथी रखे थे। पीलखाने के उत्तर में दुर्ग में स्थित बाजारपेठ की दो समांतर कतारों के अवशेष हैं। यहां कुल 44 दुकानें थीं। दोनों कतारों के बीच 21 मीटर चौड़ा पक्का रास्ता है।

बाजारपेठ के आगे पूर्वोत्तर की ओर ऊंची दीवार से घिरा हुआ जगदीश्वर महादेव का मंदिर है। उसके प्रवेश-द्वार के पास हनुमान की एक मीटर ऊंची खूबसूरत पाषाण मूर्ति है। मंदिर के चहुंओर नृत्यांगना के निवास के लिए बनाए

रायगढ़ में शिवाजी की समाधि (बाएं) और पास ही में उनके वाघ्या कुत्ते का स्मारक

गए कमरे हैं। मंदिर की दीवार में एक शिलालेख है, जिसमें शिवाजी के राज्याभिषेक की तिथि का उल्लेख है।

मंदिर के पूर्वी द्वार के आगे थोड़े अंतर पर शिवाजी की अष्टकोणाकार समाधि है, जिस पर ऊंची छतरी बनाई गई है। इसी स्थान पर 8 अप्रैल, 1680 को शिवाजी का दाह-संस्कार हुआ था। शिवाजी की समाधि के पास ही उनके वाघ्या नामक वफादार कुत्ते का स्मारक है।

शिवाजी और संभाजी के शासन के बाद रायगढ़ का वैभव जाता रहा। नवंबर, 1689 में औरंगजेब के सरदार जुल्फिकार खान ने किले को जीत लिया। उसके बाद मराठों द्वारा 1735 ई. में पुनः हस्तगत किए जाने तक यह गिरि दुर्ग औरंगजेब के सरदार जंजीरा के सिद्दी के अधिकार में रहा (जंजीरा का मशहूर समुद्री दुर्ग रायगढ़ से करीब 50 किलोमीटर पश्चिम में है) पेशवा-काल में रायगढ़ पर कोई विशेष निर्माण कार्य नहीं हुआ। अंत में मई, 1818 में अंग्रेजों द्वारा की गई जबरदस्त बमबारी में इस किले के अधिकांश स्मारक तहस-नहस हो गए।

यहां महत्त्व की एक बात का उल्लेख आवश्यक है। अंग्रेजों ने 1881 ई. तक महाराष्ट्र के लगभग सभी दुर्गों पर अधिकार कर लिया था। तब उन्होंने सोचा– 'इन दुर्गों को कायम रखकर इनमें सेना रखी जाए, इनकी मरम्मत की जाए, तो

काफी धन खर्च करना पड़ेगा। और, यदि इन्हें यूं ही खाली छोड़ा जाए तो ये बागियों और पहाड़ी डाकुओं का बसेरे बन जाएंगे। इसलिए इन्हें नष्ट कर देना ही ठीक होगा।' यही कारण है कि आज महाराष्ट्र के प्रायः सभी दुर्ग खंडहर बने हुए हैं। फिर भी इतिहास और भावी पीढ़ी के लिए काफी कुछ बचाया जा सकता है। रायगढ़ तो शिव तीर्थ है। इसके खंडहर बने स्मारक आगे सदियों तक शिवाजी के शौर्य और स्वातंत्र्य-प्रेम का स्मरण कराते रहेंगे।

इलाहाबाद का किला

सन् 1567 की बात है। बादशाह अकबर का एक सरदार अलीकुली खां, जो कड़ा में रहता था, बागी बन गया। इलाहाबाद के लगभग 55 किलोमीटर पश्चिमोत्तर में गंगा के तट पर बसा हुआ कड़ा शहर उस समय सूबे का मुख्यालय था। वहां पुराने जमाने का एक किला भी था। अलीकुली खां का दमन करने के लिए अकबर स्वयं एक बड़ी फौज लेकर कड़े के समीप पहुंचा। दोनों दलों में घमासान युद्ध हुआ, जिसमें बादशाही सेना की जीत हुई। अलीकुली खां मारा गया।

लड़ाई से निबटकर अकबर प्रयाग (इलाहाबाद का पुराना नाम) आया और दो दिन वहां ठहरकर काशी (वाराणसी) की ओर चला गया! उस समय उसने प्रयाग में गंगा और यमुना के बीच की कुछ ऊंची भूमि को सुरक्षित देखकर वहां एक सुदृढ़ दुर्ग बनाने का निश्चय किया। मगर उस समय वह विद्रोहियों से लड़ने-भिड़ने में लगा हुआ था, इसलिए अपने विचार को कार्यरूप में परिणत नहीं कर सका।

गंगा-यमुना के संगम की ओर इलाहाबाद के किले की पूर्वी प्राचीर

इलाहाबाद के किले में स्थित एक महल का चित्र, जिसे टॉमस डेनियल ने 1795 ई. में बनाया था

प्रयाग में गंगा-यमुना के संगम के उस पार झूंसी नामक एक पुराना स्थान है। सन् 1580 ई. के लगभग नयाबत खां नामक एक सरदार प्रयाग और झूंसी का जागीरदार था। वह अकबर के विरुद्ध हो गया और उसने सेना इकट्ठी करके कड़े के किले पर आक्रमण कर दिया। अकबर ने समाचार पाकर एक बड़ी सेना भेजी। बादशाही सेना ने मिर्जापुर तक नयाबत खां का पीछा किया और उसे परास्त करके मार भगाया।

उस समय तक प्रयाग का समावेश कड़ा के सूबे (प्रांत) में ही होता था। मगर बार-बार होने वाले विद्रोहों को देखते हुए अकबर ने पक्का निश्चय कर लिया कि प्रयाग में संगम के पास एक मजबूत किला बनवाकर वहां अपनी उप-राजधानी स्थापित की जाए। कहा जाता है कि लगभग उन्हीं दिनों इलाहाबाद के किले की नींव पड़ चुकी थी।

प्रयाग के नए 'इलाहाबाद' नाम और वहां संगम के समीप बने किले की निर्माण-तिथि के बारे में इतिहासकारों में कुछ मतभेद है। मगर अकबर के इतिहासकार अबुल फजल ने 'आईन-ए-अकबरी' में जो जानकारी दी है उसे अधिक प्रामाणिक माना जाता है। कोई सन्-संवत न देकर वह लिखता है : ''यह स्थान प्राचीन काल से 'पयाग' (प्रयाग) कहलाता था। बादशाह ने इसका नाम 'इलाहाबास' रखा और यहां पत्थर का एक किला बनवाया, जिसमें अनेक सुंदर महल बने हुए हैं।''

मगर 'अकबरनामा' में अबुल फजल ने अकबर के राज्यकाल के 28वें वर्ष (सन् 1583 ई.) के अंतर्गत कुछ अधिक विस्तार से लिखा है : ''बादशाह (अकबर) के मन में बहुत दिनों से यह विचार था कि कस्बा 'पयाग' में, जहां गंगा और यमुना एक-दूसरे से मिलकर एक होती हैं और भारत के लोग जिसको बहुत ही पवित्र समझते हैं, एक दुर्ग बनाया जाए और कुछ दिन वहां सिंहासनासीन रहें, जिससे आस-पास के सिर उठाने वाले बागी लोग अधीनता स्वीकार करें।

''तदनुसार बादशाह आबान (अक्तूबर) महीने की पांचवीं तारीख को फतेहपुर सीकरी की राजधानी से तीन सौ नावों का बेड़ा लेकर यमुना के मार्ग से अज़ार (नवंबर) महीने की पहली तारीख को वहां (प्रयाग) पहुंचा और दूसरे दिन शुभ मुहूर्त में 'इलाहाबाद' के नगर की नींव डाली। वहां चार खंड़ों वाला किला बनवाया और प्रत्येक में सुंदर-सुंदर भवन निर्माण कराए। किले का आरंभ वहां से किया गया था जहां दो नदियां एक-दूसरे से मिलती हैं। किले के पहले खंड में 12 आनंद-वाटिकाएं बनाई गईं और प्रत्येक में सुंदर-सुंदर महल और भव्य राज-प्रासाद स्वयं सम्राट के रहने के लिए बनवाए गए। दो खंडों में बेगमों, शाहजादों और उनके नौकर-चाकरों के लिए तथा शेष चौथे में सैनिकों के रहने के लिए स्थान बनाए गए। अन्य लोगों ने भी अपनी-अपनी शक्ति के अनुसार अच्छे-अच्छे घर बनवाए जिससे थोड़े दिनों में एक खासा शहर आबाद हो गया।''

ऊपर की जानकारी से पता चलता है कि इलाहाबाद के किले की नींव 14 नवंबर, 1583 को पड़ी थी।

अब नए नगर के नाम का सवाल। किला बन जाने पर वहां की टकसाल से सिक्के ढलने आरंभ हो गए थे। प्रयाग से जिन मुगल बादशाहों के सिक्के मिले हैं वे अकबर, जहांगीर, शाहजहां, औरंगजेब आदि के समय के हैं। इनमें से जहांगीर से लेकर बाद के सभी मुगल सिक्कों पर 'इलाहाबाद' ही अंकित है। मगर अकबर के राज्यकाल की सोने की दो मुहरें ऐसी मिली हैं जिन पर 'इलाहाबास' अंकित है। 'आईन-ए-अकबरी' में भी यही नाम मिलता है। अतः लगता है कि अकबर ने नए नगर को 'इलाहाबास' (ईश्वर का निवास-स्थान) नाम दिया था, जो बाद में 'इलाहाबाद' हो गया। जब किला और नगर बन चुके तो अकबर ने कड़ा और जौनपुर के पुराने सूबों को तोड़कर इस स्थान को एक नए सूबे का केंद्र बनाया। अकबर के 12 सूबों (प्रांतों) में इलाहाबाद पहला सूबा था।

इलाहाबाद भले ही नया नगर हो, परंतु प्रयाग एक बहुत पुराना तीर्थस्थल है। पुराणों में प्रयाग को 'तीर्थराज' कहा गया है। माना जाता है कि यहां गंगा, यमुना और सरस्वती (पाताल से आने वाली) तीन सरिताओं का संगम हुआ है, पर

सरस्वती अदृश्य है। प्राचीन काल में प्रयाग 'यज्ञभूमि' और 'तपोभूमि' के रूप में प्रसिद्ध रहा है। प्रयाग शब्द का अर्थ है—वह स्थान जहां विशेष रूप से यज्ञ किए गए हों। प्रयाग के सामने गंगा के पूर्वी तट पर झूंसी नामक एक काफी पुराना स्थल है, जिसका प्राचीन नाम प्रतिष्ठानपुर था।

इलाहाबाद के किले में खड़ा अशोक-स्तंभ

ईसा पूर्व छठी सदी में गंगा और यमुना के मध्य की भूमि वत्स देश कहलाती थी, जिसकी राजधानी प्रयाग से लगभग 45 किलोमीटर पश्चिम में यमुनातट पर स्थित कौशांबी नगरी थी। उस समय प्रयागतीर्थ कौशांबी के अंतर्गत ही था। मौर्य काल में कौशांबी एक वैभवशाली नगर था। सम्राट अशोक (ईसा पूर्व तीसरी सदी) ने वहां अपना एक स्तंभ स्थापित किया था, जिस पर उसके और उसकी रानी कारुवाकी के ब्राह्मी लेख उकेरे हुए हैं।

ईसा की चौथी सदी में समुद्रगुप्त एक प्रतापी राजा हुआ। उसकी दिग्विजय का विस्तृत वर्णन कौशांबी के अशोक-स्तंभ पर अंकित किया गया। बाद में, संभवतः फीरोजशाह तुगलक के शासनकाल (ईसा की चौदहवीं सदी) में उस स्तंभ को कौशांबी से लाकर प्रयाग में त्रिवेणी संगम के समीप के ऊंचे स्थान पर खड़ा कर दिया गया। आज वह स्तंभ इलाहाबाद के किले के भीतर है।

ईसा की सातवीं सदी के आरंभ में उत्तर भारत में हर्षवर्धन का राज्य स्थापित हुआ। उसने कन्नौज को अपनी राजधानी बनाया। तब से प्रयाग कन्नौज-राज्य के अंतर्गत हुआ। हर्ष के समय में प्रसिद्ध चीनी यात्री युवान-च्वाङ्. भारत में आया था। वह सन् 644 में हर्षवर्धन के साथ प्रयाग पहुंचा था। उसने लिखा है कि संगम के पास के एक मंदिर के आंगन में एक विशाल वृक्ष (अक्षयवट) है, जिस पर से गिरकर लोग स्वर्ग-प्राप्ति की लालसा में अपने प्राण दे देते हैं। उसने यह भी बताया है कि राजे-महाराजे और दूसरे धनाढ्य लोग यहां आकर अपना धन दान-पुण्य में दे डालते हैं। हर्षवर्धन ने भी, अपने पूर्वजों का अनुकरण करते हुए पांच वर्ष का संचित धन एक दिन में बांट दिया।

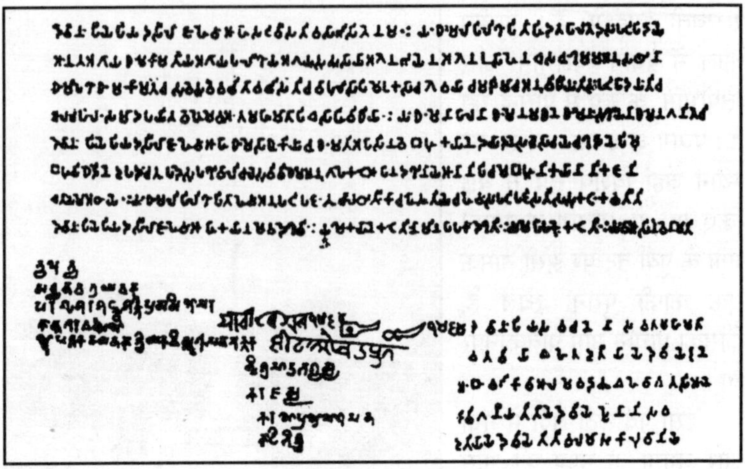

इलाहाबाद के अशोक-स्तंभ पर उत्कीर्ण अभिलेख : ऊपर अशोक के लेख की आरंभिक आठ पंक्तियां; नीचे दाईं ओर अशोक की रानी कारुवाकी का लेख और नीचे बाईं ओर समुद्रगुप्त के लेख का एक अंश

हर्षवर्धन के देहांत (648 ई.) के बाद प्रयाग का क्षेत्र क्रमशः बंगाल के पाल शासकों, परिहार राजपूतों और कन्नौज के गाहड़वाल नरेशों के अधीन रहा। कन्नौज के अंतिम राजा जयचंद्र ने कड़ा में एक किला बनवाया था। सन् 1194 ई. में शाहबुद्दीन गोरी ने जयचंद्र को हराकर काशी तक अपना अधिकार जमा लिया। तब से अकबर के समय तक मुसलमान शासकों के पूर्वीय प्रदेशों की देख-रेख के लिए कड़ा एक केंद्र बना रहा। जैसा कि पहले बताया गया है, 1583 ई. में अकबर ने प्रयाग में नए नगर इलाहाबाद और किले की नींव रखी। तब से इलाहाबाद सूबे का केंद्र बन गया।

जानकारी मिलती है कि इलाहाबाद का किला लगभग 45 साल में बना और इसके निर्माण में 6 करोड़, 20 हजार रुपए खर्च हुए। इसमें 23 महल, 3 ख्वाबगाह (शयनागार) व झरोखे, 25 दरवाजे, 31 बुर्ज, 277 मकान, 176 कोठरियां, 77 तहखाने, 20 तबेले, 1 बावली, 5 कुएं और एक यमुना की नहर थी। यह किला दिल्ली और आगरे के किलों की तरह लाल पत्थर का बना है। किले के दक्षिण में यमुना और पूर्व में गंगा नदी है। उत्तरी भाग में परिखा बनाई गई, जो यमुना से जुड़ी हुई थी। किला दो नदियों के बीच में था, इसलिए इसके बनाने में अधिक लागत आई। किले की पूर्वी प्राचीर करीब 36 मीटर ऊंची है, और इधर के ही दो दरवाजों से यात्री भीतर के पातालपुरी मंदिर में जाते हैं। मुख्य प्रवेश-द्वार उत्तर की ओर है।

किले में कई महल थे, जिनमें 'चिहल सुतून' (चालीस खंभे वाला) सबसे आकर्षक था। यह नाम इसलिए कि इसके नीचे वाले खंड में 40 अठपहल खंभे चारों ओर दो पंक्तियों में खड़े थे। इसे भूरे रंग के पत्थर से अकबर ने बनवाया था। इसके ऊपर से गंगा और यमुना में बहती हुई नावों का नजारा बड़ा आनंददायक था। मगर बाद में यह महल नष्ट हो गया। इसके मसाले से किले की दीवारें मजबूत की गईं।

किले में निर्मित दूसरी भव्य इमारत 'जनानखाना' या 'रानी महल' के नाम से प्रसिद्ध है। यह इमारत भी दो खंडों की चौकोर है। फर्ग्यूसन ने लिखा है : "यह महल बहुत ही उत्तम नमूने का था। इसकी शैली ऐसी दर्शनीय और नक्काशी तथा चित्रकारी ऐसी उत्तम थी कि भारत में इस ढंग की कोई इमारत इससे बढ़कर सुंदर नहीं होगी।" यह इमारत किसी तरह आज तक टिकी हुई है।

अकबर का बेटा सलीम (जहांगीर) कई साल तक इलाहाबाद के किले में रहा। बाप से विद्रोह करके उसने 1601 ई. में यहां ताजपोशी का जश्न मनाया था। यहां की कई इमारतें उसी के समय की हैं। 'खुल्दाबाद की सराय' और 'खुसरो बाग' उसी के बनवाए हुए हैं। उन दिनों इलाहाबाद में किले के पश्चिम में यमुना तट के पास बड़ी-बड़ी नावें बनती थीं और गंगा द्वारा समुद्र तक पहुंचती थीं।

औरंगजेब की मृत्यु (1707 ई.) के बाद मुगल साम्राज्य का वैभव घटता गया। मराठों ने इलाहाबाद पर आक्रमण करके काफी लूटपाट की। फिर इधर के सूबेदारों के बीच कई लड़ाइयां हुईं, जिसमें किले को बहुत क्षति पहुंची। सन् 1759 में इलाहाबाद का किला और सूबा अवध के नवाब शुजाउद्दौला के अधिकार में चला गया। अंत में नवंबर, 1801 में अवध के नवाब सआदत अली खां के साथ हुई संधि के अनुसार इलाहाबाद के सूबे पर सदा के लिए ईस्ट इंडिया कंपनी का अधिकार हो गया।

अंग्रेजों के शासनकाल में किले में काफी परिवर्तन किया गया। महलों और मकानों को तोड़कर सैनिक गोदाम और बैरकें बनवाई गईं। किले को सैनिक छावनी बना दिया गया। सन् 1857 के स्वाधीनता संग्राम के दौरान यद्यपि शहर पर विद्रोही सैनिकों का कब्जा हो गया था, किंतु किला अंग्रेजों के हाथ में ही रहा। भारत के स्वाधीन होने पर यह किला भारतीय सेना की छावनी में बदल गया।

आज किले का एक-तिहाई हिस्सा सेना के अधिकार में है। सैनिक मुकाम होने के कारण किले में प्रवेश पर प्रतिबंध है। केवल पूर्वी भाग के प्रवेश-द्वार से ही किले में पहुंचकर यात्री पाताल मंदिर के दर्शन कर सकते हैं। तहखाने में बने

इस मंदिर में कपड़े में लपेटी हुई एक सूखी डाल है, जिसे अक्षयवट बतलाकर दर्शन कराया जाता है। परंतु मूल अक्षयवट किले के यमुना किनारे वाले दक्षिणी कोने में रानी महल के पास है।

इलाहाबाद के किले मे मौजूद ऐतिहासिक महत्त्व का सबसे प्राचीन स्मारक है—अशोक का स्तंभ! बलुआ पत्थर का यह स्तंभ 10.6 मीटर ऊंचा और नीचे की ओर लगभग एक मीटर व्यास का है। इसे सम्राट अशोक ने ईसा से 232 वर्ष पहले कौशांबी में स्थापित करवाया था। आज इसका ऊपरी हिस्सा नहीं है, जो संभवतः सिंह का सिर रहा होगा। स्तंभ पर ब्राह्मी लिपि और जनता की प्राकृत भाषा में अशोक और उसकी रानी कारुवाकी के लेख उत्कीर्ण हैं। बाद में, ईसा की चौथी सदी में, इसी स्तंभ पर कवि हरिषेण द्वारा संस्कृत में रचित समुद्रगुप्त की प्रशस्ति (राजा के वंश, कीर्ति आदि का वर्णन) अंकित की गई। अशोक और समुद्रगुप्त के इन महत्त्वपूर्ण लेखों को 1837 ई. के बाद ही पढ़ पाना संभव हुआ।

अशोक-स्तंभ को ठीक किस समय कौशांबी से इलाहाबाद लाया गया, इसके बारे में स्पष्ट जानकारी नहीं मिलती। लेकिन किला बनने पर जहांगीर ने 1605 ई. में स्तंभ के एक भाग को छिलवाकर वहां फारसी में अपनी वंशावली अंकित करवाई। स्तंभ पर अकबर के मंत्री बीरबल का भी तीन पंक्तियों का हिंदी लेख है।

प्रतिदिन सैकड़ों तीर्थयात्री किले के समीप संगम-स्नान के लिए जाते हैं। माघ मेला और कुंभपर्व के अवसर पर देश के कोन-कोने से आए लाखों-करोड़ों लोग इस किले के पास पहुंचते हैं। पूर्वी द्वार से वे किले के भीतर पाताल मंदिर के दर्शन भी कर लेते हैं। परंतु किले में मौजूद मूल अक्षयवट, रानी महल और अशोक-स्तंभ जैसे महत्त्वपूर्ण स्मारकों के दर्शन से वंचित ही रह जाते हैं।

गढ़ पाया, पर सिंह खोया

औरंगजेब की कैद से छूटकर शिवाजी राजगढ़ वापस आ चुके थे। आगरा जाने से पहले 1665 ई. में उन्होंने जो 23 किले राजा जयसिंह को सौंपे थे वे अभी मुगलों के कब्जे में थे। उन्हीं में से एक था–पुणे के नजदीक का कोंढाणा किला। एक दिन माता जीजाबाई बेटे से बोली–"शिवबा, कोंढाणे जैसा मजबूत किला मुगलों के हाथ में रहे, यह अच्छा नहीं। उसे वापस ले लो।"

शिवाजी भी कोंढाणे को वापस लेने के लिए तड़प रहे थे। परंतु इस किले को जीतना आसान काम नहीं था। वह सोचने लगे, यह काम अपने किस सरदार को सौंपा जाए? उन्हें तानाजी मालुसरे का खयाल आया। तानाजी आरंभ से ही शिवाजी का हमसाथी था। बड़ा होशियार और बहादुर योद्धा था। शिवाजी के सौंपे हुए हर काम को वह प्राणपण से पूरा करता था।

मगर उस समय तानाजी अपने एकलौते बेटे रायबा के विवाह की तैयारी में जुटा हुआ था। चार दिन बाद ही लग्न था। तानाजी को लगा, शिवाजी महाराज और मां साहेब को भी लग्न में आमंत्रित करना चाहिए। वह शेलारमामा को साथ लेकर शिवाजी के पास पहुंचा। शेलारमामा ने शिवाजी को लग्न का आमंत्रण

सिंहगढ़ और उसके दो दरवाजों के बुर्जों का दूर-दृश्य

दिया। तब शिवाजी बोले–''शेलारमामा, आप रायबा का विवाह निबटा लीजिए। मैं नहीं आ सकूंगा, क्योंकि मुझे कोंढाणे की लड़ाई पर जाना है।''

शिवाजी के शब्द सुनते ही तानाजी बोल उठा–''महाराज, जब तक मैं जिंदा हूं, तब तक आपको ऐसे जोखिम के काम पर जाने की जरूरत नहीं है। अब पहले कोंढाणे का लग्न होगा, उसके बाद रायबा का। कोंढाणे की लड़ाई पर मैं ही जाऊंगा। मुझे आशीर्वाद दीजिए।''

तानाजी कोंढाणे की चढ़ाई पर निकला। वहां मुगलों का किलेदार था उदयभान राठौर। उसने किले की रक्षा का पक्का बंदोबस्त कर रखा था। तानाजी सोचने लगा, किले के ऊपर पहुंचे तो कैसे? पश्चिम की ओर बहुत ऊंची कगार थी, इसलिए उधर पहरा नहीं था। तानाजी ने उस कगार से ही किले पर चढ़ने का निश्चय किया और अपने छोटे भाई से बोला–''सूर्याजी, तुम पांच सौ सैनिकों को लेकर कल्याण दरवाजे के पास पहुंचो। मैं दो सौ साथियों को लेकर कगार से चढ़कर किले में पहुंचता हूं और कल्याण दरवाजा खोल देता हूं। तुम लोगों के भीतर आने पर हम शत्रु का सफाया कर देंगे।'' सूर्याजी और तानाजी अपने-अपने रास्ते पर चल पड़े। यह 4 फरवरी, 1670 की घटना है।

रात का वक्त था। तानाजी और उसके साथी किले की पश्चिमी कगार के पास पहुंचे। पांच-छह तरुण कगार चढ़ने के लिए सामने आए। फिर एक-दूसरे के कंधों पर चढ़ते हुए वे ऊपर पहुंच गए और वहां एक पेड़ से रस्सा बांधकर उसे नीचे छोड़ा गया। फिर उस रस्से के सहारे तानाजी और उसके साथी ऊपर चढ़ गए। (यह भी बताया जाता है कि ऊपर चढ़ने के लिए 'यशवंती' नामक गोह का उपयोग किया गया था। गोह की कमर में रस्सा बांधकर उसे ऊपर फेंका गया।

सिंहगढ़ का विजेता–तानाजी मालुसरे

जब जमीन में उसके पैर मजबूती से गड़ गए, तब तानाजी और उसके साथी रस्से के सहारे ऊपर चढ़ गए।)

लड़ाई शुरू हो गई। तानाजी के कुछ सैनिक कल्याण दरवाजे की ओर दौड़े। उदयभान को पता चल गया। नगाड़े बज उठे। दोनों पक्षों के सैनिक भिड़ गए। तानाजी और उदयभान के बीच आमने-सामने का युद्ध शुरू हो गया। दोनों ही शूरवीर। अंत में दोनों ही एक-दूसरे के प्रहारों से भयंकर जख्मी होकर गिर पड़े।

तानाजी को धराशायी देखकर उसके सैनिक भागने लगे। मगर उसी समय कल्याण दरवाजे से सूर्याजी और उसके साथी वहां पहुंच गए। भाई को मरा हुआ देखकर सूर्याजी को बहुत दुःख हुआ। मगर वह शोक मनाने का समय नहीं था। उसने पश्चिमी कगार पर लटका रस्सा काट दिया और भागते सैनिकों को ललकारा–"वापस लौटो। मैंने रस्सा काट दिया है। या तो कगार से कूदकर जान दे दो या शत्रु पर टूट पड़ो।"

सैनिक वापस लौटे। घनघोर युद्ध हुआ। तानाजी के सैनिकों ने कोंढाणा किला जीत लिया। शिवाजी को जब समाचार मिला कि गढ़ तो मिल गया है, पर सिंह जैसा शूरवीर तानाजी मारा गया, तो उनके उद्‌गार निकले–"गढ़ पाया, पर सिंह खोया!" (मराठी में, "गड आला, पण सिंह गेला!")। तब से कोंढाणे का नया नाम प्रचलित हुआ–सिंहगढ़।

सिंहगढ़ किला पुणे से करीब 24 किलोमीटर दक्षिण-पश्चिम में सह्याद्रि की भुलेश्वर नामक पहाड़ी पर समुद्री सतह से 1380 मीटर की ऊंचाई पर स्थित है। यह किला मुख्य भुलेश्वर श्रेणी की एक पृथक पहाड़ी पर बना है, इसलिए सुरक्षा की दृष्टि से इसे श्रेष्ठ माना जाता रहा है। इसकी ढलुआ चट्टानी दीवार चिकनी और तराशे हुए पत्थरों की है। गढ़ में पहुंचने के लिए दो मार्ग हैं–एक, पूर्वोत्तर की ओर के पुणे दरवाजों से और दूसरा, दक्षिण की ओर के कल्याण दरवाजों से।

सिंहगढ़ किला कब बना, इसके बारे में पक्की जानकारी नहीं मिलती। यहां कोंडेश्वर का प्राचीन मंदिर है, जिसके नाम पर इस किले का नाम कोंढाणा पड़ा। दिल्ली के सुलतान मुहम्मद-बिन-तुगलक ने 1328 ई. में जब कोंढाणा पर हमला किया, तब नाग नायक कोली यहां का किलेदार था। सुलतान की फौज आठ महीने तक किले को घेरे रही। जब किले के भीतर का अनाज समाप्त हो गया, तभी किलेदार आत्मसमर्पण करने के लिए मजबूर हुआ।

बाद में कोंढाणा किला अहमदनगर के सुलतान के अधिकार में रहा। फिर शिवाजी के पिता शाहजी भोंसले जब अहमदनगर सल्तनत के संरक्षक बने, तो कोंढाणे पर उनका कब्जा हो गया। बाद में वे बीजापुर सुलतान के मातहत हुए,

तो किला आदिलशाही सुलतानों के अधिकार में चला गया। अंत में, 1647 ई. में शिवाजी ने कोंढाणे के हवलदार सिद्दी अंबर को रिश्वत देकर किला अपने कब्जे में कर लिया। उस समय उनकी आयु सिर्फ 17 साल थी।

कोंढाणे से जुड़ी हुई एक घटना काफी दिलचस्प है। शिवाजी का दमन करने के लिए औरंगजेब ने अपने मामा शाइस्ता खां को दक्षिण का सूबेदार बनाकर भेजा। उसने शिवाजी के पुणे स्थित लाल महल पर कब्जा करके उसके चहुंओर अपनी फौज का पड़ाव डाला। तीन साल होने को आ रहे थे, तब भी शाइस्ता खां वहां से हिलने का नाम नहीं ले रहा था। शिवाजी का मुकाम तब कोंढाणा (सिंहगढ़) में था। उन्होंने शाइस्ता खां को मार भगाने की एक साहसिक योजना बनाई।

वह 5 अप्रैल, 1663 की रात थी। शिवाजी अपने 400 साथियों को लेकर कोंढाणे से पुणे के लिए रवाना हो गए। वह मुगल फौज को चकमा देकर लाल महल के पास पहुंचे। उन्हें अपने महल के चप्पे-चप्पे की जानकारी थी। वे उस कमरे में पहुंचे जहां शाइस्ता खां सो रहा था। उन्होंने अपनी तलवार निकाली। तब तक पहरेदारों को हमले का पता चल गया था। शोरगुल से खान जाग गया। "शैतान! शैतान!" चिल्लाते हुए वह खिड़की के रास्ते बाहर कूदने लगा। उसी समय शिवाजी ने उस पर वार किया। खान के हाथ की तीन उंगलियां कट गईं और उसका बेटा भी मारा गया। शिवाजी और उसके साथी उसी रात कोंढाणा वापस आ गए। शाइस्ता खां की थू-थू हो गई। औरंगजेब ने उसका तबादला बंगाल में कर दिया।

शाइस्ता खां जब अभी पुणे में ही था, तो जसवंत सिंह के नेतृत्व में मुगल फौज ने कोंढाणे को हासिल करने का प्रयत्न किया था। छह महीने तक किले की घेराबंदी जारी रही। राजपूत सैनिकों ने किला काबिज करने की बहुत कोशिश की, किंतु सफलता नहीं मिली। इससे सहज पता चल जाता है कि यह किला कितना मजबूत रहा है।

शाइस्ता खां की दुर्गति के बाद शिवाजी को सबक सिखाने के लिए औरंगजेब ने राजा जयसिंह और दिलेर खां को एक बड़ी फौज सौंपकर दक्षिण की ओर भेजा। शाही फौज ने पुरंदर किले को घेर लिया। लड़ाई में शिवाजी की सेना हारने लगी, तब शिवाजी ने जयसिंह के साथ संधि कर ली। उस संधि के तहत शिवाजी ने अपने 23 किले मुगलों को सौंप दिए। उनमें एक था—कोंढाणा। यह 12 जून, 1665 की घटना है और 'पुरंदर की संधि' के नाम से प्रसिद्ध है। उसके बाद ही अगले साल शिवाजी आगरा के लिए रवाना हुए थे।

सिंहगढ़ के दो कल्याण दरवाजे

आगरा से वापस लौटने के बाद 1670 ई. में जो पहला किला शिवाजी ने मुगलों से वापस छीन लिया, वह था—तानाजी के पराक्रम का प्रतीक कोंढाणा (सिंहगढ़)। इसके बाद किले वापस लेने का सिलसिला शुरू हो गया। शिवाजी के द्वितीय पुत्र राजाराम का जन्म (1670 ई.) सिंहगढ़ में हुआ था और उसकी मृत्यु (1700 ई.) भी इसी किले में हुई।

शिवाजी के बड़े बेटे संभाजी के वध (1689 ई.) तक सिंहगढ़ मराठों के ही कब्जे में रहा। उसके बाद इस पर मुगलों का अधिकार हो गया, परंतु 1693 ई. में मराठों ने इसे पुनः जीत लिया। तब दिसंबर 1702 ई. में स्वयं औरंगजेब सिंहगढ़ पहुंचा और तीन-चार माह के घेरे के बाद सिंहगढ़ को कब्जे में करके उसे नया नाम दिया—बख़्श-दा-बख़्श (खुदा का तोहफा)। मगर दो साल बाद मराठों ने किले को पुनः जीत लिया और फरवरी 1818 ई. तक यह उन्हीं के अधिकार में रहा।

5 नवंबर, 1817 को पुणे के पास के खड़की नामक स्थान पर मराठों और अंग्रेजों का युद्ध हुआ। मराठों की हार हुई। पुणे में पेशवाओं का शासन समाप्त हो गया। मराठे अपनी कुछ तोपें सिंहगढ़ के पास ले गए। उनका पीछा करते हुए अंग्रेजी फौज 18 जनवरी, 1818 को सिंहगढ़ पहुंच गई। किले में करीब 1200 सैनिक थे। उन्होंने अंग्रेजों की करीब चार हजार की फौज का जी-जान से मुकाबला किया। अंग्रेजों की तोपें करीब एक सप्ताह तक सिंहगढ़ पर गोले दागती

सिंहगढ़ का प्रथम पुणे दरवाजा

रहीं। अंत में, 1 मार्च, 1818 को लड़ाई बंद हो गई। पेशवा के सैनिकों ने किला छोड़ दिया और उस पर अंग्रेजों का कब्जा हो गया। सिंहगढ़ को हासिल करने के बाद आगे के थोड़े ही दिनों में मराठों के सभी किलों पर अंग्रेजों का कब्जा हो गया।

अंग्रेजी तोपों की भारी बमबारी से सिंहगढ़ के लगभग सभी प्राचीन स्मारक नष्ट हो गए। जहां-तहां मंदिरों, महलों और मीनारों के अवशेष बिखरे हुए हैं। किले में देवटांकी, गणेशटांकी आदि नाम के कई जलाशय हैं। पश्चिमी भाग में तानाजी की और उत्तरी भाग में राजाराम की समाधि है। गुफाओं के अंदर घोड़ों के अस्तबल बने हुए हैं। मध्य भाग में सबसे ऊपर बालेकिल्ले का स्थान है।

किले में पहुंचने के लिए दो चक्करदार रास्ते हैं—उत्तर-पूर्व की ओर पुणे दरवाजों से और दक्षिण दिशा में कल्याण दरवाजों से। दोनों ही मार्गों में तीन-तीन फाटक हैं। पुणे दरवाजों की अपेक्षा कल्याण दरवाजों की ओर से चढ़ाई कम है। सभी फाटकों की हालत खस्ता हो गई है, फिर भी पुणे दरवाजे का तीसरा फाटक अभी लगभग अपनी पहले की स्थिति में कायम है। ठोस और तराशे हुए पत्थरों से बने ये प्रवेश-द्वार बुर्जों से घिरे हुए हैं। किले की परिधि ढाई किलोमीटर से अधिक है।

लोकमान्य तिलक को सिंहगढ़ से विशेष लगाव था। जहां उनका बंगला है। वे आराम और स्वास्थ्य-लाभ के लिए अकसर यहां ठहरते थे। गांधीजी को जब भी पुणे के कारावास में रखा गया, तब वे सिंहगढ़ की देवटांकी से पीने के लिए पानी मंगवाते थे।

मराठा शासनकाल में सिंहगढ़ ने पुणे के प्रहरी की भूमिका अदा की है। न केवल पेशवाओं के लिए, बल्कि पुणे के सेठ-साहूकारों के लिए भी सिंहगढ़ एक सुदृढ़ आश्रयस्थल था। जब भी पुणे पर शत्रुसैन्य के हमले की संभावना होती, तब पेशवा और पुणे के श्रीमंत लोग अपना धन लेकर सिंहगढ़ पहुंच जाते थे। अब सिंहगढ़ को एक राष्ट्रीय उपवन के रूप में विकसित किया गया है। पास ही खड़कवासला में देश की सुरक्षा के लिए सैनिक तैयार करने वाली राष्ट्रीय रक्षा अकादमी है।

सिंहगढ़ से जुड़ी वीरगाथाएं महाराष्ट्र में आज भी श्रद्धापूर्वक सुनी और पढ़ी जाती हैं। हरि नारायण आपटे के प्रसिद्ध मराठी उपन्यास ''गढ आला पण सिंह गेला'' ने सिंहगढ़ की कीर्ति और तानाजी की शौर्यगाथा को महाराष्ट्र के जन-जन तक पहुंचा दिया है। पुणे और मुंबई के बीच चलने वाली एक रेलगाड़ी का नाम 'सिंहगढ़ एक्सप्रेस' है।

आगरा और फतेहपुर-सीकरी के किले

आगरा केवल ताजमहल के लिए ही नहीं, अपने भव्य किले के लिए भी दुनियाभर में मशहूर है। बादशाह जहांगीर ने अपने आत्म-चरित्र 'तुजुके-जहांगीरी' में आगरा का वर्णन करते हुए लिखा है : "यह हिंदुस्तान का एक खास शहर है। यहां पहले भी एक किला था, परंतु मेरे पिता (बादशाह अकबर) ने मेरे जन्म से पूर्व ही वहीं पर तराशे हुए पत्थरों का किला बनवाया। पूरी दुनिया में घूमकर आए हुए व्यक्ति कह सकते हैं कि इस किले की कोई बराबरी नहीं है।"

आगरा का इतिहास काफी प्राचीन है। यमुना के तट पर बसा हुआ यह शहर सैनिक और व्यापार की दृष्टि से बड़े महत्त्व का था। राजस्थान, मध्य प्रदेश और गंगा की घाटी की ओर जाने के लिए यह स्थान एक तरह का प्रवेश-द्वार था, इसलिए यहां एक सुदृढ़ दुर्ग का होना आवश्यक था। पता चलता है कि आज जहां आगरा का किला है वहां पहले स्थानीय तोमर शासक बादल सिंह द्वारा 1475 ई. में ईंटों से बनवाया गया एक किला था। संभव है कि उसके पहले भी वहां कोई किला रहा हो और बादल सिंह ने उसका केवल जीर्णोद्धार किया हो।

मुगलों के पहले आगरा दिल्ली के लोदी शासकों के कब्जे में था। सिकंदर लोदी ने आगरा के पास अपने नाम पर सिकंदरा नाम का एक नगर बसाया। इब्राहिम लोदी को पानीपत की लड़ाई (1526 ई.) में और राजपूत फौज को खानवा की लड़ाई (1527 ई.) में हराने के बाद बाबर ने आगरा को अपना स्थायी निवास-स्थान बनाया, जहां 1530 ई. में उसकी मृत्यु हुई। उसके बेटे हुमायूं को भगाकर शेरशाह ने दिल्ली और आगरा पर अधिकार जमा लिया। लेकिन हुमायूं ने पुनः अपना राज्य प्राप्त किया, तो दिल्ली को ही अपनी राजधानी बनाया। वहीं पर पुराने किले में 1556 ई. में उसकी मृत्यु हुई।

हुमायूं का बेटा अकबर गद्दी पर बैठा तो उसकी उम्र सिर्फ चौदह साल थी। कुछ समय बाद उसने आगरा को अपनी राजधानी बनाने का निश्चय किया। उसने 1565 ई. में वहां के पुराने किले (बादलगढ़) को तुड़वाकर उसी जगह लाल पत्थरों

आगरा के किले का दिल्ली दरवाजा

का एक सुदृढ़ किला बनाने का आदेश दिया। 'तुजुके-जहांगीरी' से जानकारी मिलती है कि अकबर को यह किला बनवाने में आठ साल लगे और कुल 35 लाख रुपए खर्च हुए। किले का निर्माण अकबर के मुख्य इंजीनियर मुहम्मद कासिम खां की देखरेख में हुआ।

अकबर शुरू में कुछ साल आगरा के किले में ही रहा। 1569 ई. में फतेहपुर-सीकरी को राजधानी बनाने का निर्णय लेकर वहां निर्माण-कार्य शुरू करवा दिया। लेकिन वह फतेहपुर-सीकरी में ज्यादा दिन नहीं रह पाया। अकबर 1570 ई. से लेकर 1600 ई. तक लड़ाइयों में उलझा रहा। जब वह पूर्वी प्रदेश में विद्रोहियों का दमन कर रहा था, तब उसने इलाहाबाद के किले की नींव रखी। जब वह पश्चिमोत्तर भारत को जीतने में जुटा हुआ था, तब वह अपनी राजधानी लाहौर ले गया और वहां एक किला बनवाया। लेकिन अंत में 1601 ई. में वह आगरा लौट आया और चार साल बाद (1605 ई. में) वहीं किले में उसका देहांत हुआ। अकबर को आगरा के पास के सिकंदरा में एक शानदार मकबरे में दफनाया गया है।

अकबर का बेटा जहांगीर कुछ साल आगरा में ही रहा, परंतु 1618 ई. के बाद वह वहां पुनः वापस नहीं लौटा। जहांगीर के उत्तराधिकारी शाहजहां को आगरा में ही बादशाह घोषित किया गया था। वह 1632 से 1637 ई. तक वहीं रहा। ताजमहल, जिसे दुनिया का एक महान आश्चर्य माना जाता है, शाहजहां ने ही बनवाया। आगरा के किले की अधिकांश इमारतें भी शाहजहां के समय में ही बनकर पूरी हुईं, हालांकि उनकी नींव अकबर और जहांगीर के वक्त डाली जा चुकी थी। शाहजहां भी अपनी राजधानी दिल्ली स्थानांतरित करना चाहता था, परंतु औरंगजेब ने उसे आगरा के किले में नजरबंदी में रखा और वहीं पर उसकी मृत्यु हुई।

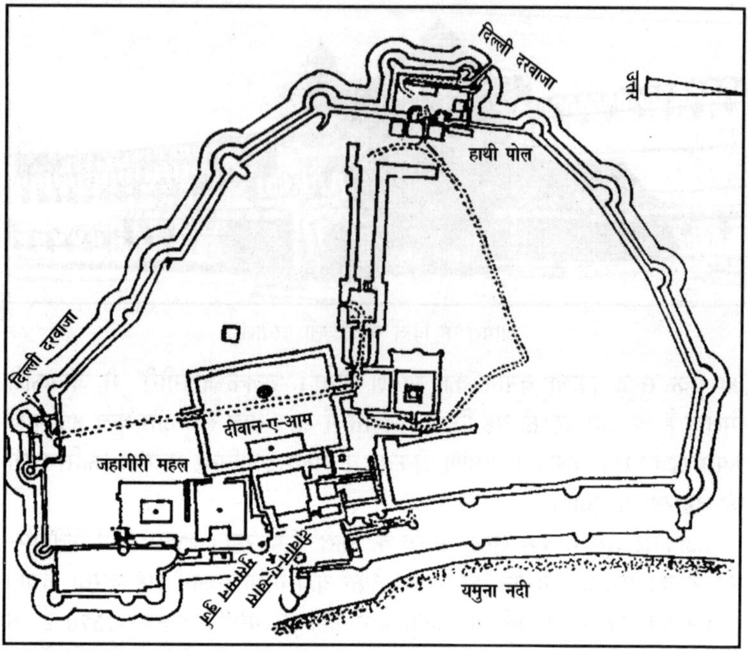

आगरा के लाल किले की विन्यास योजना

अंततः औरंगजेब स्थाई रूप से अपनी राजधानी दिल्ली ले गया। आगरा मुगलों के एक सूबे का शहर बनकर रह गया। मुगलों के उत्थान और पतन के दौर आगरा को भी झेलने पड़े। भरतपुर के जाट राजा सूरजमल ने 1761 ई. में आगरा पर अधिकार कर लिया। फिर आगरा मराठों के नियंत्रण में रहा। अंत में 1803 ई. में अंग्रेजों ने किला मराठों से छीन लिया। आज आगरा का किला भारतीय पुरातत्त्व सर्वेक्षण के नियंत्रण में है।

आगरा के किले की दोहरी प्राचीरों ने यमुना के पश्चिमी तट को अर्धवृत्ताकार में घेर रखा है। प्राचीरों की लंबाई दो किलोमीटर है। भीतरी और बाहरी प्राचीरों के बीच की 9 मीटर चौड़ी जगह में खाई खुदी हुई है, जो पानी से भरी रहती थी। पूर्व की ओर यमुना नदी है। किले में प्रवेश के लिए चार दरवाजे हैं–पश्चिमोत्तर में दिल्ली दरवाजा, दक्षिण में अमरसिंह दरवाजा, और पूर्व में दरियाई तथा दर्शनी दरवाजे। दिल्ली दरवाजा अब सेना के अधिकार में है। दरियाई दरवाजा नदी में उतरने के लिए था। यमुना के दूर चले जाने पर उसे बंद कर दिया गया। दर्शनी दरवाजे के ऊपर बने बुर्ज पर से बादशाह जनता को दर्शन

देता था। बाद में औरंगजेब ने उसे बंद करवा दिया। अमरसिंह दरवाजा पर्यटकों के लिए है।

दिल्ली दरवाजा किले का मुख्य दरवाजा है। इसके बाहर दोहरी दीवार है। इसके सामने के हिस्से में दोनों ओर दो बड़ी-बड़ी अष्टकोणी मीनारें हैं। किले में जाने के लिए दक्षिण की ओर अमरसिंह दरवाजा है। यह निजी इस्तेमाल के लिए था। दरअसल, यहां तीन दरवाजे हैं। दरवाजे से नौबतखाने तक जाने के लिए घुमावदार और चढ़ाई का रास्ता है।

दरवाजे का नाम जोधपुर के महाराजा अमरसिंह की याद में रखा गया है। कहते हैं कि एक बार शाहजहां के दरबार के सरदार सलावत खां ने अमरसिंह को कुछ अपमानजनक शब्द कहे। अमरसिंह ने क्रोध में आकर सलावत खां का गला तलवार से काट दिया। सिपाही उसे पकड़ने के लिए लपके। किले का मुख्य दरवाजा बंद कर दिया गया। परंतु अमरसिंह का घोड़ा उसे पीठ पर लेकर किले की ऊंची दीवार फांद गया!

अमरसिंह दरवाजे से आगे जाने पर लाल पत्थरों का बना हुआ दो-मंजिला जहांगीरी महल आता है। इस इमारत को अकबर ने जहांगीर के लिए बनवाया था। इस आयताकार महल के मध्य में वर्गाकार आंगन है। यह महल हिंदू और मुस्लिम वास्तुकला का मिला-जुला स्मारक है। इसके पास ही अकबरी महल और अंगूरी बाग है।

जानकारी मिलती है कि अकबर ने आगरा के किले में लगभग 500 इमारतें बनवाई थीं। उनमें से बहुत-सी इमारतों को संगमरमर की बनाने के इरादे से शाहजहां ने तुड़वा दिया। पहले की इमारतें पूर्वी भाग में नदी को झांकती हुई थीं। शाहजहां ने जहांगीरी महल को तो नहीं तुड़वाया, परंतु उसके उत्तर की सारी इमारतें गिरवा दीं और वहां दीवान-ए-आम, दीवान-ए-खास, नगीना महल, शीश महल, मुसम्मन बुर्ज और शानदार मोती मस्जिद बनवाई।

दीवान-ए-आम, आगरा का किला

शाहजहां ने गद्दी पर बैठते ही 1627 ई. में दीवान-ए-आम बनवाया और उसके दस साल बाद दीवान-ए-खास। एक ऊंचे चबूतरे पर बने हुए भव्य दीवान-ए-आम में 64 खंभे हैं। यहां बादशाह का दरबार लगा करता था। दीवान-ए-खास में बादशाह निजी रूप में राजाओं, सामंतों और राजदूतों से मिलता था। इसकी बनावट देखने लायक है।

किले में मुसम्मन बुर्ज नामक एक महल है, जिसे जहांगीर ने अपनी प्रिय मल्लिका नूरजहां के लिए बनवाया था। बाद में इसी में औरंगजेब ने अपने बाप शाहजहां को कैद कर रखा था। शाहजहां यहीं लेटे-लेटे ताजमहल को देखा करता था। अंत में यहीं पर उसने प्राण त्यागे। यहां काले पत्थर की एक ऊंची चौकी है, जिसे जहांगीर इलाहाबाद से यहां उठा लाया था। बादशाह शाम को इस पर बैठकर हवा खाता था और नीचे जानवरों की लड़ाई देखता था।

किले में तीन मस्जिदें हैं—मोती, मीना और नगीना। इनमें सबसे सुंदर और शानदार मोती मस्जिद है। शुद्ध सफेद संगमरमर की यह मस्जिद सात साल में बनकर तैयार हुई। इसे शाहजहां ने बनवाया था। नमाज पढ़ने का इसका भीतरी आंगन 48 मीटर लंबा और 17 मीटर चौड़ा है। मीना मस्जिद का निर्माण औरंगजेब ने अपने पिता शाहजहां के नमाज पढ़ने के लिए करवाया था। नगीना मस्जिद हरम

बुलंद दरवाजा

की बेगमों और अन्य महिलाओं के नमाज पढ़ने लिए बनी थी। यहीं से एक रास्ता मीना बाजार जाता था। मीना बाजार की शुरुआत अकबर ने की थी। यहां के बरामदों में कुलीन महिलाएं नाना प्रकार की वस्तुओं का बाजार लगाती थीं और बेगमें खरीद-फरोख्त करने आती थीं, कभी-कभी बादशाह भी।

मुगल सम्राटों के पास अपार धन जमा हो गया था। इसलिए उन्होंने अपने किलों को खूबसूरत इमारतों से सजाया-संवारा। उन्होंने साम्राज्य-भर से अच्छे कारीगर बुलवाए। आगरा के किले की कुछ इमारतों को देखने से पता चलता है कि बंगाली कारीगरों को भी यहां लाया गया था।

मुगलों के वैभव-काल में आगरा के किले पर बाहरी हमले नहीं हुए। इस किले ने एक तरफ खूब विलासिता देखी, तो दूसरी तरफ भाई-भाई की लड़ाइयां और बाप-बेटे के संघर्षों को भी देखा। ताजमहल देखने आने वाले अधिकांश पर्यटक यहां के किले को भी देखने आते हैं। आगरा का असली इतिहास तो इसी किले के स्मारकों में मौजूद है।

फतेहपुर-सीकरी

आगरा से फतेहपुर-सीकरी करीब 37 किलोमीटर पश्चिम में है। अकबर के भी काफी पहले से सीकरी सैनिक दृष्टि से एक महत्त्वपूर्ण स्थान रहा है। सीकरी के पास ही खानवा के मैदान में राणा सांगा और बाबर के बीच 1527 ई. में युद्ध हुआ था। बाबर की जीत होने पर उसने इस स्थान के प्रति अपनी कृतज्ञता व्यक्त करने के लिए इसे 'शुक्री' नाम दिया, जो थोड़ा बिगड़कर 'सीकरी' हो गया।

बाबर ने सीकरी में एक बाग बनवाया था। परंतु उसके बेटे हुमायूं ने यहां कुछ नहीं बनवाया। अकबर सीकरी के पास के जंगल में कभी-कभी शिकार खेलने आता था। आगरा के किले के निर्माण के लिए सीकरी की खदानों से भी पत्थर निकाले गए थे। यहां के एक सूखे टीले पर सूफी शेख सलीम चिश्ती का निवास था।

अकबर अट्ठाईस साल का हो रहा था, तब भी उसकी कोई जीवित संतान नहीं थी। वह संतों और सूफियों की दुआएं मांगने लगा। जब उसे जानकारी मिली कि सीकरी की एक चट्टान की गुफा में शेख सलीम चिश्ती का निवास है, तो वह उनके चरणों में जा गिरा। शेख ने अकबर को सुना और उसे आशीर्वाद दिया कि उसके तीन पुत्र होंगे और सभी जीवित रहेंगे। अकबर ने भी वचन दिया कि वह अपने प्रथम पुत्र का नाम शेख के नाम पर सलीम रखेगा। आगरा लौटने पर कुछ दिन बाद ही उसे पता चला कि उसकी हिंदू पत्नी गर्भवती है।

पंचमहल, फतेहपुर-सीकरी

अकबर ने अपनी उस बेगम को सीकरी भेज दिया और शेख के नजदीक उसके निवास के लिए वहां एक महल ('रंगमहल') बनवाया। कुछ माह बाद उसने एक पुत्र को जन्म दिया, जिसका शेख के नाम पर सलीम (बाद में जहांगीर) नाम रखा गया। अगले साल दूसरे पुत्र मुराद का जन्म हुआ, तो अकबर को लगा कि सीकरी एक बहुत ही शुभ स्थल है। उसने सीकरी को अपनी नई राजधानी बनाने का फैसला किया और वहां निर्माण-कार्य शुरू करने का आदेश दिया।

सीकरी में 1570 ई. में शाही इमारतें बननी शुरू हुईं। अधिकांश निर्माण-कार्य एक-डेढ़ साल में पूरा हो गया। अकबर स्वयं निर्माण-कार्य की देखभाल करने पहुंचता था। कभी-कभी वह जोश में आकर खुद भी खदान में से पत्थर निकालने में जुट जाता था। सीकरी राजधानी बनने पर भी आगे करीब ग्यारह वर्षों तक वहां निर्माण-कार्य जारी रहा।

अकबर 1572 ई. में सीकरी से गुजरात को जीतने के लिए गया। विजयी होकर लौटा, तो उसने सीकरी को 'फतेहाबाद' नाम दिया, जो बाद में 'फतेहपुर' में बदल गया। इस तरह, नया 'फतेहपुर-सीकरी' नाम प्रचलित हो गया।

फतेहपुर-सीकरी तीन ओर से लाल बलुए पत्थर की दीवारों से घिरा हुआ है। पश्चिम की ओर से एक विशाल कृत्रिम झील इसकी रक्षा-परिखा का काम करती है। परंतु गंभीर खतरे के समय इनसे यहां के निवासियों की रक्षा नहीं हो सकती थी; असली बचाव-स्थल आगरा का किला ही था। उस समय फतेहपुर-सीकरी को

आगरा से जोड़ने वाले चौड़े मार्ग के दोनों ओर बहुत-सी सराएं, दुकानें और दूसरी इमारतें बनी हुई थीं।

आगरा से फतेहपुर-सीकरी जाने वाले पर्यटक प्रायः पूर्वोत्तर के आगरा दरवाजे से प्रवेश करते हैं। आगे बढ़ने पर नौबतखाना, खजाना और टकसाल के स्थान मिलते हैं। आगे रास्ता लंबे-चौड़े दीवान-ए-आम में पहुंचता है। इसके पश्चिमी भाग में बादशाह का न्याय-कक्ष है। पास ही दीवान-ए-खास है। इस सादगीपूर्ण दोमंजिली वर्गाकार इमारत के चारों कोनों पर चार मंडप बने हुए हैं। इसके मध्य में, दूसरी मंजिल के स्तर पर, अकबर के सिंहासन का गोल पीठ बना हुआ है, जो एक स्तंभ पर टिका हुआ है। बलुए पत्थर का यह अलंकृत स्तंभ अपने समय के शिल्पांकन का एक सर्वोत्कृष्ट नमूना है।

फतेहपुर-सीकरी की रिहायसी इमारतें काफी हद तक क्षेत्रीय जलवायु और रहन-सहन की विशिष्ट परिस्थितियों के अनुसार बनी हैं। ये आवास मुख्यतः तीन भागों में बंटे हुए हैं—खुला भाग (आंगन अथवा चौक), अधखुला भाग (तिबारी) और उसके पीछे बंद कोठरी या कोठरियां। फतेहपुर-सीकरी के घरों के साथ बाग नहीं थे। कुछ हद तक आंगन ही बाग का काम करता था। वहां कल-कल झरते झरने और फौव्वारे भी नहीं हैं। वहां केवल शांत बहती नालियां और हौज हैं।

जोधाबाई का महल फतेहपुर-सीकरी का सबसे बड़ा और सबसे प्रभावशाली प्रासाद है। इसे अकबर ने रानी जोधाबाई के लिए बनवाया था। इसमें और आगरा के किले के जहांगीर महल में काफी समानता है। दोनों के मध्य में आंगन हैं।

शेख सलीम चिश्ती की मजार, फतेहपुर-सीकरी

जोधाबाई के महल के पश्चिमोत्तर में बीरबल का महल है। इसमें दो स्वतंत्र, परंतु आपस में जुड़े हुए कक्ष-समूह हैं।

फतेहपुर-सीकरी की सर्वाधिक आकर्षक इमारत है–खंभों पर खड़ा अकबर का पांचमंजिला ग्रीष्म महल–पंचमहल। उसकी खुली चौड़ी छतों से दूर-दूर का नजारा दिखाई देता है। सभी छतें मिलकर एक सीढ़ीनुमा पिरामिड का निर्माण करती हैं।

फतेहपुर-सीकरी का सबसे ऊंचा और सबसे भव्य स्मारक है–बुलंद दरवाजा। इसे अकबर ने 1573 ई. में अपनी गुजरात विजय की स्मृति में बनवाया था। नीचे की समतल भूमि से इसकी ऊंचाई 58 मीटर है। दरवाजे तक चढ़ने के लिए चौड़ी-चौड़ी तिहरी सीढ़ियां बनी हुई हैं। लाल पत्थर से बने बुलंद दरवाजे की दीवारों पर कुरान की आयतों के सुंदर डिजाइन बने हुए हैं।

बुलंद दरवाजा विशाल प्रांगण वाली जामी मस्जिद में खुलता है। इस मस्जिद में बुलंद दरवाजे के अलावा पूर्व की ओर के बादशाही दरवाजे से भी पहुंचा जा सकता हैं। अकबर इसी दरवाजे से रोज सुबह नमाज के लिए यहां पहुंचता था। मस्जिद के उत्तरी भाग में शेख सलीम चिश्ती (मृत्यु : 1572 ई.) की मजार है। यहां की संगमरमर की जालियों की नक्काशी को बहुत ही उत्कृष्ट माना जाता है।

फतेहपुर-सीकरी का वैभव करीब एक दशक तक ही कायम रहा। पेयजल की कमी, यहां की प्रतिकूल जलवायु और कुछ राजनीतिक कारणों से अकबर इसे त्याग देने के लिए विवश हुआ। जहांगीर और शाहजहां कभी-कभी यहां आते थे, परंतु थोड़े समय के लिए। मुगलों के शासनकाल में ही फतेहपुर-सीकरी उजड़ गई थी। सौभाग्य से, अकबर ने यहां की इमारतें इतनी मजबूत बनवाई थीं कि वे आज भी लगभग ज्यों-की-त्यों कायम हैं।

अजेय जलदुर्ग जंजीरा

छत्रपति शिवाजी (1630-1680 ई.) ने अपने पचास वर्षों के जीवनकाल में अनेक किले जीते, अनेक किलों की मरम्मत करवाई और कई नए किलों का निर्माण करवाया। उनका अधिकांश जीवन किलों पर ही बीता। उनका जन्म एक किले (शिवनेरी) में हुआ और देहांत भी एक किले (रायगढ़) में ही। रायगढ़ में ही 1674 ई. में उनका राज्याभिषेक हुआ और उसी किले में उनकी राजधानी थी। वे किलों को राज्य का आधार-स्तंभ मानते थे। शिवाजी को 'दुर्गराज' कहा जाता है।

मगर शिवाजी को अपनी मृत्यु के समय तक इस बात का बड़ा अफ़सोस रहा कि, कई बार प्रयत्न करने पर भी, वे महाराष्ट्र के एक किले को जीत नहीं पाए, हालांकि वह किला उनकी राजधानी रायगढ़ से मुश्किल से 30 किलोमीटर की दूरी पर था। इस किले के लगभग 350 वर्षों के इतिहास में मराठे ही नहीं, कोई भी अन्य सत्ता–पोर्तुगीज, फ्रांसीसी, अंग्रेज और मुगल–इसे जीत नहीं पाए। सन् 1947 में देश के आजाद होने तक इस किले की अपनी स्वतंत्र सत्ता कायम रही।

जंजीरा जलदुर्ग का दूर-दृश्य

यह अजेय दुर्ग है—मुरुड़-जंजीरा, संक्षेप में जंजीरा। यह जलदुर्ग मुंबई से 165 किलोमीटर दक्षिण में महाराष्ट्र के रायगढ़ जिले के मुरुड़ बंदरगाह के पास समुद्र में एक चट्टानी द्वीप पर स्थित है। 'जंजीरा' शब्द अरबी भाषा के 'जंजीरः' शब्द से बना है, जिसका अर्थ है—द्वीप अथवा वह भूमि जो समुद्र से घिरी हो।

प्राचीन काल से ही यह पहचान लिया गया था कि दुर्ग राज्य का एक महत्त्वपूर्ण अंग है। कौटिल्य के अर्थशास्त्र और कई पुराणों में दुर्ग-निर्माण के बारे में जानकारी दी गई है। अर्थशास्त्र में चार प्रकार के दुर्गों का वर्णन है—जलदुर्ग, गिरिदुर्ग, धन्वदुर्ग और वनदुर्ग। धन्वदुर्ग, मरुभूमि अथवा दलदली भूमि से घिरा होता था और वनदुर्ग घने जंगलों से। कौटिल्य ने जलदुर्ग और गिरिदुर्ग को सबसे महत्त्वपूर्ण बताया है। महाराष्ट्र में इन्हीं दो प्रकार के दुर्गों की संख्या सबसे ज्यादा है। कौटिल्य के अनुसार जलदुर्ग नदी या सरोवर के जल से घिरा होता है। परंतु महाराष्ट्र के जलदुर्ग समुद्र के जल से घिरे हुए हैं, इसलिए इन्हें 'समुद्री दुर्ग' कहना उचित होगा। ऐसे कुछ प्रमुख समुद्री दुर्ग हैं—कुलावा-अलीपुर, मरुड़-जंजीरा, विजयदुर्ग, सुवर्णदुर्ग और सिंधुदुर्ग। इनमें सबसे महत्त्वपूर्ण और मजबूत रहा है—जंजीरा।

महाराष्ट्र की कोंकण पट्टी, जिसके एक ओर सह्याद्रि पर्वतमाला है और दूसरी ओर अरब सागर, उत्तर में दमन से लेकर दक्षिण में गोवा तक फैली हुई है। यद्यपि कोंकण की भूमि ऊबड़-खाबड़ और पहाड़ी है, परंतु इतिहास व संस्कृति की दृष्टि से यह सदैव दक्खन के पठार से जुड़ी रही है। इसमें बहुत सारी नदियां तथा खाड़ियां हैं, और नौका-निर्माण के लिए सागौन की पर्याप्त लकड़ी उपलब्ध रही है। इसलिए प्राचीन काल से ही कोंकण तट पर सोपारा (शूर्पारक), कल्याण और भड़ौच (भरुकच्छ) जैसे प्रसिद्ध बंदरगाह रहे हैं।

मध्ययुग में कोंकण का अधिकतर समुद्री व्यापार अरबों के हाथों में चला गया था। अपनी बेहतर नौ-शक्ति के बल पर उन्होंने इस क्षेत्र के विदेशी व्यापार, विशेषकर मसालों के व्यापार पर, कब्जा कर लिया। फिर चौदहवीं सदी में इस्लाम को अपना चुके अबीसीनिया (अब इथियोपिया, अफ्रीका) के नाविक भारत के पश्चिमी तट पर पहुंचने लगे। उन दिनों सफल व्यापारी होने के लिए अच्छा लड़ाकू होना भी आवश्यक था। भारत में पहुंचे ये साहसी अबीसीनियाई लोग 'सिद्दी' कहलाए। इन्हें 'हब्शी' भी कहा जाता है। सिद्दी सैनिक भारतीय शासकों की फौजों में महत्त्व के पद प्राप्त करने लगे। भारत में आकर उच्च पद पर पहुंचने वाला ऐसा ही सिद्दी था—मलिक अंबर (1549-1626 ई.) जो अहमदनगर की निजामशाही का कई साल तक वजीर और संरक्षक रहा।

जंजीरा की दीवार का एक नजदीकी नजारा

पता चलता है कि पंद्रहवीं सदी के उत्तरार्ध में कोली सरदार यानी मछुआरों के मुखिया रामाऊ ने मुरुड़ के पास इस द्वीप (जंजीरा) पर लकड़ी का एक कोट बनवाया था। फिर अहमदनगर के निजामशाह के एक सेनापति पीरखान ने इस पर अधिकार करके यहां एक किला बनाया और उसे 'जंजीरा मेहरुबा' (प्यारा द्वीप) नाम दिया। फिर 1617 ई. में निजामशाह ने यह किला अपने सिद्दी वजीर मलिक अंबर को सौंप दिया। तब से सिद्दी इस जलदुर्ग के मालिक बन गए। उन्होंने जंजीरा की मजबूत किलेबंदी की, वहां अपनी राजधानी स्थापित की और उसे अपना नौसैनिक अड्डा बना दिया। वे कभी बीजापुर की आदिलशाही के साथ होते, कभी अहमदनगर की निजामशाही के साथ, तो कभी मुगलों के साथ। मगर मराठों के साथ उनकी हमेशा दुश्मनी रही।

पुर्तगालियों के आगमन तक अरबिया से लेकर इंडोनेशिया तक के विदेशी व्यापार पर अरबों का एकाधिकार रहा। फिर सोलहवीं सदी के आरंभ में पुर्तगालियों ने वसई, दमन आदि कई बंदरगाहों पर कब्जा करके विदेशी व्यापार पर अधिकार जमा लिया। फिर सत्रहवीं सदी में अंग्रेज, फ्रांसीसी और डच आए, जिन्होंने भारत के पश्चिमी तट पर अपने-अपने गोदाम स्थापित किए।

मुगलों की शक्ति जमीन तक ही सीमित थी। उन्होंने नौसेना के निर्माण पर कोई ध्यान नहीं दिया। बीजापुर और अहमदनगर के सुलतान शनैः-शनैः शक्तिहीन होते जा रहे थे। कोंकण की समुद्री पट्टी में पुर्तगाली शक्ति अच्छी तरह स्थापित हो गई थी। डचों और अंग्रेजों ने भी अपने व्यापारी केंद्र स्थापित कर लिए थे। जंजीरा के सिद्दी समुद्री यातायात के साथ ज्यादती से पेश आ रहे थे और कोंकण तट के निवासियों को लूट-खसोट रहे थे।

जंजीरा के प्राकार पर पड़ी तोपें

ऐसी परिस्थितियों में शिवाजी ने कोंकण को जीतने और समुद्र पर अपना शासन स्थापित करने का निश्चय किया। उन्होंने नौका-निर्माण और बंदरगाहों पर कब्जा करने का कार्यक्रम आरंभ कर दिया। कल्याण और पनवेल में नौकाएं बनने लगीं। उन्होंने कम-से-कम एक दर्जन नए समुद्री दुर्गों की स्थापना की। उनमें मालवण के पास बना सिंधुदुर्ग सबसे मजबूत था। उन्होंने कई पुराने समुद्री दुर्गों की मरम्मत करवाई। मगर शिवाजी के पास इतने साधन और फुरसत का इतना समय नहीं था कि वह बड़ी-बड़ी नौकाएं बनवाते और तटवर्ती समुद्र से आगे बढ़कर खुले समुद्र के बारे में सोचते। महत्त्व की बात यह है कि उन्होंने मराठा नौसेना की स्थापना की।

शिवाजी की नौसेना ने पुर्तगालियों और अंग्रेजों को कई बार टक्कर दी। मगर 1658 और 1678 ई. के बीच, कई बार कोशिश करने पर भी, शिवाजी सिद्दियों के जंजीरा जलदुर्ग पर अधिकार नहीं कर पाए। जब शिवाजी का बेटा संभाजी भी जंजीरा को लेने में असफल रहा, तो उसने जंजीरा के 9 किलोमीटर उत्तर में 'कांसा' या 'पदमदुर्ग' नामक एक छोटा द्वीपदुर्ग बनवाया। परंतु मराठों के इतिहास में कांसा ने कोई महत्त्वपूर्ण भूमिका अदा नहीं की। बाद में कांसा भी सिद्दियों के अधिकार में चला गया। इतना ही नहीं, सिद्दियों ने, शिवाजी की मृत्यु के केवल

आठ साल बाद, 1688 ई. में उनकी राजधानी रायगढ़ को भी जीत लिया और आगे 44 साल तक वह किला उनके अधिकार में रहा। 1947 में देश के आजाद होने तक जंजीरा में सिद्दी नवाबों का राज्य कायम रहा। मुरुड़ के पास उनका शानदार महल आज भी मौजूद है।

जंजीरा पहुंचने के लिए मरुड़ के पास के राजापुरी गांव की जेटी से पालों वाली नाव लेनी पड़ती है। दुर्ग करीब एक किलोमीटर दूर है। यहां समुद्र काफी उग्र रहता है। एक अंडाकर चट्टानी द्वीप पर स्थापित इस जलदुर्ग का मुख्य द्वार, जो पूर्व दिशा में राजापुरी की ओर खुलता है, दो बुर्जों के बीच में है, और तभी नजर आता है जब लगभग 25 मिनट की यात्रा के बाद आपकी नाव इसके एकदम नजदीक पहुंचती है। इस मुख्य द्वार के दोनों ओर की दीवारों पर पंजों में हाथी पकड़े हुए शार्दुल (बाघ) की शिल्पाकृतियां उकेरी हुई हैं। इस प्रकार का शिल्पांकन, जिसका अर्थ स्पष्ट नहीं है, महाराष्ट्र के कई किलों के दरवाजों पर देखने को मिलता है। संकट की स्थिति में खुले समुद्र की ओर बाहर निकल जाने के लिए दुर्ग के पिछवाड़े में भी एक छोटा दरवाजा है। जमीन की ओर से नाकेबंदी होने पर इस पिछले दरवाजे से सिद्दी शासक समुद्र के रास्ते रसद प्राप्त कर सकते थे।

जंजीरा दुर्ग की दीवार में कुल 19 गोलाकार बुर्ज हैं, और ये अब भी अच्छी हालत में हैं। ज्वार के समय भी दुर्ग की सुदृढ़ दीवार पानी से करीब 10 मीटर

किले के भीतर मीठे पानी का विशाल ताल

मुरुड़ के पास सिद्दी नवाबों का राजमहल

ऊपर रहती है। समुद्र की लहरों के प्रबल प्रहारों ने दीवार के जलस्तर वाले पत्थरों को कुछ खोखला कर दिया है, किंतु वे सब भी मजबूत हैं।

जंजीरा अब खंडहर बन गया है। लेकिन इसके वैभव के दिनों में यह दुर्ग एक सम्पन्न शहर जैसा था। यहां सभी सुविधाएं मुहैया थीं—महल, मस्जिद, मकान, मीठे पानी का बड़ा तालाब, छोटे खेत आदि। इस्तेमाल में न आने के कारण महल टूट-फूट गया है। रानी महल, जिसमें एक शानदार हमामखाना (स्नानागार) था, झाड़-झंखाड़ से घिर गया है और इसकी दीवारों पर अब काई के थर जम गए हैं। मस्जिद भी अब मूक है; यहां बांग देने वाला अब कोई नहीं है।

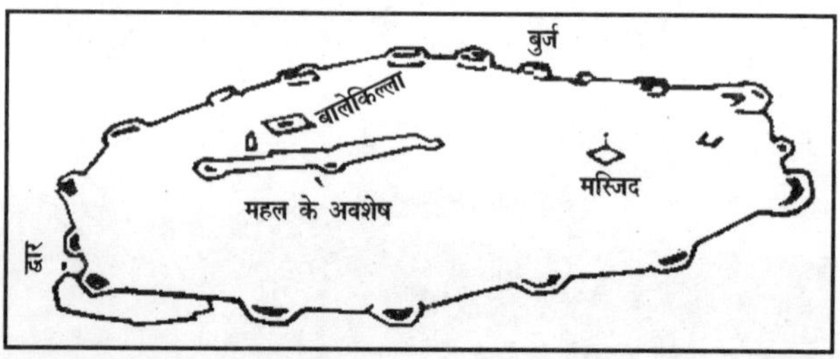

जंजीरा जलदुर्ग का नक्शा

एक और महत्त्वपूर्ण सुविधा के कारण भी जंजीरा अजिंक्य रहा। वह है, दुर्ग के भीतर मौजूद मीठे पानी का एक विशाल तालाब। करीब 15 मीटर गहरे इस वृत्ताकार तालाब में आज भी पानी है, हालांकि काई जमने के कारण वह अब पीने योग्य नहीं रह गया है। चारों ओर से खारे पानी के समुद्र से घिरे होने पर भी इस

द्वीपदुर्ग के तालाब का पानी मीठा हो, यह बात बहुतों के लिए विस्मयजनक हो सकती है। मगर वास्तविकता यह है कि कोंकण तट के पास के ये सभी चट्टानी द्वीप समुद्र में पहुंचे हुए मुख्य भूमि के ही हिस्से हैं। इनके और मुख्य भूमि के बीच समुद्र ज्यादा गहरा नहीं है। इसलिए सभी समुद्री किलों में खोदे गए कुओं और तालाबों में पेयजल उपलब्ध है।

किले के करीब 60 मीटर ऊंचे छोटे से पठार पर बालेकिल्ले का स्थान है। यहां एक विशाल तोप आज भी पड़ी हुई है। बालेकिल्ले के सबसे ऊंचे स्थान से बंदरगाह, खाड़ी और मुख्य भूमि पर उठी हुई पहाड़ियों का नजारा बहुत ही चित्ताकर्षक है। मन करता है, समुद्र से घिरे इस दुर्ग में रातभर रहकर इसके अतीत के सपने देखे जाएं। किंतु किसी समय का सम्पन्न और वैभवशाली यह जंजीरा जलदुर्ग अब वीरान पड़ा हुआ है।

राजस्थान का अभेद्य गिरिदुर्ग कुंभलगढ़

लगभग पौने पांच सौ साल पहले की घटना है। बाबर ने खानवा के युद्ध (1527 ई.) में मेवाड़ के राणा सांगा को हराया। उसके दो साल बाद ही राणा की मृत्यु हो गई। मेवाड़ के राजपरिवार में कलह शुरू हो गया। दासीपुत्र बनवीर ने सांगा के पोते विक्रमाजीत की हत्या करके चित्तौड़ की गद्दी पर कब्जा कर लिया। वह विक्रमाजीत के नन्हे बेटे उदयसिंह को मार डालने के लिए उसके शयनकक्ष में पहुंचा। परंतु पन्ना धाय ने पहले ही उदयसिंह की जगह अपने बेटे को लिटा दिया था। इस तरह बेटे की बलि देकर पन्ना ने उदयसिंह को बचा लिया और कुंभलगढ़ ले जाकर लालन-पालन किया।

कुंभलगढ़ के एक पुराने रेखाचित्र के साथ राणा कुंभा (बाएं) और राणा प्रताप (दाएं) उनके बीच मेवाड़ का राजचिह्न

पन्ना धाय के अपूर्व त्याग का यह किस्सा मैंने बचपन में प्राइमरी कक्षा की अपनी पुस्तक में पढ़ा था। आगे चलकर यह भी पता चला कि कुंभलगढ़ में ही उदयसिंह का तिलक हुआ और फिर उसने बनवीर को परास्त करके चित्तौड़ वापस ले लिया। कुंभलगढ़ में ही उदयसिंह के वीर बेटे राणा प्रताप का जन्म हुआ था। कुंभलगढ़ में ही लड़ाई की तैयारी करके प्रताप अकबर की फौज का मुकाबला करने हल्दी घाटी की ओर बढ़ा था और पराजय के बाद इसी दुर्ग में लौटकर उसने अपनी सेना को पुनः संगठित किया था।

कई सालों से इच्छा थी चित्तौड़ और कुंभलगढ़ को देखने की, जो पिछले साल ही पूरी हो सकी। पहले चित्तौड़ की यात्रा की, फिर कुंभलगढ़ की। चित्तौड़ का दुर्ग शौर्य और बलिदान का प्रतीक है तो कुंभलगढ़ सुदृढ़ता और सुरक्षा का। संकट के समय में कुंभलगढ़ मेवाड़ के राजपरिवार का आश्रय-स्थल रहा है। चित्तौड़ पर बार-बार हमले हुए, यहां कई जौहर भी हुए। परंतु पहाड़ी मार्ग की कठिनाई और अपनी दीवारों की मजबूती के कारण कुंभलगढ़ अपने समूचे इतिहास में लगभग अपराजेय बना रहा। स्थापत्य की दृष्टि से कुंभलगढ़, राजस्थान का ही नहीं, भारत का एक बेजोड़ दुर्ग है।

कुंभलगढ़ उदयपुर से लगभग 75 किलोमीटर उत्तर में अरावली की समुद्र सतह से 1082 मीटर ऊंची चोटी पर स्थित है। मेवाड़ और मारवाड़ की सीमा पर बसा होने के कारण इस दुर्ग का विशेष सामरिक महत्त्व था। दुर्ग के कुछ पहले केलवाड़ा कस्बा आता है, जहां गढ़ी के भीतर बाणमाता का प्रसिद्ध मंदिर है। आगे नाले के नजदीक ही करीब 200 मीटर की चढ़ाई के बाद किले का पहला दरवाजा 'आरेठपोल' आता है। यहां से डेढ़ किलोमीटर आगे एक और द्वार 'हल्लापोल' है। फिर आता है किले का मुख्य द्वार 'हनुमानपोल', जहां हनुमान की मूर्त्ति है। आगे 'विजयपोल' दरवाजा आता है। यहां से भीतरी किले के स्मारकों का सिलसिला शुरू हो जाता है।

कुंभलगढ़ का लंबा-चौड़ा विशाल परकोटा

कुंभलगढ़ के भीतर पर्वत शिखर पर एक और किला है, जिसे 'कटारगढ़' के नाम से जाना जाता है। यहां ऊपर तक जाने का टेढ़ा-मेढ़ा रास्ता सात दरवाजों से होकर गुजरता है। आखिरी दरवाजा पार करने के बाद दाएं-बाएं कई महलों और भवनों के अवशेष नजर आते हैं। सबसे ऊपर है कुंभा महल, जिसे बादल महल भी कहते हैं। महल की छत से पूरे दुर्ग पर ही नहीं, मारवाड़ और मेवाड़ पर दूर-दूर नजर डाली जा सकती है। परंतु कुंभलगढ़ के स्थापत्य की विशेषता यह है कि समुद्र सतह से करीब 1,000 मीटर की ऊंचाई पर बसा होने पर भी इसकी हरी-भरी वादियों के कारण यह दूर से नजर नहीं आता। किले की ऊंचाई के बारे में अकबर के दरबारी विद्वान अबुल फजल ने लिखा है कि यह इतनी बुलंदी पर बना हुआ है कि नीचे से ऊपर की ओर देखने पर सिर से पगड़ी गिर जाती है।

मेवाड़ के शासक महाराणा कुंभा (1433-1469 ई.) ने इस दुर्ग का निर्माण किया, इसलिए इसे कुंभलगढ़ नाम मिला। पता चलता है कि कुंभा ने दुर्ग के लिए जिस स्थान को चुना वहां मौर्य सम्राट अशोक (ईसा पूर्व तीसरी सदी) के दूसरे पुत्र सम्प्रति के बनवाए दुर्ग के अवशेष पहले से मौजूद थे। सम्प्रति जैन धर्म का अनुयायी था, इसलिए दुर्ग में कुछ प्राचीन जैन मंदिर भी हैं। कुंभा ने इस दुर्ग को मेर शासक से हासिल किया था, इसलिए यह 'कुंभलमेर' के नाम से भी जाना जाता है। कुंभा ने पुराने दुर्ग के ध्वंसावशेषों पर नए दुर्ग की नींव 1448 ई. में रखी। दुर्ग के निर्माण में दस साल लगे और यह कार्य 1458 ई. में पूरा हुआ। दुर्ग का निर्माण कुंभा के प्रमुख शिल्पी और वास्तुविद्या के पंडित मंडन की देखरेख में सम्पन्न हुआ। दुर्ग बन जाने की स्मृति में कुंभा ने विशेष सिक्के ढलवाए, जिन पर कुंभलगढ़ का नाम अंकित है।

कुंभा एक महान वास्तु-निर्माता था। मेवाड़ की रक्षा के लिए राणाओं ने जो 84 किले बनवाए उनमें से 32 किलों का निर्माण अकेले कुंभा ने कराया। उसने चित्तौड़ की दीवारों को मजबूत किया, पुराने महलों की मरम्मत करवाई और वहां एक भव्य 'कीर्तिस्तंभ' का निर्माण कराया। वह एक महान शासक और योद्धा ही नहीं, प्रतिभाशाली कवि, विद्वान और संगीतज्ञ भी था। मगर मेवाड़ के इस सुयोग्य शासक की कुंभलगढ़ में ही उसके ज्येष्ठ राजकुमार ऊदा ने पीछे से वार करके हत्या कर दी। बाद में सामंतों ने पितृघाती ऊदा को हटाकर उसके भाई रायमल को राणा बनाया। राणा सांगा, जिसे बाबर ने खानवा के युद्ध में हराया था, इसी रायमल का बेटा था। सांगा का बचपन कुंभलगढ़ में ही गुजरा। बाद में पन्ना धाय ने सांगा के पोते उदयसिंह को अपने बेटे की बलि देकर बचाया और कुंभलगढ़ में उसका पालन-पोषण किया।

कुंभलगढ़ अपनी स्थापना के समय से ही शत्रुओं की आंख की किरकिरी बना रहा। कुंभा के शासनकाल में मांडू (मालवा) के सुलतान महमूद खिलजी ने राणा की अनुपस्थिति में कुंभलगढ़ पर आक्रमण किया, परंतु दुर्ग लेने में वह असफल रहा। केलवाड़ा में तोड़-फोड़ करके वह मांडू वापस लौट गया। उसके बाद 1457 ई. में गुजरात के सुलतान कुतुबुद्दीन ने मेवाड़ पर हमला करके कुंभलगढ़ को घेर लिया। घमासान युद्ध हुआ, मगर वह भी दुर्ग लेने में असफल रहा और वापस चला गया।

जैसा कि पहले बताया गया है, राणा उदयसिंह के बेटे व उत्तराधिकारी राणा प्रताप का जन्म कुंभलगढ़ में ही हुआ था। वहां राजप्रासाद के जिस पृथक कक्ष में प्रताप का जन्म हुआ वह आज भी मौजूद है। मगर उपेक्षित। अकबर द्वारा चित्तौड़ को जीतने के पहले ही उदयसिंह वहां से निकल गया था। बाद में उसने उदयपुर नगर बसाया। उदयसिंह के देहांत के बाद प्रताप कुंभलगढ़ पहुंच गया और वहां से मेवाड़ का शासन चलाने लगा। उस समय अकबर ने मानसिंह के नेतृत्व में एक विशाल सेना प्रताप को कुचलने के लिए भेजी। हल्दीघाटी में हार के बाद प्रताप कुंभलगढ़ लौटा और पुनः सैन्य-सज्जा में जुट गया।

तब अकबर ने अपने सेनानायक शाहबाज खां को एक बड़ी फौज के साथ कुंभलगढ़ पर कब्जा करने के लिए भेजा। पक्की घेराबंदी के कारण दुर्ग में रसद पहुंचना कठिन हो गया। तब प्रताप किला छोड़कर सुरक्षित स्थान पर चला गया। इस तरह 1578 ई. में कुंभलगढ़ पर पहली बार मुगलों का आधिपत्य स्थापित हो गया। लेकिन जब शाहबाज खां को दूसरी जगह भेज दिया गया, तो कमजोर

कुंभलगढ़ के भीतर का छोटा कटारगढ़ दुर्ग

स्थिति का फायदा उठाकर प्रताप ने दुर्ग वापस ले लिया। तब से स्वतंत्रता प्राप्ति तक कुंभलगढ़ मेवाड़ के शासकों के ही अधिकार में रहा।

कुंभलगढ़ मिले-जुले गिरिदुर्ग व वनदुर्ग का एक उत्कृष्ट उदाहरण है। पर्वतमालाओं की गोद में बसा होने के कारण यह सही मायने में एक नैसर्गिक दुर्ग है। चित्तौड़ का किला समतल मैदान में एक विशाल पहाड़ी पर स्थित है, इसलिए इसे शत्रुसेना द्वारा आसानी से घेरा जा सकता था। मगर कुंभलगढ़ अनियमित आकार की कई पहाड़ियों से घिरा हुआ है और इन्हें कई किलोमीटर लंबी विशाल दीवार से जोड़ दिया गया है। दीवार की चौड़ाई सात मीटर है और इसका प्राकार (ऊपरी हिस्सा) इतना चौड़ा है कि उस पर तीन-चार घुड़सवार आसानी से चल सकते हैं। दीवार में जगह-जगह ऊंचे द्वार और ढलान पर विशेष प्रकार के बुर्ज बने हुए हैं। कुंभलगढ़ की लंबी-चौड़ी दीवार चीन की विशाल दीवार का स्मरण कराती है।

कुंभलगढ़ दुर्भेद्य था, इसलिए जब-जब चित्तौड़ और उदयपुर में असुरक्षा की स्थिति पैदा हुई, तब-तब यह दुर्ग मेवाड़ के राजपरिवार का शरणस्थल बन गया। यहां ऊंचाई पर बने छोटे दुर्ग कटारगढ़ में राजपरिवार की सुविधा और सुरक्षा के लिए सभी साधन मुहैया थे–झाली महल, बादल महल, तालाब, तोपखाना, कैदीघर, अन्नागार, अस्तबल और मंदिर। सबसे ऊपर बना कुंभा महल (बादल महल) सादगीपूर्ण है। इसकी छत पर चित्र बने हैं। द्वार आदमी की लंबाई से छोटे हैं। महल में छोटे-छोटे झरोखे हैं, जिनसे दूर-दूर की शोभा देखते ही बनती है।

कुंभलगढ़ दुर्ग के साथ एक प्रणय-कथा भी जुड़ी हुई है। बताया जाता है कि राणा कुंभा झालावाड़ा की राजकुमारी को, जो मंडोर के राठोर राजकुमार की मंगेतर थी, जबरन ब्याह लाया था। राठोर ने अपनी मंगेतर को हासिल करने की कई बार कोशिश की, किंतु असफल रहा। कुंभा ने झाली रानी के लिए कटारगढ़ में एक मालिया (महल) बनाया था। बारिश के बाद जब आसमान साफ हो जाता, तो झाली महल से मंडोर का महल साफ नजर आ जाता था। रात के समय झाली महल में जलती मशाल को भी मंडोर के महल से देखा जा सकता था।

विजयपोल से दुर्ग के भीतर पहुंचने पर मंदिरों, मंडपों और आवासीय खंडहरों का सिलसिला शुरू हो जाता है। बताया जाता है कि किसी समय दुर्ग के भीतर 365 मंदिर थे, जिनमें से कई आज भी मौजूद हैं। इनमें प्रमुख हैं–मामादेव (या कुंभास्वामी), विष्णु मंदिर और नीलकंठ मंदिर। नीलकंठ महादेव मंदिर के पास राणा कुंभा द्वारा निर्मित विशाल यज्ञवेदी का दो-मंजिला भवन है। यज्ञ से उत्पन्न धुएं को बाहर निकालने के लिए छत में जालियां बनी हैं और ऊपर सुंदर गुंबज है।

मामादेव मंदिर से थोड़ी दूरी पर एक कुंड है। यहीं पर राणा कुंभा की उसके बेटे ऊदा ने पीछे से वार करके जघन्य हत्या की थी। कुंड की सीढ़ियों पर बने झरोखों में अनेक देवी-देवताओं की पाषाण-मूर्तियां हैं। इसी मंदिर के प्रांगण के बाहर कुंभा ने पत्थर की शिलाओं पर नागरी लिपि और संस्कृत भाषा में अपनी प्रशस्ति (स्तुति) उत्कीर्ण कराई थी। अब यह शिलालेख और कुंभलगढ़ के अन्य कई महत्त्वपूर्ण पुरावशेष उदयपुर के संग्रहालय में सुरक्षित हैं।

कुंभलगढ़ दुर्ग सुदृढ़ तो था ही, काफी हद तक स्वावलंबी भी था। इसके भीतर के ऊंचे स्थानों पर मंदिर, महल और आवास बनाए गए। इसके समतल भागों का उपयोग खेती के लिए और ढलानों का उपयोग जलाशयों के लिए किया गया। किले में आज भी खेती होती है। किले में आज भी बहुत से परिवार बसते हैं, जिनमें कई मुसलमानों के हैं।

अब कुंभलगढ़ भारतीय पुरातत्त्व सर्वेक्षण के नियंत्रण में है, मगर व्यवस्था नाकाफी है। पुराने मंदिरों और आवासों की दीवारों के साथ खानपान की कई दुकानें खुल गई हैं। जिस कक्ष में राणा प्रताप का जन्म हुआ था वहां अब चमगादड़ों का स्थायी बसेरा है।

शिवाजी का जन्मस्थल शिवनेरी और लोहगढ़

शिवाजी दुर्गराज थे। मुख्यतः दुर्गों के बल पर ही उन्होंने महाराष्ट्र में 'हिंदवी स्वराज्य' की स्थापना की थी। पचास साल के अपने अल्प जीवन के कुल 18,306 दिनों में से कम-से-कम 8557 दिन उन्होंने किसी-न-किसी किले पर बिताए। उनका जन्म (1630 ई.) शिवनेरी किले पर हुआ था और मृत्यु (1680 ई.) रायगढ़ पर। अपनी प्रथम राजधानी राजगढ़ में वे सबसे ज्यादा समय तक रहे–कुल 2827 दिन। दूसरा नंबर शिवनेरी का है, जहां उन्होंने अपने बाल्यकाल के लगभग सात साल (2508 दिन) गुजारे।

शिवाजी के चरित्र-निर्माण में शिवनेरी दुर्ग ने बड़े महत्त्व की भूमिका अदा की। उनका बचपन शिवनेरी और आस-पास के पहाड़ी परिसर में बीता। उस वातावरण में बालक शिवाजी अन्य लड़कों के साथ पशु-पक्षियों के पीछे दौड़ते, उनकी-सी आवाजें निकालते, मिट्टी के हाथी-घोड़ों के खिलौने बनाकर खेल के ही किले जीतते, धूपछांह, गेंद फेंकना, लकड़ी घुमाना आदि खेल खेलते और अपना मनोरंजन करते। सर रिचार्ड टेंपल ने अपनी पुस्तक 'शिवाजी और मराठों का उत्थान' में शिवनेरी के बारे में लिखा है : "आप देखेंगे कि यह दुर्ग कितना ढलुआं एवं ऊंचा-नीचा है और एक जननायक के जन्म के लिए यह कितना उपयुक्त था।"

शिवनेरी दुर्ग पुणे से करीब 85 किलोमीटर उत्तर में जुन्नर शहर के नजदीक है। यह त्रिभुजाकार किला सह्याद्रि की लगभग 300 मीटर ऊंची एक पृथक पहाड़ी पर स्थित है। इसका चौड़ा आधारभाग दक्षिण की ओर और संकरा शीर्षभाग उत्तर की ओर है। किले की दीवार काफी ऊंची और फिसलन वाली है, जो चट्टानें काटकर बनाई गई है। किले में प्रवेश के लिए महादरवाजा, परवन, पीर, शिवाई आदि सात दरवाजे हैं। ये सभी मजबूत किलेबंदी और बुर्जों से युक्त रहे हैं। एक किलोमीटर की चढ़ाई के बाद पहला महादरवाजा आता है।

दूसरे और तीसरे दरवाजों पर 'शरभ' की शिल्पाकृतियां उकेरी हुई हैं। बाघ और सिंह से मिलते-जुलते इस काल्पनिक पशु की आकृतियां महाराष्ट्र के अन्य

कई दुर्गों के प्रवेश-द्वारों पर भी देखने को मिलती हैं। इन आकृतियों में प्रायः दिखाया जाता है कि शरभ (जिसे 'शार्दुल' भी कहते हैं) अपने पंजों में हाथियों को पकड़े हुए है। शरभ को विजयी सत्ता का और पकड़े हुए हाथियों को पराजित सत्ता का प्रतीक माना जाता था।

पांचवें शिवाई नामक दरवाजे से किले की तीसरी किलेबंदी शुरू होती है। इस दरवाजे के फाटक में लोहे की नुकीली कीलें ठुकी हुई हैं, ताकि यह हाथी की टक्कर को सह सके। उस समय युद्ध में हाथी का उपयोग होता था। हाथी के मस्तक पर जो चिलखत (कवच) होता था उसमें भी कीलें जुड़ी होती थीं।

पांचवें दरवाजे को पार करने के बाद एक रास्ता दाईं ओर जाता है। थोड़ी दूरी पर देवी शिवाई का प्राचीन मंदिर है। शिवाई को इस दुर्ग की मुख्य देवी माना जाता है। जान पड़ता है कि उसी के नाम पर बालक शिवाजी का नाम रखा गया।

ऊपर पहुंचने के लिए दो और दरवाजे पार करने पड़ते हैं। छठा दरवाजा 85 मीटर की ऊंचाई पर और सातवां दरवाजा आगे 25 मीटर की ऊंचाई पर है। अंतिम दरवाजे को पार करके थोड़ी बाईं ओर जाने पर अस्तबल और अंबारखाना (मालगोदाम) के कमरों की कतारों के खंडहर नजर आते हैं। नजदीक ही मुस्लिम काल के शासकों के महलों के अवशेष हैं।

शिवनेरी दुर्ग का प्रथम महादरवाजा

दुर्ग को तब तक सुरक्षित नहीं समझा जाता था, जब तक उसमें पानी की पर्याप्त व्यवस्था न हो। शिवनेरी पर चट्टान को काटकर लगभग 30 कुंड और तालाब बनाए गए थे। अंग्रेजों ने उनमें से कई जलकुंड नष्ट कर दिए। मगर कुछ अब भी बचे हुए हैं, जिनमें से दो के नाम गंगा और यमुना हैं।

दुर्ग में अब कुछ ही स्मारक शेष बचे हैं। एक सिरे पर अंबारखाना है, तो दूसरे सिरे पर वह स्थान जहां 19 फरवरी, 1630 को शिवाजी का जन्म हुआ था। जन्मस्थान की पुरानी इमारत ढह गई थी। आधुनिक काल में शिवभक्तों ने उसका पुनर्निर्माण करके उसे नया रूप दिया। शिवाजी के जन्मस्थान के पास ही महाराष्ट्र शासन द्वारा निर्मित 'शिवकुंज' नामक एक नया मंदिर है। इसमें माता जीजाबाई और बालक शिवाजी की पंचधातु की मूर्तियां हैं।

थोड़ी दूरी पर दो मीनारों वाली मुगल काल की एक मस्जिद है। मीनारें 7 मीटर ऊंची हैं और उनके बीच के 9 मीटर के फासले को मेहराबों से जोड़ा गया है। करीब 35 मीटर ऊपर चढ़ने के बाद मजार और ईदगाह है। कुछ दूरी पर एक 'चौथरा' है। सन् 1650 में जब उस क्षेत्र के महादेव कोली कबीले के सैकड़ों

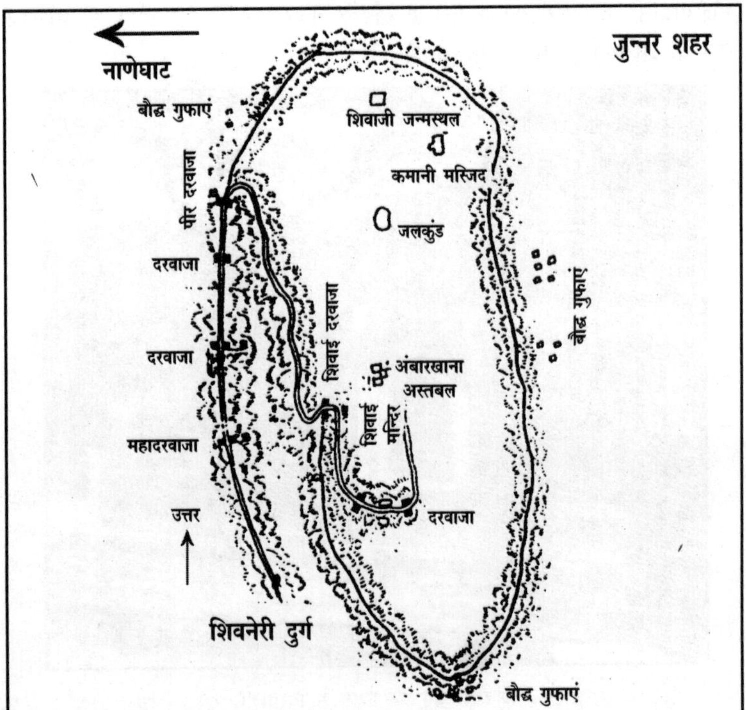

आदमियों ने मुगलों के खिलाफ विद्रोह किया था, तब उन्हें शिवनेरी दुर्ग में मौत के घाट उतार दिया गया था। उसी स्थान पर यह चौथरा बना है। इससे यह भी पता चलता है कि महादेव कोली लोगों का इस दुर्ग से सरोकार रहा है।

शिवनेरी किले पर पहुंचने का एक और रास्ता है। किले के पूर्वोत्तर में जुन्नर शहर है। वहां से शिवनेरी की ओर आगे बढ़ा जाए, तो आधी चढ़ाई के बाद दाईं ओर एक पैदल रास्ता मिलता है, जो सीधी चढ़ाई के बाद किले पर पहुंचा देता है। इस रास्ते से जाने पर, सीढ़ियों की खड़ी चढ़ाई के पहले, बाईं ओर कई बौद्ध गुफाएं हैं। ऐसी बौद्ध गुफाएं शिवनेरी की पश्चिम और दक्षिण दिशाओं की ढलानों पर भी हैं। इन गुफाओं में कई अभिलेख भी मिले हैं। इनसे पता चलता है कि ईसा की आरंभिक तीन सदियों में यह स्थान एक प्रसिद्ध बौद्ध केंद्र रहा है।

शिवनेरी किले का इतिहास बहुत पुराना है। मौर्यों के बाद सातवाहन शासकों ने महाराष्ट्र और आंध्र प्रदेश पर 236 ई. पू. से 230 ई. तक करीब साढ़े चार सौ साल तक शासन किया। उनकी एक राजधानी गोदावरी तट के पैठन (प्राचीन प्रतिष्ठान) नगर में थी, तो दूसरी राजधानी शिवनेरी दुर्ग के समीप के जुन्नर नगर में। शिवनेरी के पश्चिमोत्तर में नाणेघाट है। प्राचीन काल में पैठन, नाशिक आदि नगरों को समुद्र-तट के शूर्पारक, कल्याण आदि बंदरगाहों को जोड़ने वाला व्यापारी मार्ग शिवनेरी दुर्ग के पास के इस नाणेघाट से ही गुजरता था। यह व्यापारी मार्ग यहां बहने वाली कुकड़ी नदी की घाटी से होकर जाता है। नाणेघाट के इस मार्ग पर बहुत-सी गुफाएं और जीवधन, चावड़, हडसर, शिवनेरी आदि कई गिरिदुर्ग हैं। पता चलता है कि सातवाहनों ने इस क्षेत्र में अनेक दुर्ग बनवाए थे। आज से लगभग दो हजार साल पहले शिवनेरी दुर्ग का निर्माण भी उन्हीं के समय में हुआ होगा।

शिवनेरी दुर्ग के दरवाजे पर 'शरभ' का शिल्पांकन

सातवाहनों के बाद इस क्षेत्र में चालुक्यों और राष्ट्रकुलों का शासन रहा। फिर शिवनेरी पर देवगिरि के

शिवाजी का जन्मस्थान–पुनर्निर्मित

यादवों की सत्ता रही। उनके बाद यह दुर्ग बहमनी सुलतानों के अधिकार में चला गया। बहमनी सत्ता के पांच भाग हो जाने पर शिवनेरी किला अहमदनगर के निजामशाह के अधिकार में आया। निजामशाह ने 1595 ई. में यह किला मालोजी भोंसले (शिवाजी के दादा) को जागीर के रूप में सौंपा और फिर यह शाहजी (शिवाजी के पिता) को उत्तराधिकार में मिला। परंतु शिवाजी के जन्म के समय शाहजी शिवनेरी में मौजूद नहीं थे। वे अन्यत्र लड़ाइयों में उलझे हुए थे। उन्होंने अपनी गर्भवती पत्नी (जीजाबाई) की सुरक्षा की जिम्मेदारी शिवनेरी के किलेदार विजयराज को सौंपी। वह उनका रिश्तेदार था। जैसा कि पहले बताया गया है, बालक शिवाजी के आरंभिक छह-सात साल शिवनेरी दुर्ग पर ही गुजरे।

बाद में शिवनेरी दुर्ग मुगलों के अधिकार में चला गया। इस दुर्ग का सामरिक दृष्टि से बड़ा महत्त्व था, इसलिए औरंगजेब ने यहां बड़ी संख्या में सैनिक तैनात कर रखे थे। जन्मस्थान और बाल्यकाल की क्रीड़ास्थली होने के कारण शिवाजी को इस दुर्ग से विशेष लगाव था। उन्होंने मुगलों से इसे वापस लेने के लिए तीन बार प्रयास किए, किंतु सफलता नहीं मिली। मराठे इस किले को 1762 ई. में ही वापस ले सके। अंत में 1818 ई. में पेशवाशाही का अंत हुआ, तो मराठों के अन्य किलों के साथ-साथ शिवनेरी भी अंग्रेजों के अधिकार में चला गया। उन्होंने महाराष्ट्र के गिरिदुर्गों के अधिकांश रक्षा-साधनों, प्रवेश-द्वारों और जलकुंडों को तहस-नहस कर डाला।

मगर शिवाजी का जन्म स्थान होने के कारण शिवनेरी के साथ महाराष्ट्रवासियों का भावनात्मक लगाव बरकरार रहा। नए महाराष्ट्र राज्य के गठन की घोषणा 27 अप्रैल, 1960 को इसी दुर्ग में की गई थी।

लोहगढ़-विसापुर

शिवनेरी की कमानी मस्जिद

शिवनेरी की तरह लोहगढ़ भी महाराष्ट्र का एक प्राचीन गिरिदुर्ग है। रेलमार्ग या सड़क से पुणे से मुंबई जाते समय, लोणावला से पहले, बाईं ओर की पहाड़ी पर लोहगढ़ साफ नजर आता है। इस दुर्ग के नजदीक विसापुर नामक एक और किला है। इन दोनों किलों के बीच के निचले भाग में लोहगडवाडी गांव है, जहां से एक रास्ता लोहगढ़ की ओर जाता है और दूसरा विसापुर दुर्ग की ओर। विसापुर किला लोहगढ़ से बड़ा और कुछ अधिक ऊंचाई पर बसा हुआ है। जिस पर्वत-शृंखला पर ये जुड़वां किले स्थित हैं उसकी एक ओर इंद्रायणी नदी की घाटी है और दूसरी ओर पवना नदी की।

पुणे-मुंबई सड़क-मार्ग से लोहगडवाडी गांव की ओर चढ़ते समय बाईं ओर भाजा की प्रसिद्ध बौद्ध गुफाएं हैं। ये गुफाएं लगभग 2200 साल पुरानी हैं। सड़क-मार्ग की एक ओर भाजा की गुफाएं हैं, तो दूसरी ओर, कुछ दूर की पहाड़ी पर, कार्ले की लगभग दो हजार साल पुरानी बौद्ध गुफाएं। प्राचीन काल में ऐसी बौद्ध गुफाएं प्रायः व्यापारी मार्गों के नजदीक बनती थीं। प्राचीन काल में कार्ले और भाजा की बौद्ध गुफाओं के पास से एक व्यापारी मार्ग गुजरता था—नाणेघाट से होकर जाने वाले व्यापारी मार्ग की तरह। जिस तरह नाणेघाट के समीप शिवनेरी, जीवधन आदि दुर्ग बने, उसी तरह कार्ले-भाजा के पास से गुजरने वाले

व्यापारी मार्ग पर भी लोहगढ़ और विसापुर जैसे दुर्ग बने। ये दुर्ग भी करीब दो हजार साल पुराने हैं और संभवतः सातवाहन शासकों ने बनवाए थे। फिर ये किले क्रमशः चालुक्यों, राष्ट्रकुलों, यादवों और बहमनियों के अधिकार में रहे।

बाद में इन किलों पर निजामशाही और आदिलशाही सुलतानों का कब्जा रहा। सन् 1648 में शिवाजी ने इन पर अधिकार कर लिया। परंतु 1665 ई. में 'पुरंदर की संधि' के तहत ये किले औरंगजेब के अधिकार में चले गए। मई 1670 में मराठों ने इन्हें पुनः जीत लिया और 1818 ई. तक ये उन्हीं के कब्जे में रहे। उस साल अंग्रेजों की फौज ने अधिक ऊंचाई वाले विसापुर दुर्ग पर पहले हमला करके उसे जीत लिया और वहां से लोहगढ़ पर बमबारी शुरू कर दी। तब मराठे लोहगढ़ छोड़कर चले गए। सन् 1845 तक लोहगढ़ अंग्रेजों की फौज का अड्डा बना रहा।

लोहगढ़ के चार मुख्य प्रवेश-द्वारों की व्यूह-रचना विशेष प्रकार की है। प्रवेश-द्वारों की ऐसी योजना महाराष्ट्र के अन्य किसी दुर्ग में देखने को नहीं मिलती। यहां के प्रथम गणेश दरवाजे के बारे में एक किस्सा प्रसिद्ध है। पेशवा के मंत्री नाना फडणीस (1742-1800 ई.) जब इसे बनवा रहे थे, तब इसके बुर्ज टिक नहीं पा रहे थे। नाना ने सपना देखकर जाना कि यहां एक तरुण दम्पति की बलि देना जरूरी है। तब सावले नाम के शिलेदार (अश्वारोही सैनिक) ने अपने पुत्र और बहू को बुर्ज की नींव में दफनाया। बदले में उसे नजदीक के लोहगांव की पाटिलकी मिली। इससे मिलते-जुलते किस्से अन्य कई किलों के बारे में भी सुनने को मिलते हैं।

लोहगढ़ के प्रवेश-द्वारों की विशिष्ट व्यूह-रचना

शिवाजी के समय में और बाद में पेशवाकाल में लोहगढ़ का उपयोग प्रायः राजकोष को सुरक्षित रखने के लिए होता था। सूरत से लूटकर लाए धन को शिवाजी ने पहले लोहगढ़ पर ही रखा था; बाद में वे उसे राजगढ़ ले गए। नाना फडणीस को लोहगढ़ के परिसर से विशेष प्रेम था। उसने किले में कुछ इमारतें, कुंड और एक बावली बनवाई। किले के ऊपरी भाग (बालेकिला) में एक छोटा मंदिर और मुसलमान पीर की कब्र है। किले की पश्चिम दिशा में मजबूत तटबंध वाला एक लंबा और संकरा पर्वत-स्कंध है, जिसे उसके प्राकृतिक आकार के कारण, मराठी में विंचूकाटा (बिच्छू का डंक) कहते हैं।

लोहगढ़ पर नाना फडणीस ने जो बावली बनवाई थी उसके पानी को बहुत गुणकारी माना जाता है। श्रद्धालु लोग उस पानी को बर्तनों या बोतलों में भरकर ले जाने के लिए किले के माथे पर पहुंचते रहते हैं। मुसलमान पीर की दुआएं पाने के लिए भी बड़ी तादाद में हिंदू और मुस्लिम किले की चढ़ाई करते हैं। लोहगढ़-विसापुर दुर्गों का पवना नदी की ओर का परिसर बहुत ही रम्य है। इसे एक खूबसूरत पर्यटन स्थल के रूप में विकसित किया जा सकता है।

आमेर और जयगढ़

आमेर का किला जयपुर शहर से करीब 11 किलोमीटर उत्तर में एक पहाड़ी ढलान पर बसा हुआ है। दिल्ली से जयपुर जाने वाला राष्ट्रीय राजमार्ग आमेर के पास से ही गुजरता है। आमेर के दक्षिण-पश्चिम में एक ऊंची पहाड़ी की चोटी पर जयगढ़ नामक किला है। दरअसल, ये दोनों किले एक-दूसरे से जुड़े रहे हैं। राजस्थान के इस प्रदेश (ढूंढाड़) के पुराने कछवाहा शासकों ने आमेर के महलों का उपयोग मुख्यतः अपने आवास के लिए किया और नजदीक के मजबूत जयगढ़ किले का अपने खजाने को सुरक्षित रखने, अस्त्र-शस्त्र तैयार करने और बंदियों को यहां कैद रखने के लिए।

आमेर के कछवाह शासकों में भारमल (1548-74), भगवानदास (1574-89), मानसिंह (1589-1614), मिर्जा जयसिंह (1621-67) और सवाई जयसिंह (1686-1743) विशेष रूप से प्रसिद्ध हैं। मुगल बादशाहों से इनके गहरे संबंध रहे

आमेर का लगभग सौ साल पुराना रेखाचित्र। पहाड़ी की चोटी पर है जयगढ़ दुर्ग और नीचे ढलान पर हैं आमेर के राजमहल

हैं। राजा भारमल की बेटी (राजा मानसिंह की सगी फूफी) अकबर को ब्याही थी और उसी से जहांगीर पैदा हुआ था। राजा मानसिंह, जिसकी बहन जहांगीर को ब्याही थी, अकबर का विश्वासपात्र सेनापति था। मिर्जा राजा जयसिंह और सवाई जयसिंह भी मुगलों के सेनापति रहे। मुगलों से अच्छे रिश्ते रखने के इन्हें दो बड़े लाभ हुए। एक, ये आमेर और जयगढ़ को बाहरी आक्रमण से सुरक्षित रख पाए। दूसरे, इन्होंने बेशुमार संपत्ति जमा की, जिसे सुरक्षित रखने के लिए जयगढ़ किले को अधिकाधिक मजबूत बनाया गया।

सवाई जयसिंह नए जमाने के शासक थे। ज्योतिषशास्त्र के प्रेमी थे। उन्होंने दिल्ली, जयपुर, उज्जैन, मथुरा और वाराणसी में विशाल वेधशालाएं बनवाईं। जयपुर की वेधशाला 1718 ई. के आस-पास बनी। फिर नवंबर 1727 में सवाई जयसिंह ने नए जयपुर नगर की नींव रखी। नगर का निर्माण जयसिंह के प्रख्यात वास्तुविद विद्याधर की देखरेख में हुआ। उसके बाद राजपरिवार जयपुर के महलों में आकर रहने लगा। आमेर के राजमहल इतिहास के स्मारक बनकर रह गए।

जयगढ़ में स्वयं महाराजा और उनके द्वारा नियुक्त दो किलेदारों के अलावा और किसी को प्रवेश की अनुमति नहीं थी। सन् 1975 तक कमोबेश यही स्थिति बनी रही। कछवाह शासकों द्वारा जयगढ़ में छिपाए गए खजाने के बारे में अफवाहें फैलती रहीं। एक पुराना 'बीजक' (महत्त्व की सूचना देने वाला दस्तावेज) मिला, जिसमें बताया गया था कि सवाई जयसिंह ने इस दुर्ग में लगभग 110 करोड़ रुपयों के हीरे-जवाहरात और सोने-चांदी के सिक्के गाड़ रखे हैं। जयगढ़ को एक रहस्यमय दुर्ग माना जाने लगा।

जयगढ़ के रहस्य से परदा उठा 1976 में। करीब डेढ़ साल तक देश-विदेश के अखबारों में इस किले की खूब चर्चा रही। बात यह थी कि 1975-76 में भारत सरकार की ओर से खजाने की खोज के लिए जयगढ़ में जगह-जगह खुदाई की गई। इसके लिए तरह-तरह के यांत्रिक साधन अपनाए गए।

सन् 1976 के एक दिन की बात है। जयगढ़ के लक्ष्मी निवास महल के परिसर में खजाने की खोज का काम जारी था। वहां के एक तहखाने तक पहुंचने के लिए सीढ़ियों को तलाशा जा रहा था। एक मजदूर को उनका सुराग मिल गया, तो वह एकाएक चिल्ला उठा—'मिल गयो', 'मिल गयो'। थोड़ी दूर खड़े मजदूरों के मुखिया ने ये शब्द सुने, तो उसने समझा कि खजाना ही मिल गया है। खोज का श्रेय स्वयं लेने के इरादे से उसने बड़े अधिकारी को फौरन सूचना भेज दी—"साहब, खजाना मिल गया है।"

जयगढ़ के भीतर बना एक चौक और राजमहल

फिर क्या था, चहुंओर खलबली मच गई। उसी समय सेना की करीब एक दर्जन भारी ट्रकें दिल्ली की ओर लौटने लगीं, तो राजमार्ग पर कुछ समय के लिए यातायात को रोक दिया गया। अफवाह फैल गई कि उनमें खजाना भरकर दिल्ली ले जाया जा रहा है। लेकिन बात ऐसी नहीं थी। उन ट्रकों में खुदाई के काम के लिए मजदूरों और मशीनों को लादकर लाया गया था। वे अब वापस लौट रहे थे। सारी बातें अफवाहें थीं। जयगढ़ में कोई खजाना नहीं मिला, न ही उसे दिल्ली ले जाया गया।

इसका मतलब यह नहीं है कि जयगढ़ में कभी कोई खजाना नहीं रहा या आज भी कहीं छिपा हुआ न हो। राजकोष को किलों में सुरक्षित रखना एक आम बात थी। लड़ाई में हारते समय किलेदार खजाने को अकसर किले के किसी गुप्त स्थान में रखवा देता था। तरुण शिवाजी ने सबसे पहले तोरणा किला जीता था। बताया जाता है कि वहां उन्हें सोने के सिक्कों से भरे चार घड़े मिले थे। किलों में खजाना मिलने के और भी कई किस्से सुनने-पढ़ने को मिलते हैं। जयगढ़ में कोई खजना भले ही न मिला हो, परंतु तलाशी का एक बड़ा लाभ यह हुआ कि अब इसके फाटक पर्यटकों के लिए खुल गए हैं।

आमेर और जयगढ़ का इतिहास करीब एक हजार साल पुराना है। कछवाह शासक पहले ग्वालियर के आस-पास के इलाके के शासक थे। दसवीं या ग्यारहवीं सदी में उनमें से कुछ परिवार राजस्थान के इस ढूंढाड़ क्षेत्र में आकर बसे। उनके आने के पहले इस क्षेत्र में मीणों के छोटे-छोटे राज्य थे। जयगढ़ दुर्ग के आस-पास उनकी गढ़ियों के अवशेष आज भी मौजूद हैं। कछवाहों ने मीणों से यह इलाका

छीनकर आमेर की तलहटी में अपनी राजधानी स्थापित की। पुराने लेखों में आमेर के अंबिकापुर, अंबरीश, अंबावती, आंबेर आदि कई नाम मिलते हैं। आमेर और जयगढ़ दुर्गों के निर्माण में कई कछवाहा शासकों का योगदान रहा है।

आमेर की रचना अन्य दुर्गों से भिन्न है। दूसरे अधिकांश दुर्गों में राजमहल परकोटे से अलग समतल भूमि पर बनाए गए हैं। परंतु आमेर में राजमहल पहाड़ की ढलान पर इस तरह बने हैं कि महलों को ही दुर्ग का रूप दे दिया गया है। आमेर के महल तक पहुंचने के लिए एक घाटी पार करनी पड़ती है। घाटी में मावठा जलाशय और दिलाराम का बाग है। बाग का निर्माण मिर्जा राजा जयसिंह ने 1664 ई. में करवाया था। इसमें एक संग्रहालय भी है, जिसमें पुरानी मूर्तियां, शिलालेख आदि चीजें रखी हुई हैं।

किले के ऊपर जाने के लिए पहला दरवाजा जयपोल है। उसके भीतर जो विशाल प्रांगण है वह जलेब चौक कहलाता है। आगे राजमहलों की ओर जाने के लिए सिंहपोल नामक दरवाजे को पार करना पड़ता है। द्वार के पास ही शिलामाता का मंदिर है। मंदिर में महिषासुर-मर्दिनी की जो सुंदर मूर्ति है उसे राजा मानसिंह 1605 ई. में बंगाल विजय के समय वहां से उठाकर लाए थे।

सिंहपोल से आगे बढ़ने पर आमेर के राजमहलों का सिलसिला शुरू हो जाता है। दीवान-ए-आम संगमरमर के 40 मजबूत व सुंदर खंभों पर खड़ा है। इसका निर्माण मिर्जा राजा जयसिंह ने करवाया था। विशाल चौक के पूर्व में दीवान-ए-खास है, जहां राजा अपने सामंतों और खास लोगों से मिलता था। इसका निर्माण भी मिर्जा राजा जयसिंह ने करवाया था।

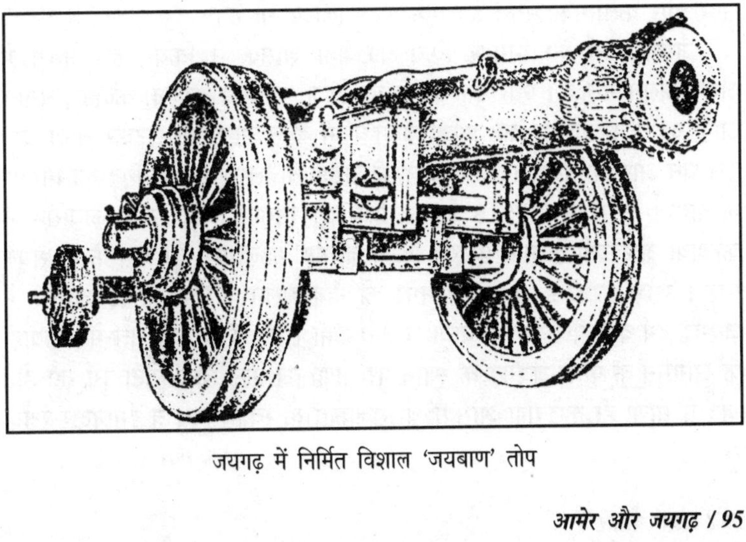

जयगढ़ में निर्मित विशाल 'जयबाण' तोप

आमेर के महलों में सबसे प्रसिद्ध है शीश महल, जिसकी छत और दीवारों पर कांच की जड़ाई का सुंदर काम किया हुआ है। एक मोमबत्ती जलाते ही आदमी की सैकड़ों छवियां चहुंओर दिखलाई पड़ती हैं। दीवान-ए-खास और गणेशपोल के ऊपर जो भवन हैं वे यश मंदिर और सुहाग मंदिर कहलाते हैं। एक लंबे कमरे के रूप में बने यश मंदिर में सुंदर और नक्काशीदार जालियां लगी हैं, जिनमें से रानियां दीवान-ए-खास का नजारा देखती थीं। सुहाग मंदिर रानियों के मनोरंजन का स्थान था।

दीवान-ए-खास के सामने बगीचे के दूसरी तरफ जो विशाल महल है वह सुख मंदिर कहलाता है। यह राजाओं का ग्रीष्मकालीन निवास था। इसमें झरने से एक नहर आती है जो महल को ठंडा रखती है। आमेर के अन्य भवनों में राजा मानसिंह के महल, रनिवास और सेविकाओं के भवन, दालान आदि हैं, जो देखने लायक हैं। आमेर अपने मंदिरों के लिए भी प्रसिद्ध है। बताया जाता है कि यहां के जगतशिरोमणि मंदिर में कृष्ण की काले पत्थर की जो सुंदर मूर्ति है वह चित्तौड़ से लाई गई है और यह वही मूर्ति है जिसकी मीराबाई पूजा करती थी।

आमेर के महलों के पीछे से ही एक रास्ता जयगढ़ की ओर जाता है। दुर्ग की ओर आगे बढ़ने पर सात मंजिली मीनार नजर आती है जो 'दीया बुर्ज' कहलाती है। जयगढ़ का निर्माण दुर्ग-स्थापत्य की प्राचीन भारतीय परम्परा के अनुसार हुआ है। इसका ऊंचा परकोटा सुरक्षा का मुख्य आधार था। दुश्मन की टोह लेने के लिए यहां पांच बुर्ज बने हैं। दुर्ग में जो चौक हैं वे एक-दूसरे से अलग हैं। यहां सुभट निवास, खिलबत निवास, लक्ष्मी निवास, ललित मंदिर, विलास मंदिर आदि सुंदर और कलात्मक भवन हैं। एक कठपुतलीघर भी है।

जयगढ़ दुर्ग का निर्माण किस कछवाहा शासक ने किया, इस संबंध में अलग-अलग मत हैं। एक मत यह है कि राजा मानसिंह काबुल, कंदहार, बंगाल आदि दूर के प्रदेशों पर की अपनी चढ़ाइयों में बहुत सारा धन लूटकर लाया था। उस धन और अपनी राजधानी आमेर की सुरक्षा के लिए उसने जयगढ़ का निर्माण करवाया। दूसरा मत यह है कि जयगढ़ का निर्माण मिर्जा राजा जयसिंह ने करवाया और उसी के नाम पर यह किला जयगढ़ कहलाया। इस बात के भी सबूत मिलते हैं कि 1727 ई. में जयपुर नगर की नींव डालने के पहले सवाई जयसिंह ने जयगढ़ दुर्ग का जीर्णोद्धार करवाया था। यह भी संभव है कि इस क्षेत्र में कछवाहों के आगमन के पहले जयगढ़ के स्थान पर मीणों का कोई छोटा-मोटा दुर्ग रहा हो। बाद में मीणा ही कछवाहा शासकों के राजकोष के स्वामिभक्त व ईमानदार रक्षक रहे हैं।

जयपुर की वेधशाला (जंतर-मंतर) और ऊपर पहाड़ी पर बसा नाहरगढ़ किला

जयगढ़ में कई महल, तहखाने और सुरंगें हैं। किले की एक मुख्य विशेषता है यहां की गई भरपूर पानी की व्यवस्था। यहां दो बड़े और तीन छोटे टांके हैं। इनमें एक विशाल टांका ढका हुआ भी है। बरसात में कई झरनों का पानी नालियों से और कई जगह छनते हुए टांकों में पहुंचता था। किले में कई मंदिर भी हैं।

जयगढ़ की एक और विशेषता है यहां बनाया गया तोपें ढालने का कारखाना, जिसे सिलहखाना (शस्त्रागार) कहते हैं। आमेर के कछवाहा शासक मुगलों के प्रमुख सिपहसालार (सेनापति) थे। उन्होंने मुगल शासकों की तोपें ढालने की तकनीक को नजदीक से देखा और जाना था। उस जमाने की लड़ाई में तोपों का बड़ा महत्त्व था। मुगल शासकों ने तोपें ढालने की तकनीक को काफी हद तक गुप्त रखा था। मगर कछवाहा शासकों ने उस तकनीक को अपनाकर जयगढ़ में गुप्त रूप से तोपें ढालने का कारखाना स्थापित किया। इसलिए भी यह दुर्ग काफी रहस्यमय बन गया था। जयगढ़ का उपयोग राजबंदियों को कैद रखने के लिए भी हुआ है।

जयगढ़ में जो अनेक तोपें ढाली गईं उनमें सवाई जयसिंह द्वारा निर्मित 'जयबाण' नामक तोप सबसे प्रसिद्ध है और आज भी दुर्ग में मौजूद है। यह पहियों पर खड़ी एशिया की सबसे बड़ी तोप मानी जाती है। यह 1720 ई. में बनी थी। इसकी नाल करीब 6 मीटर लंबी है और इसका वजन 50 टन है। बताया जाता

है कि केवल एक बार इस तोप का परीक्षण किया गया था। तब इससे दागा गया गोला लगभग 30 किलोमीटर दूर चाकसू में जाकर गिरा था।

जयपुर शहर की उत्तर दिशा में पहाड़ी पर बसा हुआ किला नाहरगढ़ (सुदर्शनगढ़) है। इसका निर्माण सवाई जयसिंह ने 1734 ई. में अपनी राजधानी की रक्षा के लिए करवाया था। जयपुर शहर से एक घुमावदार रास्ता नाहरगढ़ पहुंचा देता है।

विजयदुर्ग और सिंधुदुर्ग

सन् 1757 में पश्चिम बंगाल के पलासी गांव के नजदीक नवाब सिराजुदौला और अंग्रेजों की फौजों के बीच लड़ाई हुई। रॉबर्ट क्लाइव की चालबाजी से अंग्रेजों की विजय हुई और नवाब की हार। इतिहासकार हमें बताते हैं कि उसी साल से बंगाल में अंग्रेजों का शासन शुरू हो गया था।

मगर भारत के पश्चिमी तट पर स्थित समुद्री किला विजयदुर्ग कुछ दूसरी ही कहानी कहता है। भारत में अंग्रेजों का राज्य क्यों और कैसे स्थापित हुआ, इसे समझने के लिए उस कहानी को जानना निहायत जरूरी है।

विजयदुर्ग किला महाराष्ट्र के रत्नागिरि शहर से 48 किलोमीटर दक्षिण में समुद्र-तट पर बसा हुआ है। यह स्थान एक बंदरगाह भी है। वाघोटन नदी के मुहाने के पास की एक चट्टान पर बना यह किला तीन ओर समुद्र से और पूर्व की ओर एक खाई से घिरा हुआ था। खाई अब भर दी गई है। तेहरी मजबूत तटबंदी

विजयदुर्ग

कान्होजी आंग्रे (1667-1729 ई.)

वाले इस किले के 27 बुर्ज थे, जिनमें से तीन बहु-मंजिला थे। किले के अंदर कई भवन और भंडार-गृह थे। अब सभी इमारतें नष्ट हो गई हैं। पानी के लिए किले के अंदर कई बड़े कुंड और कुएं बनाए गए थे।

इन समुद्री किलों में पेयजल का मिलना आश्चर्य की बात नहीं है। बात यह है कि समुद्र-तट और उत्तर-दक्षिण चलने वाली सह्याद्रि पर्वतमाला के बीच मुश्किल से एक किलोमीटर चौड़ी ढलान वाली पट्टी है। बहुत-सी जगहों पर पहाड़ी चट्टानें पश्चिम की ओर समुद्र के भीतर तक पहुंच गई हैं। ऐसी ही चट्टानों पर और अधिकतर इन्हीं के पत्थरों से पश्चिमी समुद्र-तट के पास विजयदुर्ग, सिंधुदुर्ग, जंजीरा, सुवर्णदुर्ग आदि अनेक समुद्री किलों का निर्माण हुआ है। भीतर-ही-भीतर जमीन के साथ जुड़े होने के कारण इनमें खोदे गए कुंडों और कुओं में मीठा पानी मिल जाता है।

पता चलता है कि विजयदुर्ग किला 1200 ई. के आसपास दक्षिणी महाराष्ट्र पर शासन करने वाले शिलाहार राजा भोज के समय में बना था। बाद में यह बीजापुर के आदिलशाही शासकों के कब्जे में चला गया। नजदीक ही 'गिर्ये' नामक गांव है, इसलिए पहले इस किले को 'घेरिया' के नाम से जाना जाता था। फिर 1653 ई. में शिवाजी ने इसे जीतकर इसके बुर्जों तथा परकोटों को मजबूत बनाया और इसे नया नाम दिया—विजयदुर्ग।

शिवाजी (1630-1680 ई.) ने अपना राज्य मुख्यतः दुर्गों के बल पर ही खड़ा किया था। उनका ध्यान जब पश्चिमी समुद्र तट की ओर गया, तो उन्होंने देखा कि वहां के सबसे मजबूत समुद्री किले जंजीरा पर सिद्दी नवाबों का कब्जा है। पुर्तगाली, अंग्रेज और डच भी पश्चिमी तट के कई स्थानों पर अपने अड्डे स्थापित कर चुके थे और उनके जहाज भारतीय समुद्र में बेरोक-टोक घूमते रहते थे। मुगल बादशाहों ने नौसेना के निर्माण पर कोई ध्यान नहीं दिया था।

ऐसी स्थिति में शिवाजी ने कोंकण को जीतने और पश्चिमी समुद्र तट पर अपना शासन स्थापित करने का निश्चय किया। उन्होंने नौका-निर्माण का और बंदरगाहों पर कब्जा करने का काम शुरू कर दिया। कल्याण और पनवेल में

नौकाएं बनने लगीं। पुर्तगालियों और अंग्रेजों के साथ कई बार उनकी मुठभेड़ हुई। चार बार प्रयत्न करने पर भी शिवाजी को सिद्दियों से जंजीरा दुर्ग लेने में सफलता नहीं मिली।

शिवाजी ने नौकाओं के निर्माण और समुद्री दुर्गों की स्थापना और उनकी मरम्मत का काम जारी रखा। उन्हें इतना समय नहीं मिल पाया कि वे बड़ी-बड़ी नौकाएं बनवाते और तटवर्ती समुद्र से आगे बढ़कर खुले समुद्र के बारे में सोचते। मगर महत्त्व की बात यह है कि उन्होंने मराठा नौसेना की स्थापना की। उन्हें 'भारतीय नौसेना का पिता' कहा जा सकता है।

मराठा नौसेना का उत्कर्ष कान्होजी आंग्रे (1667-1729 ई.) के समय हुआ। शिवाजी के पोते शाहू ने उसे मराठा नौसेना का 'सरखेल' (प्रधान) बना दिया था। कान्होजी ने एक शक्तिशाली बेड़ा तैयार किया और कई समुद्री दुर्गों को मजबूत बनाया। उसने यूरोप की जहाजी शक्तियों के कई हमलों को विफल कर दिया। उसके बेटों ने भी मराठा नौशक्ति को मजबूत बनाए रखा।

लेकिन अब मराठा राज्य पेशवाओं के कब्जे में था। उनका ज्यादा ध्यान उत्तर भारत की ओर था। यूरोप की समुद्री शक्तियों के असली मकसद को वे ठीक से पहचान नहीं पा रहे थे। वे मराठा नौसेना को मजबूत नहीं बना रहे थे। कान्होजी और उसके उत्तराधिकारियों से उनकी अनबन थी। वे आंग्रे की शक्ति को तोड़ना चाहते थे।

सन् 1755 ई. की बात है। उस समय मराठा नौसेना का प्रधान तुलाजी आंग्रे और पेशवा था बालाजी बाजीराव। तुलाजी को हराने के लिए पेशवा ने अंग्रेजों से मदद मांगी और उनसे संधि भी कर ली। उस समय सुवर्णदुर्ग और विजयदुर्ग मराठा नौसेना के प्रमुख अड्डे थे। पेशवा की फौज और अंग्रेजों की नौसेना ने मिलकर अप्रैल 1755 में पहले सुवर्णदुर्ग पर अधिकार कर लिया और फिर फरवरी 1756 में विजयदुर्ग पर भी हमला बोल दिया।

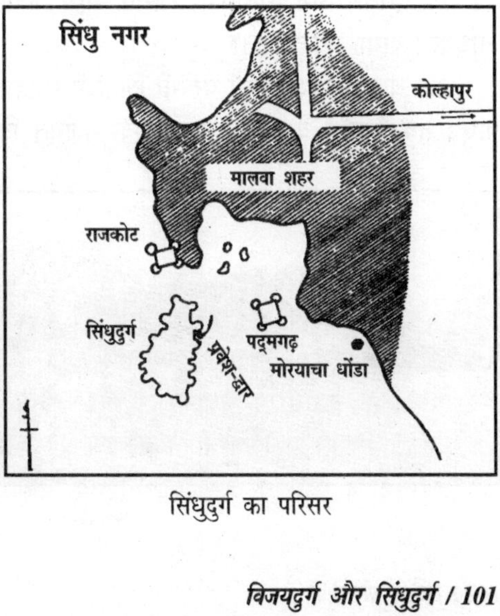

सिंधुदुर्ग का परिसर

समुद्र की ओर से अंग्रेजों के जहाजों ने और जमीन की ओर से पेशवा की फौज ने।

जंजीरा के बाद विजयदुर्ग पश्चिम तट का सबसे मजबूत किला है। तुलाजी को हार माननी पड़ी। विजयदुर्ग पर अंग्रेजों का कब्जा हो गया। मराठों का जहाजी बेड़ा बरबाद हो गया।

विजयदुर्ग के युद्ध के दौरान अंग्रेजों के जहाजी बेड़े में कैप्टन राबर्ट क्लाइव मौजूद था। कहते हैं कि वही सबसे पहले किले में पहुंचा था। एक साल बाद इसी क्लाइव ने पलासी के युद्ध (1757 ई.) में विजय प्राप्त करके बंगाल पर अधिकार जमा लिया। पेशवा यदि अंग्रेजों की मदद नहीं लेता, तो क्या यह नौबत आती? यह एक सच्चाई है कि अंग्रेजों ने भारत का राज्य यहां से नासमझ सामंतों और भाड़े के सिपाहियों के सहयोग से प्राप्त किया था।

विजयदुर्ग 1818 ई. तक पेशवा के अधिकार में रहा और उसके बाद अंग्रेजों के कब्जे में चला गया।

सिंधुदुर्ग

शाहू महाराज के आदेश से रामचंद्रपंत अमात्य ने शिवाजी के शासकीय विचारों के बारे में 1715 ई. में मराठी में 'आज्ञापत्र' नामक एक पुस्तक लिखी। उसमें वे बताते हैं–'सम्पूर्ण राज्य का सार है दुर्ग'। आगे वह लिखते हैं–'जहाजी बेड़ा राज्य का एक स्वतंत्र अंग होता है। जिसके पास जहाजी बेड़ा होगा, वही समुद्र पर अधिकार जमा सकता है।'

कई बार कोशिश करने पर भी शिवाजी सिद्दियों के जंजीरा दुर्ग को जीत नहीं पाए। तब उन्होंने वैसा ही अपना एक मजबूत किला बनाने का निर्णय लिया।

सिंधुदुर्ग

नवंबर, 1664 में वे मालवण बंदरगाह पहुंचे। मालवण शहर मुंबई से 510 किलोमीटर दक्षिण में गोवा से 130 किलोमीटर उत्तर में है।

शिवाजी ने मालवण के पास के समुद्री द्वीपों का मुआयना किया। उन्हें तट से करीब एक किलोमीटर दूर का 'कुरटे' नामक द्वीप पसंद आ गया। किले की स्थापना के लिए 25 नवंबर, 1764 को द्वीप पर भूमि-पूजन का कार्य सम्पन्न हुआ।

किले के निर्माण की जिम्मेदारी हिरोजी इंदुलकर को सौंपी गई। उसी साल सूरत से लूटकर लाया धन किले के लिए मुहैया किया गया। निर्माण-कार्य में कोई बाधा न आए, इसलिए मालवण में पांच हजार मावले सैनिक भी तैनात कर दिए गए। उसके बाद शिवाजी अपने दूसरे कामों में जुट गए। मगर सिंधुदुर्ग की ओर उनका ध्यान बराबर बना रहा। बढ़िया चूने और लोहे का भरपूर इस्तेमाल हो, नींव के पत्थरों की जुड़ाई में पिघला सीसा डाला जाए, आदि के बारे में वे चिट्ठी लिखकर हिरोजी को हिदायतें देते रहे। पता चलता है कि इस किले के निर्माण के लिए शिवाजी ने गोवा से 100 पुर्तगाली विशेषज्ञों को बुलवाया था। ऐसी मान्यता है कि सिंधुदुर्ग को बनाने में 3000 कारीगरों ने तीन साल तक रात-दिन काम किया।

शिवाजी बीच-बीच में कोंकण पट्टी में आकर किले के निर्माण-कार्य का निरीक्षण कर जाते थे। मगर जून 1665 में मिर्जा राजा जयसिंह के साथ संधि हो जाने पर उन्हें आगरा जाकर औरंगजेब की कैद में रहना पड़ा। कैद से छूटकर वे सीधे राजगढ़ पहुंच गए। जानकारी मिलती है कि 29 मार्च, 1667 को सिंधुदुर्ग का निर्माण-कार्य पूर्ण हुआ। उस समय जो समारोह हुआ उसमें शिवाजी उपस्थित थे।

मालवण के घाट से नाव लेकर धोनतारा और पद्मगढ़ नामक दो छोटे द्वीपों के बीच के एक तंग और उथले जलमार्ग से होकर किले तक पहुंचना होता है। दो बुर्जों के बीच बना प्रवेश-द्वार शहर की दिशा में होकर भी उससे छिपा हुआ है। प्रवेश-द्वार के नजदीक परकोटे के ऊपर दो छोटे गुंबजों के अंदर शिवाजी के पैर और हाथ के छाप सुरक्षित हैं। शिवाजी जब किले का निरीक्षण करने आए होंगे, तो गीले मसाले पर उनके हाथ व पैर के निशान पड़े होंगे। मिस्त्रियों ने उन्हें ज्यों-का-त्यों सुरक्षित रखा। किले के अंदर शिवाजी का एक मंदिर भी है, जो देश में अपनी तरह का अकेला है। उसमें शिवाजी की जो मूर्ति है वह बिना दाढ़ी की है और कोली समुदाय के किसी सरदार-जैसी दिखाई देती है। यह मंदिर शिवाजी के दूसरे पुत्र राजाराम के शासनकाल में बना था। सिंधुदुर्ग की एक अनोखी चीज है, यहां का दो शाखाओं वाला नारियल का एक पेड़।

सिंधुदुर्ग में शिवाजी की बिना दाढ़ी की मूर्ति

किले के भीतर और भी कुछ मंदिर, कुछ कुंड तथा तीन कुएं भी हैं। पास-पास बने इन तीन कुओं के नाम हैं—दूधबाव, दहीबाव और साखरबाव। ये सवर्णों, मुसलमानों और हरिजनों के लिए बने थे। अब इनमें कोई भेद नहीं रह गया है। शिवाजी ने हिंदुओं और मुसलमानों में कोई भेदभाव नहीं किया। उनके अंगरक्षकों और नौदल के अधिकारियों में मुसलमान भी थे। सिंधुदुर्ग में आज भी कुछ पुश्तैनी मुसलमान परिवार बसते हैं।

सिंधुदुर्ग चार किलोमीटर लंबी तटबंदी के भीतर बीस हेक्टेयर क्षेत्रफल में फैला हुआ है। इसकी टेढ़ी-मेढ़ी दीवार 9 मीटर ऊंची तथा 3 मीटर चौड़ी है, और इसमें 42 बुर्ज हैं। विशेष बात यह है कि दीवार की नींव के पत्थरों की जुड़ाई में जगह-जगह पिघले सीसे का उपयोग किया गया है। दीवार पर चढ़ने-उतरने के लिए 45 जगहों पर सीढ़ियां बनाई गई हैं। साथ ही, पहरेदारों के लिए करीब चालीस शौचालय बनाए गए हैं। सिंधुदुर्ग और समुद्र-तट के बीच में पद्मगढ़ नामक एक छोटा-सा दुर्ग बनाया गया था, जो अब खंडहर बन गया है। पद्मगढ़ एक प्रकार से सिंधुदुर्ग का प्रहरी था और वहां नौका-निर्माण और उनकी मरम्मत का काम होता था। समुद्र-तट पर और भी कुछ छोटे किले हैं।

सिंधुदुर्ग में विजयदुर्ग जैसे कोई बड़ी लड़ाई नहीं हुई। शिवाजी के बाद यह किला राजाराम व उसकी पत्नी ताराबाई, आंग्रे परिवार, पेशवा और कोल्हापुर के भोसलों के अधिकार में रहा। सन् 1765 में थोड़े समय के लिए सिंधुदुर्ग पर अंग्रेजों का अधिकार हो गया, तो उन्होंने इसे 'फोर्ट ऑगस्टस' का नाम दिया। सन् 1818 में अंग्रेजों ने मराठों का राज्य समाप्त कर दिया। तब दूसरे किलों के साथ-साथ सिंधुदुर्ग पर भी अंग्रेजों का स्थायी कब्जा हो गया। उन्होंने महाराष्ट्र के अन्य किलों की तरह इस किले के भी रक्षा-साधनों को तहस-नहस कर डाला।

मांडवगढ़

भारत के लगभग मध्य भाग में स्थित मांडव दुर्ग अपने प्राकृतिक सौंदर्य के लिए तो प्रसिद्ध है ही, आज खंडहर बने हुए इसके स्मारक भी अपने समय में बेजोड़ रहे हैं। मांडवगढ़, जिसे मांडू भी कहते हैं, मध्य प्रदेश के इंदौर शहर से 98 किलोमीटर और धार शहर से 35 किलोमीटर दूर है। समुद्र की सतह से लगभग 635 मीटर ऊंची पहाड़ी पर बसा हुआ यह किला एक ऐसी गहरी खाई द्वारा घिरा हुआ है जो इसे उत्तर में मालवा के मुख्य पठार और दक्षिण में नेमाड़ के मैदान से अलग करती है। करीब 45 किलोमीटर लंबे परकोटे और 12 दरवाजों वाला मांडवगढ़ एक गिरिदुर्ग नगर रहा है।

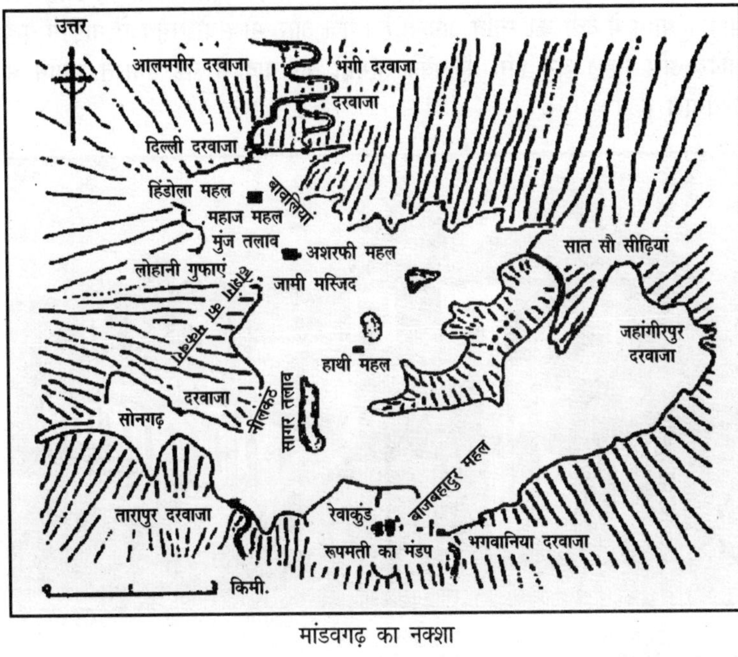

मांडवगढ़ का नक्शा

बरसात के दिनों में मांडू का मौसम और प्राकृतिक सौंदर्य बहुत ही लुभावना होता है। यही कारण है कि अपने वैभव के दिनों में मुस्लिम शासकों ने मांडू को 'शादियाबाद' यानी 'आनंद नगरी' का नाम दिया था। बादशाह जहांगीर ने लिखा हैः ''बारिश के दिनों में मांडू का मौसम और कुदरती नजारा जितना खूबसूरत होता है उतना अन्य किसी स्थान का नहीं।''

सन् 555 ई. के एक पुराने संस्कृत लेख में मांडू को 'मंडप-दुर्ग' कहा गया है। एक अन्य उल्लेख से भी पता चलता है कि आज से डेढ़ हजार साल पहले मांडू की इस पहाड़ी पर एक किला मौजूद था। इसे मंडप-दुर्ग क्यों कहा गया, इसके बारे में कोई स्पष्ट जानकारी नहीं मिलती। मगर आज का मांडव शब्द मंडप से ही बना है। मराठी में मंडप को आज भी मांडव कहते हैं। मांडव से ही मांडू शब्द बना है।

ईसा की नौवीं सदी में मालवा में परमारों का शासन शुरू हुआ। मुंज और भोज प्रतापी परमार राजा हुए। पहले परमारों की राजधानी उज्जैन में थी, फिर धार में स्थानांतरित हो गई। बाद में धार से 35 किलोमीटर दूर का मांडवगढ़ भी परमारों की राजधानी रहा। मांडू में मुंज की स्मृति के रूप में आज भी मुंज-तलाव मौजदू हैं। मुंज का भतीजा भोज (1018-60 ई.) एक विद्यानुरागी शासक था। मांडू से भोज की आराध्यदेवी वाग्देवी (सरस्वती) की एक मूर्ति मिली है, जिस पर प्राकृत भाषा में देवी की स्तुति अंकित है। मुंज और भोज के समय में मांडू में कई मंदिर और महल बने होंगे, जिनकी सामग्री का बाद में नई इमारतें बनाने में इस्तेमाल हुआ।

जहाज महल

सन् 1227 के आसपास दिल्ली के सुलतान शम्सुद्दीन इल्तुतमिश ने मालवा पर चढ़ाई की और उज्जैन तथा विदिशा को लूटा। मांडू के शासक देवपाल ने उससे संधि कर अपने को बचाया। फिर 1293 ई. में सुलतान जलालुद्दीन खिलजी ने मालवा पर हमला किया और मांडू तथा आसपास के इलाके को लूटा। उसके बारह साल बाद अलाउद्दीन खिलजी के सेनापति आईन-उल-मुल्क ने मांडू पर चढ़ाई की और वहां के राजा महलक देव को मार डाला। तब से मांडू दिल्ली सल्तनत का हिस्सा बन गया।

पंद्रहवीं सदी के आरंभ से मांडू के इतिहास का नया अध्याय आरंभ हुआ। खिलजी वंश के बाद दिल्ली में तुगलक वंश का शासन शुरू हुआ। मुहम्मद-बिन-तुगलक के समय में उसके सूबेदार दिलावर खां ने दिल्ली की कमजोर स्थिति को देखकर 1401 ई. में अपने को मालवा का स्वतंत्र शासक घोषित कर दिया। उसकी राजधानी धार में ही थी, परंतु वह अकसर मांडू आता था और यहां अपना दरबार लगाता था। दिलावर खां की मृत्यु (1405 ई.) के बाद उसका बेटा होशंगशाह गद्दी पर बैठा तो वह अपनी राजधानी मांडू ले आया। उसने 27 साल तक शासन करके अपने राज्य का काफी विस्तार किया। होशंग-शाह ने मांडू में एक भव्य मस्जिद (जामी मस्जिद), शानदार दिल्ली दरवाजा, अपना मकबरा और कई महल बनवाए। उसने मांडू की मजबूत किलेबंदी की।

जामी मस्जिद

होशंगशाह के बाद मांडू का दूसरा महत्त्वपूर्ण सुलतान हुआ खिलजी वंश का महमूदशाह, जिसने 33 साल तक शासन करके अपने राज्य

का दूर-दूर तक विस्तार किया। उसके समय में मांडू में कई नई इमारतें बनीं—सात मंजिली मीनार, मदरसा (जिसे अब 'अशरफी महल' कहते हैं) और उसका अपना संगमरमर का मकबरा। महमूदशाह की मृत्यु (1469 ई.) के बाद उसके बेटे गयासुद्दीन ने 31 साल तक शासन किया। बताया जाता है कि एक समय उसके हरम में देश-विदेश की 15,000 औरतें थीं। परंतु अन्य मामलों में वह धार्मिक वृत्ति का सुलतान था और उसका शासनकाल शांतिपूर्ण रहा। मांडू का शानदार 'जहाज महल' उसी के समय में बना।

गयासुद्दीन के बाद मांडू के शासकों में आपसी कलह का दौर चला। अंत में गुजरात के सुलतान बहादुरशाह ने 1526 ई. में मांडू पर अधिकार कर लिया और हुमायूं के हमले (1534 ई.) तक यह प्रदेश उसी के अधिकार में रहा। फिर शेरशाह ने मांडू पर कब्जा करके वहां शुजायत खान को अपना सूबेदार नियुक्त किया। कुछ दिन बाद वह सूबेदार स्वतंत्र शासक बन बैठा। उसके बाद उसका तीसरा बेटा बाजबहादुर मांडू का शासक बना।

बाजबहादुर संगीत का बेहद शौकीन था, जिसमें रानी रूपमती उसकी संगिनी थी। मालवा में आज भी बाजबहादुर और रूपमती के अगाध प्रेम के लोकगीत गाए जाते हैं। बादशाह अकबर के सेनापति आदम खान ने 1561 ई. में मालवा पर चढ़ाई की और सारंगपुर की लड़ाई में बाजबहादुर को हराया। बाजबहादुर तो किसी तरह भाग निकला, मगर रूपमती शत्रु के हाथ में पड़ गई। शत्रु से अपमानित होने की बजाय उसने आत्महत्या कर लेना उचित समझा।

हिंडोला महल का मेहराबी मार्ग

मुगलों के शासनकाल में मांडू का पुराना वैभव जाता रहा। उनके समय में पुरानी कुछ इमारतों की मरम्मत हुई

और कुछ नई इमारतें बनीं। अपने दक्खन के अभियानों के दौरान बादशाह अकबर मांडू में चार बार ठहरा। जहांगीर को मांडू बहुत पसंद आया और वह यहां करीब सात महीने रहा। शाहजहां यहां दो बार आया। यह भी पता चलता है कि उसने अपने चार वास्तुकारों को मांडू के भवनों का अध्ययन करने के लिए भेजा था। उनमें एक था उस्ताद हामिद, जिसने आगरा के ताजमहल के निर्माण में योग दिया। माना जाता है कि मांडू के स्मारकों ने ताजमहल के स्थापत्य को काफी प्रभावित किया है।

जहांगीर के उत्तराधिकारियों ने मांडवगढ़ में कोई खास दिलचस्पी नहीं ली। मांडू वीरान हो गया और यहां की इमारतें खंडहर बनती गईं। सन् 1732 में मल्हारराव होलकर ने मालवा के मुगल सूबेदार दियाबहादुर को हराकर मांडू पर अधिकार कर लिया। तब से मांडवगढ़ धार के मराठा शासकों के कब्जे में रहा।

मांडू के खंडहर

मांडवगढ़ एक ऐसी अनियमित आकार की पहाड़ी पर बसा हुआ है जिसके पश्चिम में सोनगढ़ नामक बाहर निकली हुई एक ऊंची गढ़ी है और पूर्व में एक बहुत संकरी व गहरी घाटी है जो पहाड़ी के मध्यभाग तक पहुंचती है। उत्तर में मालवा का ऊंचा पठार है, जो मांडवगढ़ की ओर धीरे-धीरे ऊपर उठता है। इसलिए दुर्ग में पहुंचने का रास्ता उत्तर की ओर से ही है। दक्षिण की ओर लगभग 300 मीटर गहरी खाई है, इसलिए उधर से दुर्ग में पहुंचना लगभग असंभव है।

बाजबहादुर का महल

मांडू की पहाड़ी का घेरा करीब 45 किलोमीटर है और इसका अधिकांश हिस्सा पत्थर की मजबूत दीवार से घिरा हुआ है। याद रहे यह किलेबंदी तब की गई थी जब अभी भारत में तोप और बारूद का उपयोग नहीं होता था। बाहरी तटबंदी के अलावा पहाड़ी पर दो और क्षेत्र दीवारों से घेरे गए थे। इनमें एक था उत्तर की ओर का राजनिवास-क्षेत्र और दूसरा था दक्षिण की ओर रूपकुंड के पास के राजमहल। परकोटे में पश्चिम की ओर सोनपुर व तारापुर दरवाजे, दक्षिण की ओर भगवानिया दरवाजा और पूर्व की ओर रामपोल व जहांगीरपुर दरवाजे हैं। पश्चिम की ओर का एक संकरे भू-मार्ग से जुड़ा हुआ ऊंचा 'सोनगढ़ टापू' आपातकाल में एक गढ़ी का काम करता था।

दुर्ग में पहुंचने का मार्ग उत्तर की ओर के प्रमुख दिल्ली दरवाजे से है, जो अब खस्ता हालत में है। इस दरवाजे तक आलमगीर और भंगी दरवाजों से होकर पहुंचना पड़ता है। मांडू में छोटे-बड़े लगभग 75 स्मारक हैं, जिनमें से कुछ प्रमुख स्मारकों की ही यहां हम चर्चा कर पाएंगे।

रूपमती का मंडप, पीछे नेमाड़ का मैदान

दुर्ग के उत्तरी भाग में स्थित एक प्रमुख भवन है 'हिंडोला महल', जो एक प्रकार का आम दरबार था। इसकी ढलान वाली मोटी दीवारों के कारण इसे यह नाम दिया गया है। 'T' के आकार की इमारत की छत अब नष्ट हो गई है। यह इमारत गयासुद्दीन खिलजी के समय (पंद्रहवीं सदी) में बनी थी। हिंडोला महल के पश्चिम में 'चम्पा बावली है', जिसके तल तक एक भीतरी रास्ते से पहुंचा जा सकता है और 'तहखाने' में जो गुंबज वाले कमरे हैं वे गरमी के मौसम में ठंडे रहते हैं। हिंडोला महल के पास के

अन्य स्मारक हैं—दिलावर खान का मकबरा, नहर झरोखा, उजली व अंधेरी बावलियां और गदाशाह का महल।

मुंज तलाव और कपूर तलाव के बीच में 122 मीटर लंबा और 15 मीटर चौड़ा जो दो-मंजिला भवन है उसे 'जहाज महल' का नाम दिया गया है। इसे संभवतः गयासुद्दीन खिलजी ने अपने हरम के लिए बनवाया था। तालाबों में पानी भरा हो, तो चांदनी रात में नजदीक के दो-मंजिले तवेली महल से जहाज महल बहुत ही खूबसूरत नजर आता है। तवेली शब्द 'तबेला' का बिगड़ा रूप है, जिसका अर्थ है अस्तबल। नीचे घोड़े बांधे जाते थे और ऊपर पहरेदार रहते थे।

दुर्ग के उत्तरी क्षेत्र में होशंगशाह का संगमरमर का बना अफगान वास्तुशैली का खूबसूरत मकबरा है। इसे भारत में निर्मित संगमरमर की पहली इमारत माना जाता है। इसका भव्य गुंबज और संगमरमर की जाली का काम, आगरा के ताजमहल का स्मरण कराता है। पास ही दीवारों से घिरी हुई विशाल जामी मस्जिद है। बताया जाता है कि इसका निर्माण दमिश्क (सीरिया) की विशाल मस्जिद के अनुकरण पर हुआ था। इसे होशंगशाह ने बनाना शुरू किया था और महमूद खिलजी ने पूरा किया। मस्जिद के पूर्व में अशरफी महल है। दरअसल, यह इमारत एक मदरसा है। उसी क्षेत्र में एक सात मंजिली मीनार थी, जो महमूद ने मेवाड़ के राणा कुंभा पर अपनी विजय की यादगार में बनवाई थी।

मांडू दुर्ग के दक्षिणी भाग के प्रमुख स्मारक हैं—रेवा-कुंड, बाजबहादुर का महल और रूपमती का मंडप। अपने और रूपमती के महलों में पानी की आपूर्ति के लिए बाजबहादुर ने रेवा-कुंड बनवाया था। इसके पानी को आज भी पवित्र माना जाता है। बाजबहादुर का महल बहुत ही भव्य है। शुरू में रूपमती के मंडपों का उपयोग सैनिक पहरेदारी के लिए होता था। परंतु बाद में ये खूबसूरत मंडप रूपमती के विश्राम-स्थल बन गए। यहां से वह एक ओर बाजबहादुर के महल को देख सकती थी, तो दूसरी ओर सुदूर दक्षिण में नेमाड़ के मैदान से बहने वाली रेवा (नर्मदा) की धारा को।

मांडू में इधर-उधर और भी कुछ महत्त्वपूर्ण स्मारक हैं। पश्चिम में गहरी खाई के किनारे नीलकंठ महादेव का मंदिर है। पास ही अकबर की हिंदू बेगम के लिए बना नीलकंठ महल है। पश्चिम की ओर ही लोहानी गुफाएं और मंदिरों के खंडहर हैं। इन गुफाओं के सामने से सूर्यास्त का नजारा देखने लायक होता है।

प्रतापगढ़, पन्हाला और पुरंदर

महाराष्ट्र दुर्गों का प्रदेश है। देश के किसी भी अन्य प्रदेश में इतनी बड़ी संख्या में और इतने प्रकार के दुर्ग देखने को नहीं मिलते। शिवाजी (1630-1680 ई.) ने मुख्यतः दुर्गों के बल पर ही अपना राज्य खड़ा किया था। दुर्गों को राज्य का रक्षक माना जाता था। अपनी और अपने राज्य की रक्षा के लिए शिवाजी ने किलों का किस चतुराई से उपयोग किया, इसे प्रतापगढ़, पन्हाला और पुरंदर किलों में घटित ऐतिहासिक घटनाओं से भलीभांति जाना जा सकता है।

प्रतापगढ़

शिवाजी अपने राज्य का विस्तार कोंकण के समुद्र-तट तक करना चाहते थे। इसके लिए उन्होंने 1656 ई. में सह्याद्रि पर्वतमाला का घने जंगलों वाला जावली क्षेत्र अपने अधिकार में कर लिया। अब उन्हें यहां के दर्रों से गुजरने वाले रास्तों पर नजर रखने के लिए वहां एक मजबूत किला बनवाना था। उनकी नजर 'भोरप्या' नामक एक ऊंची गोलाकार पहाड़ी पर पड़ी। उन्होंने अपने पेशवा (प्रधानमंत्री)

प्रतापगढ़ का अफजल खान बुर्ज और उसके दाईं ओर नीचे वह स्थान जहां खान और शिवाजी की मुलाकात हुई

मोरोपंत पिंगले को आदेश दिया–''इस पहाड़ी पर एक मजबूत किला बनाना है। यह काम हमारे कुशल वास्तुविद् हिरोजी इंदुलकर को सौंप दो।''

दो साल के भीतर ही किला बनकर तैयार हो गया। उसे नाम दिया गया–प्रतापगढ़। यह गिरिदुर्ग महाबलेश्वर के 24 किलोमीटर पश्चिम में और पुणे से करीब 145 किलोमीटर दक्षिण में है। इस किले की मुख्य विशेषता है–इसकी दोहरी तटबंदी और चारों ओर बनी दीवारें। बालेकिल्ला यानी ऊपरी किला पहाड़ी के पश्चिमोत्तर शिखर पर बनाया गया और निचला किला दक्षिण-पूर्वी कगारों पर। किले की दीवारों और बाहर को निकली इसकी बांहों पर मजबूत बुर्ज बनाए गए हैं। निचले किले के पूर्वी भाग में शिवाजी का बनवाया भोंसलों की कुलदेवी भवानी का मंदिर है।

किला बनने के कुछ ही महीने बाद शिवाजी एक बड़ी मुसीबत में फंस गए। बीजापुर के आदिलशाही दरबार ने शिवाजी को जिंदा या मुरदा पकड़ लाने की जिम्मेदारी बलाढ्य सरदार अफजल खान को सौंपी। भारी सैन्य लेकर वह वाई के इलाके में पहुंचा और वहां की हिंदू जनता को उसने सताना शुरू कर दिया। शिवाजी को चिंता हुई। वे राजगढ़ से प्रतापगढ़ पहुंचे और अफजल खान का मुकाबला करने की तरकीब सोचने लगे। वह चाहते थे कि अफजल खान अपना सैन्य लेकर प्रतापगढ़ के आस-पास के घने जंगल में पहुंच जाए। उन्होंने अपने दूतों के जरिए अफजल खान से बातचीत शुरू कर दी।

अंत में प्रतापगढ़ दुर्ग के नजदीक की एक खुली चट्टान पर दोनों का मिलना पक्का हो गया। शर्त हुई कि मुलाकात के समय दोनों के साथ सिर्फ दो-दो अंगरक्षक रहेंगे और सैन्य काफी दूर रहेगा। अफजल खान ने सोच रखा था कि वह छोटे कद वाले शिवाजी को अपनी मजबूत बांहों में दबोचकर मार डालेगा। शिवाजी भी उसके कपट को भांप गए थे, इसलिए वह अपने अंगरखे के भीतर लोहे का बख्तर, सिर के साफे के अंदर शिरस्त्राण और पंजे में ऊपर से अंगूठी-जैसे दिखने वाले लोहे के बाघनख पहनकर गए थे।

अफजल खान से मुलाकात के पहले शिवाजी द्वारा धारण किए गए रक्षा साधन

वह 10 नवंबर, 1659 का दिन था। अफजल खान शामियाने में पहले पहुंचा, अपने दो अंगरक्षकों के साथ, जिनमें एक था मशहूर तलवारबाज सैयद बंडा। फिर शिवाजी अपने वकील और अंगरक्षक जिवा महाला के साथ शामियाने के दरवाजे पर पहुंचे। उन्होंने ऐसा दिखाया कि जैसे वे अफजल खान से डर गए हैं। तब उनके कहने पर अंगरक्षकों को वहां से हटा दिया गया। शिवाजी आगे बढ़े। खान ने भी आगे बढ़कर उन्हें गले लगाने का नाटक किया। मगर असल में उसने शिवाजी की गरदन को अपनी मजबूत बांह से कसना शुरू कर दिया और दूसरे हाथ से उनकी कमर में कटार से हमला किया। भीतर लोहे का बख्तर होने से शिवाजी बच गए। उन्होंने तत्काल अपने बाघनख खान के पेट में घुसेड़ दिए, जिससे उसकी अंतड़ियां बाहर निकल आईं। वह चिल्लाया–"मार डाला, बचाओ, बचाओ"।

खान की आवाज सुनकर सैयद बंडा दौड़कर आया और वह शिवाजी पर वार करने ही वाला था कि उनके अंगरक्षक जिवा महाला ने वहां पहुंचकर एक ही वार में बंडा का काम तमाम कर डाला। अफजल खान का वध करके शिवाजी किले पर वापस गए और घाटी में जगह-जगह पर पहले से तैनात सैन्य को सूचना देने के लिए तोप दागी गई। शिवाजी के सैन्य ने अफजल खान की फौज का दूर तक पीछा करके उसे भारी नुकसान पहुंचाया। अफजल खान के वध का समाचार मिलने पर बीजापुर में हाहाकार मच गया। शिवाजी एक चमत्कारी पुरुष माने जाने लगे।

शिवाजी इस्लाम के विरोधी नहीं थे। उन्होंने उस स्थान पर अफजल खान की कब्र बनवाई जहां उसका वध हुआ था। किले के जिस बुर्ज के नीचे दोनों की भेंट हुई थी वह आज भी 'अफजल खान बुर्ज' कहलाता है। अफजल खान पर शिवाजी की विजय की तीन सौवीं जयंती की स्मृति में प्रतापगढ़ दुर्ग के सबसे ऊंचे स्थान पर 1959 ई. में शिवाजी की अश्वारोही प्रतिमा स्थापित की गई।

पन्हाला

अफजल खान पर विजय प्राप्त करने के बाद शिवाजी चुपचाप नहीं बैठे। अपनी फौज को एकत्र करके दूसरे ही दिन उन्होंने दक्षिण की ओर आगे बढ़कर आदिलशाही राज्य के किले जीतना शुरू कर दिया। उन्होंने विशालगढ़ का मजबूत किला जीत लिया। उसके बाद कोल्हापुर से करीब 19 किलोमीटर पश्चिमोत्तर में स्थित प्रसिद्ध पन्हालगढ़ किला भी जीत लिया। यह घटना अफजल खान को मारने के केवल 18 दिन बाद यानी 28 नवंबर, 1659 की है। शिवाजी ने स्वयं वहां पहुंचकर किले को मजबूत बनाने का काम शुरू कर दिया।

पन्हालगढ़ दक्खन का संभवतः सबसे बड़ा गिरिदुर्ग है। समुद्र-तल से करीब 850 मीटर की ऊंचाई पर स्थित इस किले का घेरा साढ़े सात किलोमीटर लंबा है। अपनी आधी लंबाई तक यह किला अपनी खड़ी ढलान और उस पर बनी दीवार से सुरक्षित है।

अफजल खान और शिवाजी की मुलाकात

शेष आधी लंबाई में इसे पत्थरों की मोटी दीवार और बुर्जों से मजबूत बनाया गया है। किले में दोहरी दीवार वाले तीन भव्य प्रवेश-द्वार थे, जिनमें से दो आज भी मौजूद हैं। पश्चिम दिशा का 'तीन दरवाजा' आलीशान और बहुत मजबूत है। किले के खंडहर बने स्मारकों में सबसे प्रभावशाली हैं—तीन विशाल अंबारखाने यानी धान्य-कोठार, जिनमें से एक का नाम 'गंगा कोठी' है। किले के पूर्वोत्तर कोने

पन्हाला के 'तीन दरवाजा' प्रवेश-द्वार का बाहरी दृश्य

में 'सज्जा कोठी' नामक दो मंजिली एक इमारत है, जहां शिवाजी ने अपने गुमराह बेटे संभाजी को नजरबंदी में रखा था।

पन्हाला का इतिहास काफी पुराना है। यहां 1178 ई. से 1209 ई. तक शिलाहार शासक भोज (द्वितीय) की राजधानी थी। शिलाहारों के बाद यहां यादवों और बहमनियों का शासन रहा। 1489 ई. में यह किला बीजापुर की आदिलशाही के अधिकार में चला गया। फिर नवंबर 1659 ई. में इस पर शिवाजी का कब्जा हो गया। आगे कुछ महीने तक वे पन्हालगढ़ में ही टिके रहे।

शिवाजी द्वारा अफजल खान की हत्या और पन्हालगढ़ को जीतने का समाचार सुनकर बीजापुर दरबार में बहुत खलबली मच गई। शिवाजी को पकड़ने के लिए बीजापुर दरबार ने सिद्दी जोहार के नेतृत्व में एक बड़ी फौज पन्हालगढ़ भेजी और उसने किले को चार माह तक घेरे रखा। तब शिवाजी बारिश की एक रात को पन्हाल से निकलकर विशालगढ़ की ओर प्रयाण कर गए। इस दौरान शिवाजी के वीर सेनानी बाजी प्रभु ने शत्रु की फौज को एक दर्रे के मुख पर रोके रखने में अपनी जान दे दी।

अंत में आदिलशाह ने शिवाजी से संधि कर ली और पन्हाला दुर्ग उन्हें सौंप दिया। बीच में कुछ अवधि को छोड़कर, जब पन्हाला मुगलों के हाथ में चला गया था, यह किला मराठों के ही अधिकार में रहा। स्वतंत्रता-प्राप्ति तक इस पर कोल्हापुर राजकुल का कब्जा रहा। अब पन्हाला एक हिल-स्टेशन जैसा बन गया है, इसलिए यहां पर्यटकों के लिए प्रायः सभी सुविधाएं उपलब्ध हैं।

पुरंदर

आदिलशाह के साथ सुलह कर लेने के बाद शिवाजी उत्तर में मुगलों का सामना करने में जुट गए। आगे के पांच सालों में उन्होंने तीन ऐसे साहसिक काम किए जिससे मुगल बादशाह औरंगजेब बौखला गया। पहले उसने अपने मामा शाइस्ता खां को एक बड़ी फौज देकर शिवाजी को सजा देने के लिए दक्खन भेजा। मुगल फौज ने पुरंदर किले को घेर लिया, परंतु वह उसे जीत न सकी। फिर शाइस्ता खां जब पुणे के 'लाल महल' में डेरा डाले हुए था, तब शिवाजी ने अप्रैल, 1663 की एक रात को अचानक हमला करके उसकी उंगलियां काट डालीं। उसी वर्ष औरंगजेब के एक सेनापति जसवंतसिंह ने सिंहगढ़ पर हमला किया, तो उसे हार का मुंह देखना पड़ा। अगले वर्ष शिवाजी ने सूरत को लूटकर अपार धनराशि प्राप्त की।

तब औरंगजेब ने शिवाजी को कुचलने के लिए राजा जयसिंह और दिलेर खान

पन्हाला की सज्जा कोठी, जहां शिवाजी ने अपने बेटे संभाजी को नजरबंद करके रखा था

के नेतृत्व में एक बड़ी फौज रवाना कर दी। मुगल फौज ने पुरंदर किले को घेर लिया। वह गिरिदुर्ग पुणे से करीब 40 किलोमीटर दक्षिण-पूर्व में है। एक विशाल पहाड़ी पर बने इस किले की ऊंचाई समुद्र-सतह से 1400 मीटर और पास के मैदान से लगभग 700 मीटर है। दरअसल, यह एक जुड़वां किला है। पुरंदर के पूर्व की ओर पहुंची एक सपाट पहाड़ी पर वज्रगढ़ नामक एक और किला है। पुरंदर किले के दो भाग हैं : (1) ऊपर का बालेकिल्ला, जिसके चारों ओर खड़ी कगार है; (2) 'माची' यानी निचले भाग की समतल की भूमि का काफी चौड़ा क्षेत्र, जहां किले की छावनी थी। माची का भाग नीचे के मैदान से 300 मीटर ऊपर है। इस

पुरंदर के बालेकिल्ले पर पहुंचने के द्वार

विस्तृत क्षेत्र के पूर्व में एक पहाड़ी पर बना वज्रगढ़ या रुद्रमाल किला है।

माची के छावनी क्षेत्र से एक घुमावदार रास्ता ऊपरी किले (बालेकिल्ले) की ओर जाता है। इस रास्ते में जो प्रमुख प्रवेश-द्वार है वह 'दिल्ली दरवाजा' कहलाता है। ऊपरी किले में कई प्राचीन स्मारक हैं, जिनमें प्रमुख है—केदारेश्वर का मंदिर।

पुरंदर किले का इतिहास कम-से-कम 13वीं सदी से शुरू होता है। चौदहवीं सदी में बहमनी सुलतानों ने यहां कुछ परकोटे और बुर्ज खड़े किए थे। 1484 ई. से आगे के करीब सौ साल तक यह किला अहमदगर की निजामशाही के कब्जे में रहा। फिर 1596 ई. में पुरंदर किला शिवाजी के दादा मालोजी भोंसले को जागीर के रूप में मिला। मगर शिवाजी को इसे 1646 ई. में अपने प्रयास से ही पुनः हासिल करना पड़ा। शिवाजी के बेटे संभाजी का जन्म पुरंदर में ही हुआ था।

जब अप्रैल, 1665 में राजा जयसिंह और दिलेर खान की विशाल मुगल फौज ने पुरंदर को घेर लिया, तो शिवाजी भारी मुसीबत में फंस गए। जो युद्ध हुआ उसमें पुरंदर का वीर किलेदार मुरार बाजी मारा गया। विवश होकर शिवाजी को जयसिंह के साथ संधि करनी पड़ी। शिवाजी ने अपने 23 किले मुगलों को सौंप दिए। उनमें पुरंदर और वज्रगढ़ किले भी शामिल थे। आगरा की कैद से छूट आने के बाद 1670 ई. में शिवाजी ने पुरंदर को पुनः हासिल कर लिया। बाद में यह किला पेशवाओं का प्रिय आरामगाह बन गया था। किले के निचले हिस्से में मुरार बाजी की स्मृति में उनकी एक योद्धारूप मूर्ति स्थापित की गई है।

अंग्रेजों ने 1818 ई. में पुरंदर को अपने अधिकार में ले लिया था। दूसरे महायुद्ध के दौरान जर्मन युद्धबंदियों को यहां कैदी बनाकर रखा गया था। स्वतंत्रता प्राप्ति के बाद यहां राष्ट्रीय कडेट कोर (एनसीसी) का प्रशिक्षण केंद्र रहा।

अहमदनगर और अहमदाबाद के भूमिदुर्ग

पं. जवाहरलाल नेहरू की एक पुस्तक है–**डिस्कवरी आफ इंडिया** (भारत की खोज), जिसमें आरंभ से लेकर 1944 ई. तक के भारतीय इतिहास के प्रमुख पड़ावों की जानकारी है। पुस्तक के 'समर्पण' में पंडितजी ने लिखा है: "9 अगस्त, 1942 से 28 मार्च, 1945 तक की अवधि में अहमदनगर किले के कारावास के मेरे साथियों और सहबंदियों को।"

वे दूसरे महायुद्ध के दिन थे। जून, 1942 में भारतीय राष्ट्रीय कांग्रेस की कार्यकारिणी सभा ने एक प्रस्ताव पास करके अंग्रेजों से मांग की थी–'भारत छोड़ो'। नतीजा यह हुआ कि सरकार ने कांग्रेस कार्यकारिणी के नेहरू, अबुल कलाम आज़ाद, गोविंद वल्लभ पंत आदि लगभग सभी सदस्यों को गिरफ्तार करके अहमदनगर के किले में बंद कर दिया। नेहरूजी ने उसी किले में सन् 1944 के पांच महीनों में अपनी पुस्तक लिखी।

किलों का उपयोग सिर्फ सुरक्षा के लिए ही नहीं, अकसर जेल के रूप में भी हुआ है। मराठों और अंग्रेजों के शासनकाल में अहमदनगर के किले का जेल के रूप में कुछ ज्यादा ही उपयोग हुआ। पेशवा के मंत्री नाना फडणीस ने इस किले

अहमदनगर के किले का मुख्य प्रवेश-मार्ग, जिसके दो दरवाजे समकोण में बने हैं

में राजपरिवार के कई व्यक्तियों को बंदी बनाकर रखा था। मगर वह अवसर भी आया, जब नाना फडणीस को भी दौलतराव शिंदे ने इसी किले में बंद कर दिया था।

अहमदनगर शहर पुणे से लगभग 116 किलोमीटर उत्तर-पूर्व में है। पंद्रहवीं सदी के अंतिम चरण में दक्खन का बहमनी राज्य जब पांच भागों में खंडित हो गया तो उसकी एक शाखा 'निजामशाही' कहलाई। इसकी स्थापना 1490 ई. में सुलतान अहमद निजामशाह ने की थी। उसने कुछ गांवों को मिलाकर अपने नाम पर नया अहमदनगर शहर बसाया और उसे अपनी राजधानी बनाया। निजामशाही के करीब डेढ़ सौ वर्षों के शासनकाल में इस नगर की खूब वृद्धि हुई।

एक वैभवशाली नगर की सुरक्षा के लिए एक मजबूत किला भी चाहिए था। किले का निर्माण अहमद निजामशाह के समय से शुरू हो गया था। पहले मिट्टी का परकोटा बनाया गया। फिर हुसैन निजामशाह (1553-65 ई.) के समय में पत्थरों से एक मजबूत दीवार बनवाकर उसके बाहर काफी चौड़ी और गहरी खाई का निर्माण किया गया।

अहमदनगर किला बनावट की दृष्टि से भारत का संभवतः सबसे मजबूत महीदुर्ग है। जो किले समतल भूमि पर बनते थे उन्हें महीदुर्ग या भूमिदुर्ग (मराठी में 'भुईकोट') कहा जाता था। यह किला नगर के पूर्व में छावनी क्षेत्र में मध्य में स्थित है। अंडाकार आकृति वाले इस किले की दीवार लगभग पौने दो किलोमीटर लंबी है। इसे 24 बुर्जों ने मजबूती प्रदान की है। दीवार के बाहर की खाई कमोबेश 40 मीटर तक चौड़ी और 5 से 7 मीटर तक गहरी है। खाई के परे के पुश्ते पर

विशाल बुर्ज सहित अहमदनगर किले की दीवार का एक भाग
बाईं ओर की खाई पेड़ों से पटी हुई हैं

पेड़ लगे हुए हैं। बारीकी से तराशे गए पत्थरों से निर्मित किले की विशाल ठोस दीवार खाई के तल से 25 मीटर ऊंची है।

किले के दो दरवाजे हैं—एक पश्चिम की ओर, दूसरा पूर्व की ओर। दोनों दरवाजों तक पहुंचने के लिए खाई के ऊपर ऐसे झूला-पुल बने थे जिन्हें उठाया जा सकता था। प्राकार यानी दीवार का ऊपरी भाग काफी चौड़ा है और उसमें छोटे गोले दागने के लिए सुराख बने हुए हैं। किले के दरवाजों में लोहे के नुकीले कोणकील लगे हुए हैं।

अहमदनगर के किले में कई ऐतिहासिक घटनाएं घटीं, मगर उनमें सबसे महत्त्वपूर्ण है—मुगलों के साथ चांद बीबी का संघर्ष। चांद बीबी अहमदनगर के तीसरे सुलतान हुसैन निजामशाह की बेटी थी और बीजापुर के सुलतान अली आदिलशाही को ब्याही थी। पति की मृत्यु हो जाने पर 1584 ई. में वह अहमदनगर आकर गद्दी के असली हकदार बालक बहादुर की संरक्षक बन गई। अहमदनगर निजामशाही सरदारों के आपसी कलह का अखाड़ा बन गया था। मौका देखकर बादशाह अकबर के दूसरे बेटे मुराद के नेतृत्व में मुगल फौज ने 1595 ई. में अहमदनगर के किले को घेर लिया। चांद बीबी की रक्षासेना ने मुगल सेना के छक्के छुड़ा दिए। एक दिन मुगलों ने सुरंग लगाकर एक दीवार में रास्ता बना लिया, तो चांद बीबी ने 25 मीटर ऊंची और चार मीटर चौड़ी दीवार की रातोंरात मरम्मत करवा ली, ताकि दूसरे दिन सुबह शत्रु का मुकाबला किया जा सके। चार महीने के घेरे के बाद मुराद को मजबूर होकर चांद बीबी के साथ संधि करनी पड़ी।

अहमदाबाद के भद्र गढ़ का पिछवाड़ा

चार साल बाद 1600 ई. में अकबर के तीसरे बेटे दानियाल के नेतृत्व में मुगल फौज ने दुबारा अहमदनगर

पर आक्रमण किया। इस बार भी चांद बीबी ने डटकर मुकाबला किया। मगर एक औरत शासन करे, यह बात उस जमाने में दरबारियों को बर्दाश्त नहीं थी। लड़ाई के दौरान ही उसके विद्रोही दरबारियों ने नमाज अदा कर रही चांद बीबी की हत्या कर दी। अहमदनगर के किले पर मुगलों का कब्जा हो गया।

सन् 1759 में पेशवा बालाजी बाजीराव के चचेरे भाई सदाशिव भाऊ ने अहमदनगर के किले को मुगल किलेदार से खरीद लिया। फिर 1797 ई. में यह किला दौलतराव शिंदे के अधिकार में चला गया। उसके बाद 1803 ई. में जनरल वेलजली ने इसे जीत लिया, परंतु इस पर मराठों का अधिकार कायम रहा। अंत में, पुणे संधि (जून 1817 ई.) के अंतर्गत बाजीराव पेशवा (द्वितीय) ने यह किला अंग्रेजों को सौंप दिया। आजकल अहमदनगर का किला भारतीय सेना के अधिकार में है। किले के भीतर की नई व पुरानी कई इमारतें काफी-कुछ अच्छी हालत में हैं।

अहमदाबाद

गुजरात के प्राचीन सोलंकी राजवंश की राजधानी अनहिलवाड़-पाटण (महेसाणा जिला) में थी। इसकी स्थापना 746 ई. में हुई थी। सिद्धराज जयराज सोलंकी (1094-1143 ई.) एक प्रतापी और विद्याप्रेमी शासक था। बाद के सोलंकी शासक कमजोर निकले। अलाउद्दीन खिलजी ने 1297 ई. में गुजरात को जीतकर वहां अपना सूबेदार नियुक्त किया। फिर वहां तुगलकों के सूबेदारों का शासन चला। अंत में तुगलक सूबेदार जफर खान ने, जो राजपूत से मुसलमान बने कुल का था, 1408 ई. में अपने को गुजरात का स्वतंत्र शासक घोषित किया। तब तक गुजरात की राजधानी पाटण में ही थी।

दरअसल, गुजरात सही मायने में एक स्वतंत्र राज्य तब बना, जब जफर खान की मृत्यु के बाद उसका बीस साल का पोता अहमदशाह जनवरी, 1411 में गद्दी पर बैठा। उसी साल एक दिन अहमदशाह अपने शाही लवाजमे के साथ साबरमती नदी के पूर्व में आशावल गांव पहुंचा, तो उसे वह स्थान इतना अधिक पसंद आया कि उसने वहां अपने नाम पर एक नया नगर बसाकर उसे अपनी राजधानी बनाने का निश्चय किया।

अहमदशाह ने अपनी नई राजधानी के लिए अपने धार्मिक गुरु सरखेज के शेख अहमद खट्टू गंजबख्श का आशीर्वाद प्राप्त किया। साथ ही, नए नगर की नींव रखते समय 27 फरवरी, 1411 को जो धार्मिक समारोह हुआ उसमें चार

अहमदों (अहमदशाह और उसके गुरु सहित) के अलावा दिल्ली के हजरत निजामुद्दीन औलिया की शिष्य-परंपरा के 12 कलंदरों (फकीरों) ने भी भाग लिया। पता चलता है कि साबरमती नदी पर बने एलिस पुल के पूर्वी सिरे के पास जो 'माणेक बुर्ज' है वहीं पर अहमदाबाद की नींव रखी गई थी।

इस प्रकार, सन् 1411 में नए अहमदाबाद नगर की नींव पड़ने के तुरंत बाद साबरमती के पूर्व में और पुराने आशावल गांव के नजदीक दुर्ग के निर्माण का काम शुरू हुआ। यही है, आज भी मौजूद वर्गाकार 'भद्र गढ़', जो लगभग 16 हेक्टेयर स्थान घेरता है। इस 'भद्र' नाम का गढ़ के पूर्वी द्वार के पास काफी बाद में निर्मित भद्रकाली मंदिर से कोई संबंध नहीं है।

सुलतान अहमदशाह (1411-1442 ई.) अपने बत्तीस साल के शासनकाल में बहुत व्यस्त रहा। उसे अपने पड़ोसी राज्यों से अनेक लड़ाइयां लड़नी पड़ीं। उसने राजस्थान, मालवा और दक्खन में दूर तक अपने राज्य का विस्तार किया। इसलिए सहज ही माना जा सकता है कि वह अपने शासनकाल में भद्र गढ़ के अलावा एक अधिक विस्तृत नगर-दीवार के निर्माण करने के लिए फुरसत का समय नहीं निकाल पाया।

इतिहासकार फरिश्ता (1570-1612 ई.), जो स्वयं कुछ साल अहमदाबाद में रहा था, जानकारी देता है कि इस शहर की दीवारें 1486-87 ई. में अहमदशाह के पोते सुलतान महमूद बेगड़ा के शासनकाल (1458-1511 ई.) में बनीं। उसी के चार सरदारों के नाम दर्यापुर, कालुपुर, सारंगपुर और जमालपुर दरवाजों को दिए गए हैं। नगर-दीवार 10 किलोमीटर लंबी थी और उसमें 12 दरवाजे, 139 बुर्ज, नौ कोने और शत्रु का सामना करने के लिए दीवार के ऊपर के बाहरी भाग में छह हजार से अधिक परकोट बनाए गए थे। इस नगर-दुर्ग के उत्तरी दिशा में शाहपुर, दिल्ली व दर्यापुर दरवाजे; पूर्व में कालुपुर, सारंगपुर व रायपुर दरवाजे; दक्षिण में अस्तोदिया, जमालपुर व धेधिया (अब बंद) दरवाजे; और पश्चिम में खानजहां, रायखड व खानपुर दरवाजे हैं। प्रेमभाई और पंचकुआं दरवाजे उन्नीसवीं सदी में बने। नगर का विस्तार होने के कारण परकोटे का काफी हिस्सा अब नष्ट हो गया है।

अहमदाबाद के विगत वैभव की इतिहासकारों ने खूब प्रशंसा की है। बताया जाता है कि इस शहर में 360 पुर या मुहल्ले थे। प्रत्येक मुहल्ला दीवार से घिरा हुआ और सुख-सुविधाओं के मामले में आत्मनिर्भर था। 'आईन-ए-अकबरी' में अबुल फज़्ल लिखते हैं कि 'अहमदाबाद एक श्रेष्ठ और सम्पन्न नगर है। यहां की जलवायु बढ़िया है। यहां की दुकानों में दुनियाभर की चीजें मिल जाती हैं।

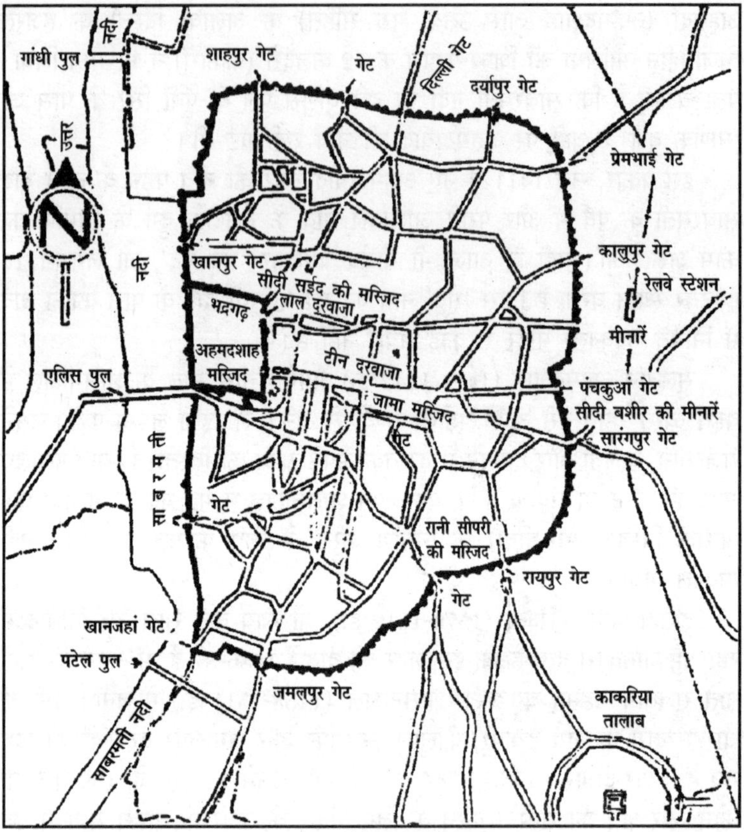

अहमदाबाद के किले का नक्शा

सन् 1573 में अकबर ने अहमदाबाद को जीत लिया। जहांगीर भी नूरजहां के साथ यहां कुछ महीने रहा, मगर उसे यह शहर नहीं भाया। यहां बहुत धूल उड़ती थी, इसलिए उसने इसे 'गर्दाबाद' नाम दिया। यहां आकर वह बीमार पड़ा इसलिए उसने इसे 'बीमारीस्तान' व 'जहन्नमाबाद' कहा। लेकिन उसी दौरान अहमदाबाद में इंग्लैंड के राजदूत सर टॉमस रो और जहांगीर ने दो ऐतिहासिक संधिपत्रों पर दस्तखत किए जिनके जरिए अंग्रेजों को भारत में रहने और यहां व्यापार करने के अधिकार मिल गए। भारत और ब्रिटेन के व्यापारी संबंधों की नींव जहांगीर के शासनकाल में अहमदाबाद में पड़ी।

शाहजहां भी बेगम मुमताज महल के साथ कुछ साल अहमदाबाद में रहा। औरंगजेब की मृत्यु (1707 ई.) के बाद गुजरात पर मराठों के हमले शुरू हुए।

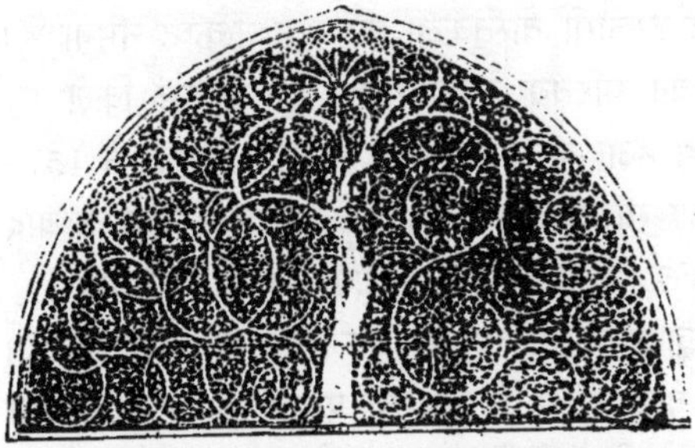

सीदी सयीद मस्जिद की खिड़की की नक्काशीदार जाली

पेशवा और गायकवाड़ के शासनकाल में अहमदाबाद की दुर्दशा हुई। सन् 1817 में अहमदाबाद पर अंग्रेजों का अधिकार स्थापित हुआ, तो स्थिति में सुधार होता गया। देश के आजाद होने पर 1960 में अहमदाबाद शहर नए गुजरात की राजधानी बना।

सुलतानों के शासनकाल में गुजरात में एक नई वास्तुकला का विकास हुआ। यह हिंदू, जैन और इस्लामी वास्तुशैलियों के मेल-जोल से अस्तित्व में आई थी। इस दौर में अहमदाबाद में अनेक उत्कृष्ट मस्जिदों, मीनारों, महलों, मकबरों और रौजों का निर्माण हुआ। इनमें प्रमुख हैं–जामी मस्जिद अहमदशाह, सीदी सयीद, रानी रूपमती, रानी सीपरी व बीबी की मस्जिदें; शेख अहमद खट्टू व शाह आलम के मकबरे, बावलियां और मीनारें। यह शहर अपनी 'झूलती मीनारों' के लिए प्रसिद्ध रहा है। सीदी सयीद की मस्जिद की खिड़कियों में लगी पत्थरों की जालियों का नक्काशी का काम बेजोड़ है।

यहां गुजरात के प्राचीन चंपानेर गिरिदुर्ग की थोड़ी चर्चा करना प्रासंगिक रहेगा। वड़ोदरा से 50 किमी. उत्तर-पूर्व में समुद्रतल से करीब 900 मीटर ऊंची पावागढ़ पहाड़ी पर चंपानेर किले के अवशेष हैं। इस किले की नींव चावड़ा वंश के राजा वनराज के मंत्री चंपा ने 697 ई. में रखी थी। तेहरवीं सदी में चौहान राजपूतों ने चंपानेर पर अधिकार कर लिया। फिर 1484 ई. में इस किले पर अहमदाबाद के सुलतान महमूद बेगड़ा का कब्जा हो गया। उसने यहां परकोटा बनाकर मजबूत किलेबंदी करवाई और कई सुंदर इमारतें

चंपानेर मिले का पूर्वी द्वार

बनवाईं। यहां बनी जामी मस्जिद इस्लामी वास्तुकला का एक उत्कृष्ट नमूना है। हुमायूं ने अपने अदम्य साहस का परिचय देकर 1535 ई. में इस किले पर अधिकार कर लिया और यहां गड़ा हुआ खजाना हासिल किया। अकबर ने 1573 ई. में पुनः इसे हस्तगत किया। डेढ़ सौ साल तक मुगलों के कब्जे में रहने के बाद चंपानेर शिंदे के और फिर 1853 ई. में अंग्रेजों के अधिकार में चला गया।

किसी समय गुजरात की राजधानी रहा चंपानेर आज खंडहर बन गया है। किले तक पहुंचने के लिए सात दरवाजों में से गुजरना पड़ता है। ऊपर प्राचीन महाकाली मंदिर है, जहां नवरात्र के दिनों में मेला लगता है।

गाविलगढ़ और नरनाळा किले

सन् 1857 में अंग्रेजों के खिलाफ शुरू हुए स्वातंत्र्य युद्ध का वह आखिरी दौर था। क्रांति के महान सेनानी तात्या टोपे महाराष्ट्र में पहुंचकर अपने सैनिक संगठन को फिर से शक्तिशाली बनाना चाहते थे। अक्तूबर, 1858 के एक दिन नर्मदा नदी को पार करके वे सतपुड़ा में मेळघाट की ओर आगे बढ़े। समाचार सुनकर अंग्रेजों में बड़ी सनसनी फैल गई। उन्हें डर लगा कि तात्या टोपे कहीं मेळघाट के मजबूत गाविलगढ़ किले पर कब्जा न कर ले। उन्होंने किले की दीवारों और इमारतों को तहस-नहस कर डाला।

गाविलगढ़ किला विदर्भ (महाराष्ट्र) के अमरावती जिले में सतपुड़ा की 1110 मीटर ऊंची पहाड़ी पर बसा हुआ है। यह किला विदर्भ की प्राचीन राजधानी अचलपुर से करीब 30 किलोमीटर उत्तर में चिखलदरा हिल-स्टेशन के नजदीक है। शत्रु यदि अचलपुर पर हमला करे, तो गाविलगढ़ में शरण ली जा सकती थी।

महाराष्ट्र में छोटे-छोटे करीब 350 किले हैं। अकसर मान लिया जाता है कि महाराष्ट्र के अधिकांश किले शिवाजी या मराठों ने बनवाए। मगर बात ऐसी नहीं है। शिवाजी ने अधिकतर पुराने किलों की ही मरम्मत करवाई; उनके बनवाए नए किले ज्यादा नहीं हैं। महाराष्ट्र में सातवाहनों, यादवों और बहमनियों के समय से

गाविलगढ़ किले की उत्तरी दिशा की बाहरी दीवार और उसमें बना प्रवेश-द्वार

गाविलगढ़ किले की पठानी शैली में भव्य मस्जिद

किले बनते आ रहे थे। पूर्वी महाराष्ट्र के कई किले गोंड और गवळी जातियों के पूर्वजों ने बनवाए थे।

लोक-परंपरा बताती है कि गाविलगढ़ किला आज के पिछड़े हुए पशुचारी गवळी या अहीर लोगों के पूर्वजों ने बनाया था। खानदेश का गवळीगढ़ और बुरहानपुर के पास का प्रसिद्ध असीरगढ़ इन्हीं लोगों के बनवाए हुए किले हैं। सदियों पहले गवळी लोगों ने अपने पशुओं की सुरक्षा के लिए आज के गाविलगढ़ के स्थान पर मिट्टी की दीवार वाला एक किला बनाया था, जो बाद में गवळीगढ़ या गाविलगढ़ के नाम से जाना गया। किले के आसपास आज भी गवळी लोगों के कुछ गांव हैं।

विदर्भ के इतिहास में गाविलगढ़ के किले का विशेष महत्त्व है। एक हजार साल पहले यह किला देवगिरि के यादव शासकों के अधिकार में था। फिर यह बहमनियों के कब्जे में चला गया। आगे यह किला मुगलों और भोंसलों के अधिकार में भी रहा। माना जाता रहा कि, "जो गाविलगढ़ का मालिक, वह विदर्भ का मालिक।" किसी समय विदर्भ को "सूबा गाविलगढ़ अथवा गावेल" कहा जाता था।

गाविलगढ़ का सिलसिलेवार इतिहास पंद्रहवीं सदी से मिलता है। उस समय महाराष्ट्र पर बहमनियों का शासन था। नौवां बहमनी सुलतान अहमदशाह अपने राज्य की उत्तरी सीमा को सुदृढ़ बनाना चाहता था। वह राजधानी गुलबर्गा से अचलपुर (पुराना नाम एलिचपुर) पहुंचा और यहां सालभर रहा। जानकारी मिलती है कि अहमदशाह ने 1425 ई. में गाविलगढ़ का जीर्णोद्धार कराया।

प्रायः हर किले के निर्माण के संबंध में कोई-न-कोई दंतकथा सुनने को मिलती है। गाविलगढ़ के बारे में भी एक मनोरंजक दंतकथा है। एक दिन अहमदशाह

घूमते-घूमते गाविलगढ़ की तलहटी में पहुंचा। उस वक्त उसे एक पेड़ पर पहले कभी भी न देखा गया एक सुंदर पक्षी दिखाई दिया। उसने साथ के लोगों को वह पक्षी पकड़ने की आज्ञा दी। उन लोगों ने उस पक्षी पर शिकारी पक्षी छोड़े। मगर वह अनोखा पक्षी उनकी पकड़ में नहीं आया और लगातार ऊपर की ओर ही उड़ता चला गया। घोड़े पर सवार अहमदशाह भी उसके पीछे ऊपर चढ़ने लगा। अंत में वह पक्षी वहां के सबसे ऊंचे एक पेड़ पर जाकर बैठ गया।

अहमदशाह को बड़ा आश्चर्य हुआ। उसने अपने साथियों से कहा–"लगता है, यह ऐसी जगह है जिसे कोई शत्रु जीत नहीं पाएगा। इसलिए मैं यहां एक मजबूत किला बनवाऊंगा।" अहमदशाह ने गाविलगढ़ की मरम्मत करवाई। यह 1425 ई. की बात है।

कुछ साल बाद बहमनी राज्य कमजोर पड़ गया, तो प्रांतों के सूबेदारों ने अपने को स्वतंत्र घोषित करना शुरू कर दिया। बहमनी राज्य पांच भागों में बंट गया। विदर्भ के बहमनी सुलतान फतेहउल्ला इमाद-उल-मुल्क ने भी अपने को स्वतंत्र घोषित करके 'इमादशाह' का खिताब धारण किया और राजधानी अचलपुर में 'इमादशाही' की स्थापना की। तब राज्य की सुरक्षा के लिए फतेहउल्ला ने 1488 ई. में गाविलगढ़ और नरनाळा किलों का विस्तार करके उनकी मरम्मत करवाई।

मगर इमादशाही सौ साल तक भी नहीं टिकी। गाविलगढ़ किला 1574 ई. में अहमदनगर की निजामशाही के अधिकार में गया, 1599 ई. में मुगलों के अधिकार में और 1756 ई. में मराठों के अधिकार में आया फिर 1803 ई. में अंग्रेजों ने गाविलगढ़ को मराठों से जीत लिया।

13 दिसंबर, 1803 में जनरल वेलस्ली और कर्नल स्टिवेन्सन की फौजों ने गाविलगढ़ पर हमला किया। अचलपुर का नवाब अंग्रेजों की मदद कर रहा था। किला बहुत मजबूत था। रघूजी भोंसले की ओर से गाविलगढ़ का मुख्य रक्षक था बेनीसिंह नाम का एक वीर राजपूत। किले में भोंसलों का खजाना भी था। वेलस्ली ने नवाब के एक गोंड नौकर को लालच देकर उत्तर दिशा से किले पर हमला बोलने के एक विशेष स्थान की जानकारी हासिल की।

अंत में तीन दिन के घमासान युद्ध के बाद किले पर अंग्रेजों का अधिकार हो गया। उसके बाद तलहटी के देवगांव नामक देहात में भोसले और अंग्रेजों के बीच संधि हुई, जिसके अनुसार गाविलगढ़ व नरनाळा किले भोसले के ही कब्जे में रहे, परंतु विदर्भ का शेष प्रदेश अंग्रेजों के अधिकार में चला गया। बीसवीं सदी के आरंभ में ये दोनों किले अंग्रेजों को मिल गए। शुरू में हम बता ही चुके हैं कि

तात्या टोपे के मेळघाट में पहुंचने की खबर मिलने पर अंग्रेजों ने गाविलगढ़ के रक्षा-साधनों को नष्ट कर डाला था।

गाविलगढ़ किले के दक्षिणी सिरे पर स्थित विशाल तोप

गाविलगढ़ के दो भाग हैं—भीतरी किला और .बाहरी किला। भीतरी किला कुछ अधिक ऊंचाई पर है। बाहरी किले की एक ओर तीसरी दीवार है, जो उत्तर की ओर से इसकी रक्षा करती थी। किले के दो मुख्य दरवाजे हैंः मध्य में 'दिल्ली दरवाजा' और दक्षिण-पश्चिम दिशा में 'फतेह दरवाजा'। किले के बचे हुए स्मारकों में सबसे विशिष्ट है एक भव्य मस्जिद, जो भीतरी किले के दक्षिणी भाग में सबसे ऊंचे स्थान पर है। पठान वास्तु शैली की इस मस्जिद के आगे के भाग में सात मेहराब हैं। मस्जिद की दो मीनारों में से अब केवल एक ही बची है। सुंदर जाली से निर्मित इसकी चौकोर छतरी मस्जिद के गुंबज के थोड़े ऊपर तक पहुंचती है।

किले में कम-से-कम आठ तालाब थे, जिनमें से दो आज भी अच्छी हालत में हैं। किले में कुछ तोपें आज भी देखी जा सकती हैं, जिनमें सबसे बड़ी इसके दक्षिणी सिरे पर है। किला अब खंडहर बन गया है, वीरान पड़ा है। यह पहाड़ी क्षेत्र 'मेळघाट व्याघ्र परियोजना' के अंतर्गत आता है, इसलिए किले के भीतर कभी-कदा कोई बाघ, तेंदुआ या भालू नजर आ जाता है।

नरनाळा

सतपुड़ा की जिस निचली पर्वतश्रेणी पर गाविलगढ़ किला बना है, उसी की पश्चिम की ओर की एक अलग पहाड़ी पर नरनाळा किला है। बताया जाता है कि किसी समय ये दोनों किले एक पहाड़ी सुरंग के जरिए एक-दूसरे से जुड़े हुए थे, परंतु अब उसके कोई निशान नहीं मिलते।

नरनाळा किले का 'महाकाली' दरवाजा और उसमें बने छज्जे

नरनाळा किला समुद्रतल से 973 मीटर की ऊंचाई पर है और यह 392 एकड़ में फैला हुआ है। दरअसल, इस किले के तीन भाग हैं—पूर्व की ओर जाफराबाद, मध्य में नरनाळा और पश्चिम की ओर तेलीगढ़। यह विशाल किला लगभग 9 मीटर ऊंची दीवारों, 67 बुर्जों और छह बड़े दरवाजों से सुरक्षित था।

नरनाळा के दरवाजों में सबसे महत्त्वपूर्ण है 'शाहणुर' अथवा 'महाकाली' दरवाजा। इसे इमादशाही के संस्थापक फतेहउल्ला इमाद-उल-मुल्क ने 1487 ई. में बनवाया था। सफेद बलुआ पत्थरों से निर्मित इस दरवाजे पर अरबी में लेख खुदे हुए हैं और इसके दोनों ओर कोठरियां और गैलरियां बनी हुई हैं, जो कि संभवतः सुरक्षाकर्मियों द्वारा उपयोग में लाई जाती थीं। इस दरवाजे की विशेषता यह है कि इसके दोनों ओर लटकते छज्जों वाली दो-दो खूबसूरत खिड़कियां हैं।

परंपरा के अनुसार नरनाळा बहुत पुराना किला है। देवगिरी के यादव शासकों के बाद यह किला बहमनी सुलतानों के अधिकार में आया। जानकारी मिलती है कि अहमदशाह बहमनी ने गाविलगढ़ के साथ-साथ इस किले की भी मरम्मत करवाई थी। फिर इमादशाही के संस्थापक फतेहउल्ला का इस पर अधिकार हो गया, तो उसने 'महाकाली' दरवाजे का निर्माण करवा के किले में कुछ इमारतें बनवाईं। आगे जाकर यह किला मुगलों के अधिकार में चला गया। फिर 1701 ई. में परसोजी भोसले (प्रथम) ने इस किले को मुगलों से जीत लिया। मगर 1803 ई. में गाविलगढ़ के साथ-साथ यह किला भी अंग्रेजों के अधिकार में चला गया।

अकबर के शासनकाल में नरनाळा एक सूबा था। यहां औरंगजेब भी कुछ दिन रहा। जिस महल में वह रहा था वह अब खंडहर बन गया है। किले में दक्षिण की ओर मुंह किए हुए नौ गज लंबी एक तोप है, इसलिए उसे 'नौ गजी तोप' कहते हैं। तोप पर लिखे हुए एक फारसी लेख से पता चलता है कि उसे औरंगजेब

के समय में यहां स्थापित किया गया था। किले में तोप ढालने की दो भट्ठियों के अवशेष मौजूद हैं। मस्जिद, बारादरी, अस्तबल और सराफखाने (टकसाल) की इमारतें अब खंडहर बन चुकी हैं।

नरनाळा में एक दिलचस्प स्थल है 'खून बुर्ज'। यहां अपराधियों को मृत्युदंड दिया जाता था। ऐसे अपराधी के हाथ-पैर बांधकर उसे किनारे पर से नीचे की गहरी खाई में ढकेल दिया जाता था। उस आदमी का क्या हाल होता होगा, यह जानने के लिए एक बड़े पत्थर को नीचे फेंककर देखा जा सकता है। शिवाजी द्वारा निर्मित प्रतापगढ़ किले में और दूसरे कई किलों में भी ऐसे 'मृत्युदंड स्थल' देखे जा सकते हैं।

किसी समय नरनाळा के तीनों भागों में कुल 22 तालाब और कुंड थे, मगर अब चार-पांच ही शेष रह गए हैं। नरनाळा का एक और आकर्षण स्थल है– 'शक्कर तालाब' के पास स्थित बुरहानुद्दीन औलिया की मजार, जिसे 'कुत्ते का मंदिर' भी कहा जाता है। लंबे समय से लोगों का विश्वास रहा है कि इस मजार के दर्शन करने पर कुत्ते, सियार या चूहे का काटा हुआ व्यक्ति ठीक हो जाता है। इसलिए दूर-दूर से लोग यहां पहुंचते रहते हैं।

विदर्भ में और भी कई किले हैं। बाळापुर (अकोला जिला) का किला, जिसकी नींव औरंगजेब के बेटे आजमशाह ने 1721 ई. में डाली थी और जिसे अचलपुर के नवाब इस्माइल खान ने 1757 ई. में पूरा किया था, आज भी अच्छी हालत में है। इस्माइल खान ने अचलपुर (पुराना एलिचपुर) के चारों ओर भी एक मजबूत परकोटा बनवाया था। उस परकोटे के कई हिस्से और दरवाजे आज भी कायम हैं।

पूर्वी भारत का प्रवेश-द्वार था रोहतासगढ़

फरीद खां सासाराम (शाहाबाद जिला, बिहार) के एक साधारण अफगान जागीरदार का बेटा था। अकेले ही एक शेर को मारकर उसने 'शेर खां' की उपाधि हासिल की थी। सन् 1534 तक शेर खां का शासन बिहार तक ही सीमित रहा। फिर उसने बंगाल की राजधानी गौड़ (मालदा के पास) के किले को जीतकर वहां से बहुत-सा धन प्राप्त किया। जल्दी ही वह बिहार और बंगाल का बेताज बादशाह बन गया। गंगातट के पास का चुनार (वाराणसी और मिरजापुर के बीच) का मजबूत किला पहले से ही उसके कब्जे में था।

शेर खां की बढ़ती शक्ति को कुचल देने के इरादे से सन् 1537 में बादशाह हुमायूं ने उस पर हमला बोल दिया। हुमायूं को चुनार और गौड़ में उलझाए रखने का बंदोबस्त करके शेर खां अपने लिए एक नया मजबूत आधार खोजने में जुट गया। उसकी नजर सासाराम से करीब 38 किलोमीटर दक्षिण में सोन नदी के पश्चिमी तट के पास की एक ऊंची पहाड़ी पर बसे रोहतासगढ़ पर पड़ी। किला एक हिंदू राजा के अधिकार में था। शेर खां ने राजा से शरण मांगी, और शरण मिलने पर उस गढ़ को हथिया लिया।

बारादरी, रोहतासगढ़

दंतकथा यह भी है कि शेर खां ने हिंदू राजा के पास संदेश भेजा कि जब तक वह लड़ाई में फंसा हुआ है, तब तक उसके परिवार और खजाने को गढ़ में शरण दी जाए।

राजा मान गया, तो शेर खां ने कई सौ डोलियां गढ़ पर भेजीं। शुरू की कुछ डोलियों में, गढ़-रक्षकों को भ्रम में डालने के लिए, वृद्ध महिलाएं भेजी गईं; बाकी में गुप्त वेश में अफगान सैनिक। किले के भीतर पहुंचकर अफगानियों ने दुर्ग-रक्षकों को काबू में कर लिया; हिंदू राजा भाग गया। तब शेर खां अपनी बेगमों और खजाने के साथ किले पर पहुंचा।

रोहतासगढ़ पर कब्जा करने के बाद सन् 1538 में शेर खां ने दक्षिणी बिहार का पहाड़ी झारखंड प्रदेश जीत लिया। फिर उसी साल झारखंड से निकलकर उसने समूचे बिहार और जौनपुर पर अधिकार कर लिया। हुमायूं जब गौड़ को फतह करके लौट रहा था, तो बक्सर (बिहार) के नजदीक कर्मनाशा नदीतट के चौसा गांव के पास शेर खां ने उसका रास्ता रोका। हुमायूं की हार हुई और वह पश्चिम की ओर भागा। बंगाल, बिहार, जौनपुर और अवध पर शेरशाह का अधिकार हो गया। वह 'शेरशाह' का नाम धारण करके गौड़ की गद्दी पर बैठा। अगले वर्ष, 1540 ई. में, कन्नौज की लड़ाई में हुमायूं को हराकर शेरशाह हिंदुस्तान का बादशाह बन गया।

स्पष्ट है कि शेर खां को पहले शेरशाह और फिर दिल्ली का बादशाह बनाने में रोहतासगढ़ ने बड़े महत्त्व की भूमिका अदा की। बिहार की कैसूर पर्वत-श्रेणी के एक पहाड़ी पठार पर निर्मित रोहतासगढ़ शेरशाह की ही नहीं, शाहजहां, बंगाल के नवाब मीर कासिम और सन् 1857 के स्वतंत्रता संग्राम के महान सेनानी बाबू कुंवरसिंह के अनुज अमरसिंह की भी आश्रय-स्थली रहा है। बादशाह अकबर ने मानसिंह को पूर्वी प्रांत का सूबेदार बनाकर भेजा, तो उसने रोहतासगढ़ को अपना मुख्यालय बनाया। मानसिंह ने गढ़ की मजबूत किलेबंदी कराके वहां कई शानदार इमारतें बनवाईं।

रोहतासगढ़ का तख्तपादशाही महल

रोहतासगढ़ काफी पुराना किला है, परंतु इसे किसने और कब बनवाया, इसके बारे में कोई स्पष्ट जानकारी नहीं मिलती। जनश्रुति इस गढ़ को अयोध्या के सूर्यवंशी राजा हरिचंद्र के पुत्र रोहित या रोहिताश्व से जोड़ती है। गढ़ के रास्ते में एक पृथक् पहाड़ी पर 'रोहितासन' नाम का एक मंदिर भी है। मगर ज्यादा संभावना यही है कि मूलतः रोहितेश्वर यानी रोहित पहाड़ी के अधिष्ठाता (शिव) का मंदिर रहा है। किले की चढ़ाई के रास्ते में जो 'हरिश्चंद्र मंदिर' है वह शायद विष्णु का मंदिर था।

दिलचस्प बात यह है कि बिहार के इस क्षेत्र में बसने वाले खखार, ओरांव और चेरो जनजाति के लोग बताते हैं कि उनके पूर्वज रोहतासगढ़ के मालिक थे। पहाड़ी के फुलवारी नामक गांव से 1169 ई. का एक लेख मिला है, जिससे पता चलता है कि जपिला के खयारवाल-वंशी नायक प्रतापधवल ने रोहतासगढ़ तक एक सड़क बनवाई थी। प्रतापधवल का उल्लेख करने वाले इस क्षेत्र से और भी कुछ लेख मिले हैं। संभवतः 'खयारवाल' से ही 'खरवाल' और 'खखार' शब्द बने हैं। इससे पता चलता है कि ईसा की बारहवीं-तेरहवीं सदी में रोहतासगढ़ और आसपास के प्रदेश पर प्रतापधवल तथा उसके वंशजों का शासन था।

मगर रोहतासगढ़ का इतिहास और भी पीछे जाता है। किले की एक चट्टान पर गोल सांचे में खुदा हुआ एक लेख मिला है, जिसमें बैल की आकृति के नीचे शब्द हैं—श्रीमहासामंत शशाङ्कदेवस्य (श्री महासामंत शशांकदेव का)। लेख के अक्षर ईसा की सातवीं सदी के हैं। काफी संभव है कि महासामंत शशांकदेव वास्तव में हर्षवर्धन का समकालीन बंगाल का राजा शशांक ही हो। यह भी पता चलता है कि शशांक के पूर्वज रोहितागिरि (रोहतास पहाड़ी) के वासी थे। अतः लगता है कि ईसा की सातवीं सदी तक रोहतास पहाड़ी पर गढ़ का निर्माण हो चुका था।

शेरशाह ने अपने शासनकाल (1640-45 ई.) में रोहतासगढ़ पर दस हजार 'तोड़ेदार बंदूकधारी' और भारी खजाना रखा था। उसने मजबूत किलेबंदी करवाई और यहां कई नई इमारतें बनवाईं। शेरशाह के सेनापति हैबत खान ने 1543 ई. में किले पर जामी मस्जिद का निर्माण करवाया।

हुमायूं के दिन पलटे। वह फिर से हिंदुस्तान का बादशाह बना। उसके बेटे अकबर ने बिहार-बंगाल को अधिकार में कर लिया और राजा मानसिंह को अपने इस पूर्वी प्रांत का सूबेदार निपरकोटे की मरम्मत करवा के मजबूत दरवाजे व बुर्ज बनवाए और किले के भीतर कई इमारतों का निर्माण कराया। मानसिंह ने किले के भीतर के तालाबों को गहरा करवा के उनकी मरम्मत करवाई और एक बाग भी लगवाया। जानकारी मिलती है कि परकोटे के भीतर खेती भी होती थी।

मानसिंह की मृत्यु के बाद रोहतासगढ़ बादशाह के वजीर के प्रबंध में चला गया। वह यहां एक किलेदार नियुक्त करता था। बादशाह जहांगीर की बेगम नूरजहां नहीं चाहती थीं कि उसका तीसरा बेटा शहजादा खुर्रम (बाद में शाहजहां) राज्य का उत्तराधिकारी बने। बादशाह जहांगीर भी उससे नाराज रहने लगा। फलतः खुर्रम ने विद्रोह कर दिया और बीबी अर्जुमंद बानो (बाद में मुमताज महल) और बच्चों को साथ लेकर वह बिहार चला गया और वहां रोहतासगढ़ में शरण ली। किलेदार सैयद मुबारक ने गढ़ की चाबी खुर्रम को सौंप दी। उसका छोटा बेटा मुरादबख्श वहीं पैदा हुआ था। जब शाही सेना ने रोहतासगढ़ पर हमला किया तो खुर्रम परिवार सहित दक्षिण की ओर भाग गया।

रोहतासगढ़ जहांगीर के अधिकार में आ गया तो उसने वहां अपना एक किलेदार नियुक्त किया। किला और आसपास के प्रदेश की रक्षा के लिए गढ़ पर चार हजार बंदूकची तैनात थे। वहां की आबोहवा स्वास्थ्यप्रद न होने के कारण उन्हें चार महीने बाद बदल दिया जाता था। किले में कुछ तोपची सपरिवार स्थायी रूप से रहते थे। वे वहां की जलवायु के अभ्यस्त हो गए थे।

सन् 1757 में प्लासी के युद्ध के बाद अंग्रेजों ने पहले मीर जाफर को और फिर मीर कासिम को बंगाल का नवाब बनाया। जब मीर कासिम ने अंग्रेजों पर प्रतिबंध लगाने शुरू किए तो दोनों में ठन गई। कासिम बाजार के युद्ध में मीर कासिम की हार हुई तो वह पटना की ओर भागा। अंग्रेजों के साथ अगले युद्ध की तैयारी करते समय उसने अपने परिवार, अपने साथियों के परिवार और खजाने को

चुनार का किला

रोहतासगढ़ में रखा था, क्योंकि उस समय भी इस गढ़ को जीतना बहुत कठिन माना जाता था।

पहले उधुआ नाला में और अंत में बक्सर में अंग्रेजों से हारकर मीर कासिम भाग गया। उसकी बीबी रोहतासगढ़ से खजाने को लेकर चली और अपने पति से जाकर मिली। उसके बाद दीवान शाहमहल ने गढ़ अंग्रेजों को सौंप दिया। कैप्टन गोडार्ड वहां करीब दो माह रहा। उसने और उसके सैनिकों ने रोहतासगढ़ के गोदाम तहस-नहस कर डाले और वहां के स्मारकों को भारी क्षति पहुंचाई।

उसके बाद रोहतासगढ़ लगभग वीरान रहा। फिर सन् 1857 के स्वाधीनता संग्राम के दौरान बाबू कुंवरसिंह और उनके छोटे भाई अमरसिंह ने रोहतासगढ़ में पनाह ली। कुंवरसिंह तो जल्दी ही रीवां की ओर चले गए, परंतु अमरसिंह और उनके साथियों ने गढ़ की किलेबंदी करके उसे अपना अड्डा बनाया। अमरसिंह के करीब ढाई सौ छापामार सैनिक कुछ अवधि तक गढ़ में स्थाई तौर पर टिके रहे।

उसके बाद रोहतासगढ़ भारत के आजाद होने तक अंग्रेजों के अधीन रहा। किले के प्रवेश-द्वार तक सड़क बनी हुई है। एक के बाद एक कई प्रवेश-द्वार हैं, जिनमें प्रमुख हैं—कठौलिया दरवाजा, लाल दरवाजा और सिंह दरवाजा। किले के

गौड़-दुर्ग की फिरोजशाह मीनार

मध्यभाग में स्थित मुख्य भवन-परिसर है—महलसरा, जिसके अंतर्गत हाथिया पोल, बारादरी, सभाकक्ष (तख्त बादशाही), आईना महल, नाचघर (दीवान-ए-आम), फूल महल आदि इमारतें आती हैं। ये इमारतें अब खंडहर-सी बन गई हैं।

रोहतासगढ़ पूर्वी भारत का सबसे मजबूत किला रहा है। यह गढ़ एक प्रकार से पूर्वी भारत के सैनिक अभियान के लिए प्रमुख प्रवेश-द्वार था। मगर चुनारगढ़ को कब्जे में रखकर ही पूर्व और मध्य भारत पर नियंत्रण रखा जा सकता था। शेरशाह इस बात को अच्छी तरह जानता था। इसलिए उसने चुनारगढ़ के सारंगखान की विधवा बेगम से विवाह करके पहले ही इस गढ़ को कब्जे में कर लिया था।

चुनारगढ़

गंगातट के पास विंध्याचल की एक ऊंची पहाड़ी पर बसा हुआ चुनारगढ़ बहुत पुराना दुर्ग है। प्राचीन काल में चरणाद्रि, सुंसुमारगिरि, नैनागढ़, चंदेलगढ़ आदि इस दुर्ग के नाम रहे हैं। इस स्थान को नदीमार्ग का नाका समझा जाता था। यहां गंगा नदी पूर्व के ओर का अपना मार्ग बदलकर उत्तर की ओर बहने लगती है। इसलिए कहा जाने लगा कि यहां 'गंगा उलटी बहती है'।

कहा जाता है कि चुनारगढ़ राजा भर्तृहरि के समय (ईसा की सातवीं सदी) में बना। कुछ विद्वानों के अनुसार पाल राजाओं ने इस दुर्ग का निर्माण करवाया। किले के अंदर एक खूब गहरी बावड़ी ओर कई तहखाने हैं, जिनमें सुरंगें बनी हुई हैं। इनके अलावा चुनारगढ़ में और भी कई स्मारक हैं। किले का मौजूदा ढांचा शेरशाह के समय का है। चुनार से पुराने कई अभिलेख प्राप्त हुए हैं। चुनार अपने बलुआ पत्थरों की खानों के लिए भी प्रसिद्ध रहा है। सम्राट अशोक द्वारा खड़े किए गए विशाल स्तंभ चुनार के बलुआ पत्थर के ही हैं।

बिहार-बंगाल को जीतने और अधिकार में रखने के लिए पहला बड़ा नाका चुनारगढ़ को ही समझा जाता था। इसलिए बाबर, हुमायूं, शेरशाह, अकबर आदि ने सबसे पहले चुनार को ही जीता था। मुगलों के बाद इस गढ़ पर पहले अवध के नवाबों का और फिर 1772 ई. में अंग्रेजों का प्रभुत्व स्थापित हुआ। काश-नरेश चेतसिंह ने वाराणसी से भागकर चुनारगढ़ में शरण ली। अंग्रेजों ने इस गढ़ को पहले सैनिक छावनी में और फिर बंदीगृह में बदल दिया।

चुनारगढ़ वस्तुतः एक तिलस्मी किले की तरह है। इसके साथ कई किंवदंतियां जुड़ी हुई हैं। देवकीनंदन खत्री के 'चंद्रकांता संतति' और 'भूतनाथ' जैसे रोमांचकारी उपन्यासों का नैनागढ़ यही चुनारगढ़ है।

गौड़-दुर्ग का दाखिल दरवाजा

गौड़ का दुर्ग

बंगाल की प्राचीन राजधानी मालदा के पास के गौड़ नामक स्थान पर थी। यह स्थान गंगा और महानंदा नदियों के संगम के पास है। ईसा की आठवीं सदी में यहां से पाल वंश के राजाओं ने और उनके बाद सेन वंश के शासकों ने राज्य किया। सेन राजा लक्ष्मण ने एक नया नगर बसाकर उसे लक्ष्मणावती या लखनौती नाम दिया। बंगाल में गन्ने और गुड़ का भारी उत्पादन होता था, इसलिए पूरे राज्य और उसकी राजधानी, दोनों को ही 'गौड़' नाम से जाना गया।

सन् 1200 के आस-पास गौड़ दिल्ली सल्तनत के अधिकार में चला गया और यहां एक किले की नींव पड़ी। आगे करीब तीन सौ साल तक अस्थिरता का दौर चला। फिर हुसैनशाह और उसके बेटे नुसरतशाह के शासनकाल (1493 से 1532 ई. तक) में गौड़ में काफी खुशहाली रही। उनके समय में यहां किले में कई नई इमारतें बनीं। ये इमारतें बढ़िया ईंटों से बनी हुई हैं। गौड़ उस समय 'जन्नताबाद' (स्वर्णपुरी) के नाम से जाना गया था।

आगे गौड़ के वैभव से आकर्षित होकर हुमायूं और शेरशाह ने इस पर आक्रमण किया। शेरशाह ने गौड़ से बेशुमार धन प्राप्त किया। अकबर ने 1576 ई. में गौड़ पर कब्जा किया तो उसके पहले ही यह नगर प्लेग से लगभग निर्जन और बरबाद हो चुका था। गौड़ के स्मारक खंडहर बनते गए और चहुंओर जंगल खड़े हो गए। करीब दो सौ साल पहले सर विलियम जोन्स ने गौड़ को पुनः खोज निकाला।

गौड़ दुर्ग चारों ओर से मिट्टी के मजबूत परकोटे से घिरा हुआ था। यह परकोटा दोनों तरफ की नदियों की बाढ़ से नगर की रक्षा भी करता था। उत्तर की

ओर से प्रवेश-मार्ग था, इसलिए उस तरफ का परकोटा ज्यादा ऊंचा और चौड़ा था। उत्तर की ओर का ईंटों से निर्मित भव्य प्रवेश-द्वार 'दाखिल दरवाजा' कहलाता था। किले के भीतर कई सुंदर मीनारें और मस्जिदें बनी थीं। किसी समय का पूर्वी भारत का सबसे वैभवशाली यह गौड़-दुर्ग अब खंडहर बन गया है।

गोलकुंडा और वरंगल

गोलकुंडा का नाम आते ही इतिहास-प्रसिद्ध 'कोहेनूर' हीरे की याद आ जाती है। कहते हैं कि कोहेनूर, जो अब ब्रिटेन के शाही कोष की शान है, गोलकुंडा के पास की हीरों की खानों में मिला था। किसी समय गोलकुंडा भारत का एक वैभवशाली नगर था, व्यापार का केंद्र था। यहां जवाहरात का बहुत बड़ा बाजार लगता था। अरब, इरान और तुर्की के व्यापारी मूल्यवान वस्तुएं खरीदने-बेचने के लिए गोलकुंडा पहुंचते थे। लेकिन आज गोलकुंडा खंडहर बन गया है।

गोलकुंडा का स्थान अब आंध्र प्रदेश की राजधानी हैदराबाद ने ले लिया है। दरअसल, गोलकुंडा के कुतुबशाही सुलतान मुहम्मद कुली ने ही 1589 ई. में हैदराबाद की नींव रखी थी। गोलकुंडा का किला हैदराबाद से करीब 10 किलोमीटर

गोलकुंडा किला : सबसे ऊपर राजदरबार (बारादरी)

दक्षिण-पश्चिम में जमीन से लगभग 130 मीटर ऊंची ग्रेनाइट की एक नोकीली पहाड़ी पर स्थित है। किले की चोटी से हैदराबाद का नजारा दू-दूर तक देखने को मिलता है।

बाला हिसार (ऊंचा गढ़) और नगर तिहरे परकोटे से घिरा हुआ है। बाहरी परकोटा पूरे नगर को घेरता है। बीच का परकोटा उस पहाड़ी को घेरता है जिस पर गढ़ बना है। भीतरी परकोटा गढ़ के ऊपरी हिस्से तक चला गया है। परकोटे में 87 बुर्ज, 52 झरोखे और 8 दरवाजे हैं, जिनमें से अब केवल चार दरवाजे ही इस्तेमाल होते हैं—फतेह, बंजारा, मोती और मक्की। हैदराबाद से गढ़ की ओर जाने वाली सड़क फतेह दरवाजे से होकर गुजरती है। करीब 300 मीटर आगे जाने पर पर्यटक गढ़ के मुख्य बाला हिसार दरवाजे पर पहुंच जाते हैं। इन दोनों दरवाजों को जोड़ने वाली सड़क के दोनों ओर दुकानें और पुराने स्मारकों के अवशेष हैं।

बाला हिसार दरवाजे की बनावट देखने लायक है। हमलावरों को रोकने के लिए दरवाजे के सामने एक मजबूत दीवार का घेरा है। यह दीवार हमलावरों को रोकती थी और हाथी तथा तोप के गोले की सीधी मार से फाटकों की रक्षा करती थी। फाटकों पर लोहे की नोकीली कीलें ठोकी हुई हैं। दरवाजे के ऊपर बने छज्जे से हाथियों और हमलावरों पर पिघला सीसा और उबलता तेल डालने की व्यवस्था थी।

दरवाजे के पिछले हिस्से में एक बड़ा-सा मंडप है। इसके बीचों-बीच खड़े रहकर ताली बजाई जाए तो उसकी आवाज पहाड़ी की चोटी पर बने राजदरबार (बारादरी) में सुनाई देती है। किले के गाइड पर्यटकों को इसका प्रदर्शन करके दिखाते हैं। लगता है कि उस जमाने की यह 'टेलीफोन' व्यवस्था मंडप की छत की विशिष्ट वास्तु-रचना से संभव हुई है।

आगे किले की चोटी पर जाने के लिए दो रास्ते हैं—एक दाईं ओर से, दूसरा बाईं ओर से। आमतौर पर पर्यटक दाएं रास्ते से चढ़कर बाएं रास्ते से वापस लौटते हैं। इस रास्ते में पड़ने वाले प्रमुख स्मारक हैं : (1) मंडप के दाईं ओर नगीना बाग; (2) आगे सैनिक बैरक और सुलतान अबुल हसन 'तानाशाह' के अक्कन्ना व मदन्ना नामक मंत्रियों के दो मंजिले भवन; (3) आगे जहां से सीढ़ियां शुरू होती हैं उसके दाईं ओर एक बड़ी बावली यानी कुआं हैं; (4) 'रामदास' जेल : यहां कुतुबशाही जमाने के कंचन गोपन्ना उर्फ 'रामदास' नामक अधिकारी को बंदी बनाकर रखा गया था; (5) बारूदखाना; (6) मस्जिद; (7) महाकालि मंदिर; (8) सबसे ऊपरी बारादरी यानी राजदरबार।

गोलकुंडा किले से हैदराबाद शहर का नजारा

चोटी से लौटते वक्त सबसे ज्यादा आकर्षित करती है—किले में जल-आपूर्ति की विशिष्ट व्यवस्था। एक नहर के जरिए आठ किलोमीटर दूर से किले तक पानी लाया जाता था। फिर उसे रहटों की मदद से किले की चोटी पर स्थित तालाब में पहुंचाया जाता था। वहां से दीवारों में चुने गए मिट्टी के मजबूत पाइप पानी को अलग-अलग जगहों पर पहुंचा देते थे। उन पुराने पाइपों को अब भी देखा जा सकता है।

किले के दक्षिण-पश्चिम भाग में कुतुबशाही जमाने के शानदार रानी महलों, हम्मामों, फव्वारों और बागों के अवशेष हैं। पास ही 'दाद महल' यानी न्यायालय का भवन है। उसके नजदीक शुतुरखाना यानी ऊंटघर है। किसी समय उसकी छत पर एक खूबसूरत बाग था। इस प्रकार, गोलकुंडा के लगभग सभी वर्तमान अवशेष कुतुबशाही सुलतानों के काल (1518-1687 ई.) के हैं।

परंतु गोलकुंडा का किला अधिक प्राचीन है। पहले इसका नाम मंगलवरम् या मंकल था। पता चलता है कि ईसा की 12वीं सदी में इस किले की नींव वरंगल के काकातीय राजाओं ने डाली थी। उस समय वरंगल (हैदराबाद से करीब 150 किलोमीटर दूर, काजीपेट के पास) आंध्र प्रदेश की राजधानी थी। गणपतिदेव और उसकी बेटी रुद्रम्मदेवी योग्य काकतीय शासक हुए। लेकिन उनके बाद दक्षिण भारत पर दिल्ली के सुलतानों के हमले शुरू हुए और अंत में 1347 ई. से दक्खन में बहमनी सुलतानों का शासन शुरू हुआ, जो

आगे करीब डेढ़ सौ साल तक चला। बहमनियों की राजधानी गुलबर्गा में थी और गोलकुंडा उसके अधीन था।

बहमनी शासन कमजोर पड़ गया तो उसके पांच स्वतंत्र राज्य हो गए। सुलतान मुहम्मद शाह बहमनी की मृत्यु (1518 ई.) के बाद तेलंगाना के सूबेदार कुली कुतुबशाह ने अपने को स्वतंत्र घोषित करके गोलकुंडा को अपनी राजधानी बनाया। पहले गोलकुंडा की पहाड़ी पर एक कच्चा गढ़ था। कुली कुतुबशाह ने गढ़ के चहुंओर पत्थरों की मजबूत दीवार बनवाई। उसने गढ़ के अंदर मस्जिद और कुछ इमारतें भी बनवाईं।

कुतुबशाही मकबरा

गोलकुंडा के रानी महल के खंडहर

गोलकुंडा किले के बारे में एक लोककथा बताई जाती है : पहाड़ी पर पुराने कच्चे गढ़ के पास एक गड़रिया अपनी भेड़ें चरा रहा था। घूमते-घूमते सुलतान वहां पहुंचा, तो गड़रिए ने उससे कहा–'जो कोई इस पहाड़ी पर मजबूत किला बनवाएगा, उसकी सात पीढ़ियां यहां राज करेंगी।' सुलतान को गड़रिए की बात जंच गई और उसने वहां एक मजबूत किला बनवाया। तेलुगु भाषा में "गोल्ल" का अर्थ है "गड़रिया" और "कोंड" का अर्थ है "पहाड़ी"। इससे पता चलता है कि गोलकुंडा की पहाड़ी पर पहले पशुचारियों की कोई गढ़ी थी।

सुलतान कुली कुतुबशाह ने लंबे समय तक शासन किया। उसके बाद के दो सुलतान अयोग्य साबित हुए। कुतुबशाही की वास्तविक उन्नति चौथे सुलतान इब्राहिम शाह के शासनकाल (1550-80 ई.) में हुई। उसने नगर के चहुंओर करीब आठ किलोमीटर लंबा मजबूत परकोटा बनवाया। किले की पहाड़ी पर बनवाई उसकी मस्जिद आज भी मौजूद है।

इब्राहिम शाह का बेटा और उत्तराधिकारी मुहम्मद कुली (1580-1612 ई.) सुलतान की हिंदू बेगम भागीरथी का बेटा था। गोलकुंडा का यह नया रंगीला सुलतान दक्खिनी हिंदी का कवि और अन्य ललित कलाओं का प्रेमी था। बताया जाता है कि उसने तेलुगु में भी कुछ कविताएं कीं। पास के चंचलम् गांव की नर्तकी भागमती को वह अपना हृदय दे चुका था। इसी चंचलम् गांव में मुहम्मद

वरंगल के भीतरी दुर्ग का पश्चिमी प्रवेश-द्वार

कुली ने अपनी प्रेमिका भागमती के नाम पर भागनगर बसाया। बाद में जब वह महारानी बनी और उसे हैदरमहल की उपाधि दी गई, तो भागनगर को हैदराबाद कहा जाने लगा। हैदराबाद की चारमीनार, जामा मस्जिद आदि इमारतें मुहम्मद कुली के समय में ही बनी हैं।

गोलकुंडा की समृद्धि मुगलों को आकर्षित करने लगी। अकबर और शाहजहां खिराज लेकर संतुष्ट हुए, परंतु औरंगजेब ने गोलकुंडा को हथियाने का निश्चय किया। उसने गोलकुंडा पर पहला हमला 1656 ई. में किया, किंतु उस समय उसे सफलता नहीं मिली। दूसरी बार, अंतिम सुलतान अबुल हसन 'तानाशाह' के शासनकाल में, 1686 ई. में, औरंगजेब ने हैदराबाद पर हमला किया और शहर को मनमर्जी से लूटकर तबाह कर दिया। उसने आगे बढ़कर गोलकुंडा के किले को घेर लिया और अंत में रिश्वत के बल पर उसे भी जीत लिया। तानाशाह को बंदी बनाकर दौलताबाद के किले में रखा गया। आज 'तानाशाह' का अर्थ 'निरंकुश शासक' हो गया है, पर सुलतान अबुल हसन उस जमाने के दूसरे अनेक हिंदू-मुस्लिम शासकों से कुछ कम ही निरंकुश था। उसके प्रधानमंत्री और सैनिक मंत्री, दोनों हिंदू थे।

सन् 1687 ई. में कुतुबशाही के अंत के साथ-साथ गोलकुंडा के वैभव का भी अंत हो गया। मगर गोलकुंडा के खंडहर, किले के पश्चिमोत्तर में कुछ दूरी पर निर्मित कुतुबशाही सुलतानों के खूबसूरत मकबरे और हैदराबाद शहर के चारमीनार व जामा मस्जिद जैसे भव्य स्मारक उस बीते जमाने की शान के लंबे समय तक मूक साक्षी बने रहेंगे।

वरंगल का किला

आंध्र प्रदेश की पुरानी राजधानी वरंगल, जिसे आरंभ में 'ओरुक्कल्लु' या 'ओरंगल' (अर्थात् 'अकेली विशाल चट्टान') कहा जाता था, काजीपेट के पास है। ईसा की 11वीं सदी में कल्याणी के चालुक्य साम्राज्य के काकतीय सामंतों ने स्वतंत्र होकर पहले हनुमकोंडा को और फिर वहां से चंद किलोमीटर दूर के वरंगल को अपनी राजधानी बनाया। काकतीयों ने यहां से करीब दो सौ साल तक शासन किया। हनुमकोंडा में काकतीय राजाओं द्वारा बनवाया 'सहस्र स्तंभों वाला मंदिर' है।

वरंगल नगर और दुर्ग की नींव काकतीय राजा प्रोल-द्वितीय ने 12वीं सदी के पूर्वार्ध में रखी थी। फिर 13वीं सदी में गणपतिदेव और उसकी बेटी रुद्रम्मदेवी के शासनकाल में वरंगल अपने वैभव के शिखर पर पहुंच गया। गणपतिदेव ने

वरंगल दुर्ग में स्थित अलंकृत तोरण-द्वार

रुद्रम्मा को बेटे की तरह पाला था। उसने 31 बरस तक राज किया और अंत में अपने पोते प्रतापरुद्र को राज्य सौंपकर निवृत्त हुई। मार्को पोलो नामक इतालवी यात्री 13वीं सदी के अंत में स्थलमार्ग से चीन गया था। वह भारत भी आया था। रुद्रम्मा के बारे में वह लिखता है, "वह बहुत विवेकशील स्त्री थी, और उसकी प्रजा उसे ऐसा चाहती थी जैसा पहले किसी राजा या रानी को नहीं।... और इस राज्य में बढ़िया नफीस कपड़े बनते हैं, जो सचमुच मकड़ी के जाल से लगते हैं।"

गणपति और रुद्रम्मा के शासनकाल में वरंगल के दुर्ग को विस्तृत करके मजबूत बनाया गया। दुर्ग की दो दीवारें थीं। भीतरी दुर्ग की दीवार पत्थरों से बनी थी और बाहरी किले की मिट्टी से। दोनों के बाहर गहरी खाइयां थीं, जिनमें पानी बहता था। परकोटे का घेरा 40 किलोमीटर का था। आज भी उस भूमिकोट के अवशेष देखे जा सकते हैं; रेल-पटरी उसे दो स्थानों पर काटती है।

विशाल प्रस्तर-खंडों से निर्मित वर्गाकार भीतरी दुर्ग के चार प्रवेश-द्वार हैं–प्रत्येक दीवार के मध्य भाग में एक-एक। सबकी योजना लगभग एक-जैसी है। पश्चिमी द्वार के बाहर की दोनों दीवारों पर सिंह की आकृतियां खुदी हुई हैं। दुर्ग के भीतर राजभवन और एक मंदिर के अवशेष हैं। मंदिर के पूर्वी भाग में नंदी की

मूर्ति है। दुर्ग के मध्य भाग में एक तालाब है। मंदिर लगभग पूर्णतः नष्ट हो गया है, परंतु आज भी उसके चार अलंकृत तोरण-द्वार काकतीय युग के कला-वैभव की गवाही देते हैं।

तेरहवीं सदी के अंतिम दशक से वरंगल पर दिल्ली के सुलतानों के हमले आरंभ हुए। शुरू के हमले को झेलने में काकातीय शासक किसी तरह सफल रहे। परंतु अलाउद्दीन खिलजी के सेनापति मलिक काफूर और गयासुद्दीन तुगलक के बेटे उलुग खान (बाद में मुहम्मद तुगलक) के हमलों ने वरंगल को तबाह कर दिया। वरंगल का राज्य दिल्ली के अधिकार में चला गया। उसके कुछ साल बाद कपया नायक ने वरंगल पर पुनः अधिकार किया, किंतु अंत में यह दक्षिण के बहमनी राज्य का अंग बन गया।

कालिंजर और चंदेरी के दुर्ग

पुराने जमाने में अधिकतर दुर्ग ऐसी पहाड़ियों पर बनाए जाते थे जो काफी ऊंची और कठिन चढ़ाई वाली होती थीं। 'दुर्ग' शब्द संस्कृत के 'दुर्गम' शब्द से बना है, जिसका अर्थ है–'जहां पहुंचना कठिन हो'। संकट के समय गिरिदुर्ग राज-परिवार तथा राजकोष की रक्षा करते थे और शत्रुसेना को आगे बढ़ने से भी रोकते थे।

दिल्ली या आगरा से चली सेना को पूर्वी भारत या दक्षिण-पश्चिम भारत की ओर जाना होता, तो बुंदेलखंड में कई पहाड़ी किलों का सामना करना पड़ता था। पूर्व की ओर के रास्ते में कालिंजर और अजयगढ़ जैसे मजबूत किले थे, तो दक्षिण तथा पश्चिम की ओर जाने वाले मार्ग में ग्वालियर, चंदेरी आदि किले। कालिंजर किले के साथ चंदेल राजाओं, महमूद गजनी, पृथ्वीराज चौहान, कुतुबुद्दीन ऐबक, हुमायूं, शेरशाह, अकबर, छत्रसाल जैसे शासकों के नाम जुड़े हुए हैं, तो चंदेरी के साथ मेदिनीराय और मुगल साम्राज्य के संस्थापक बाबर के नाम।

कालिंजर या कालंजर भारत का एक अत्यंत प्राचीन किला है। महाभारत काल में कालिंजर एक तीर्थस्थल था। इस किले में कई मंदिर, कुंड, गुफाएं और

ऊपर चंदेरी दुर्ग और नीचे बादल महल का भव्य दरवाजा

पुराने लेख हैं, जो इसकी प्राचीनता की गवाही देते हैं। कालिंजर शब्द का अर्थ है– काल को जर्जर करने वाला। किले में नीलकंठ महादेव का एक प्राचीन मंदिर है। काल को जर्जर यानी नष्ट करने वाले महादेव के नाम पर इस पहाड़ी का नाम 'कालंजराद्रि' पड़ा।

कालिंजर किला बांदा से 57 किलोमीटर दक्षिण-पूर्व में और रीवां से लगभग 90 किलोमीटर उत्तर-पश्चिम की ओर जमीन से करीब 260 मीटर ऊंची विंध्य पर्वतमाला की एक अलग-थलग चौरस पहाड़ी पर बसा हुआ है। पहाड़ी के निचले हिस्से तक तो किसी तरह आसानी से चढ़ सकते हैं, मगर ऊपरी हिस्सा सीधा खड़ा है, जिस पर चढ़ना अत्यंत कठिन है। यह आयताकार दुर्ग पूर्व-पश्चिम में करीब डेढ़ किलोमीटर लंबा और उत्तर-दक्षिण में करीब एक किलोमीटर चौड़ा है। किले की उत्तर दिशा की तलहटी में कालिंजर नाम का कस्बा है। उसे भी परकोटे से घेरा गया है।

किले के दो मुख्य प्रवेश-द्वार हैं। एक प्रवेश-द्वार उत्तर की ओर शहर की तरफ है। दूसरा प्रवेश-द्वार, जो 'पन्ना दरवाजा' कहलाता है, दक्षिण-पूर्व की ओर है, मगर अब बंद है। मुख्य दरवाजे से जाने पर सात दरवाजे पार करने पड़ते हैं। करीब 65 मीटर की चढ़ाई तय करने पर पहला दरवाजा आता है। इसका निर्माण औरंगजेब के शासनकाल में हुआ था, इसलिए यह 'आलमगीरी दरवाजा' कहलाता है। आगे सीढ़ियों की कठिन चढ़ाई के बाद 'गणेश दरवाजा' आता है। थोड़ा आगे बढ़ने पर तीसरा 'चंडी दरवाजा' है। इस दोहरे दरवाजे पर तीर्थयात्रियों के कई पुराने लेख खुदे हुए हैं।

चौथे 'बुधभद्र' दरवाजे तक पहुंचने के लिए कठिन खड़ी चढ़ाई है, इसलिए इसे 'स्वर्गारोहण दरवाजा' भी कहते हैं। पांचवें दरवाजे के पास एक शिला पर हनुमान की प्रतिमा उत्कीर्ण है, इसलिए इसका नाम 'हनुमान दरवाजा' पड़ा। यहां एक कुंड, एक गुफा, तीर्थयात्रियों के शिलालेख और देवी-देवताओं की मूर्तियां हैं। छठा दरवाजा लाल पत्थर से बना है, इसलिए 'लाल दरवाजा' कहलाता है। इसके पास भैरवकुंड और भैरव की मूर्ति है। लाल दरवाजे की बाहरी दीवार पर 16 पंक्तियों का एक शिलालेख है, जिसमें 'कालंजराद्रि' नाम का स्पष्ट उल्लेख है। थोड़ी चढ़ाई के बाद अंतिम सातवां दरवाजा है, जो 'बड़ा दरवाजा' कहलाता है। सन् 1634 ई. में बने इस दरवाजे में विशाल फाटक लगे हुए हैं और दोनों ओर कई देवी-देवताओं की मूर्तियां हैं।

ऊपर किले के उत्तरी भाग में सीताकुंड, सीतासेज, पाताल गंगा और पांडु कुंड नामक स्थान हैं। सीतासेज एक गुफा है। पाताल गंगा पत्थर को काटकर

कालिंजर दुर्ग का मानचित्र

बनाया गया एक कुआं है। पांडु कुंड एक प्राचीन गोलाकार तालाब है। पूर्व की ओर एक प्राकृतिक गुफा के भीतर एक जलाशय बनाया गया है, जिसे 'बुढ़िया ताल' कहते हैं। आगे दक्षिण-पूर्वी कोण पर बंद पड़ा पन्ना दरवाजा है। यहां कई शिलालेख और मूर्तियां हैं। दक्षिण दिशा में दीवार के भीतर 'मृगधारा' नामक कुंड है, जिसमें ऊपर के कोटतीर्थ से धीरे-धीरे पानी पहुंचता रहता है। कोटतीर्थ एक बड़ा जलाशय है, जिसमें उतरने के लिए सीढ़ियां बनी हुई हैं। यहां आसपास कई मंदिरों, मूर्तियों और महलों के अवशेष हैं।

किले के पश्चिम भाग के बीच में नीलकंठ महादेव का मंदिर है। मुख्य मंदिर एक छोटी गुफा के भीतर है, जिसके बाहर खंडहर बना हुआ एक मंडप है। मंदिर में स्थापित लगभग डेढ़ मीटर ऊंचा शिवलिंग चमकीले काले-नीले पत्थर से बना है। गुफा के बाहर चट्टानों को काटकर बनाया गया एक गहरा कुंड है, जिसे स्वर्गारोहण कुंड कहते हैं। कुंड के दाईं ओर पत्थर के आले में काल भैरव की 8 मीटर ऊंची विशाल मूर्ति है।

इस प्रकार हम देखते हैं कि समूचा कालिंजर दुर्ग मंदिरों, महलों, कुंडों, मूर्तियों और शिलालेखों से भरा पड़ा है।

कालिंजर हमारे देश के सबसे पुराने किलों में से एक है। पता चलता है कि मौर्यों, कलचुरियों, गुप्तों और राष्ट्रकूटों का इस दुर्ग पर अधिकार रहा। फिर ईसा

की नौवीं से तेरहवीं सदी तक कालिंजर दुर्ग पर बुंदेलखंड के चंदेल शासकों का अधिकार रहा। चंदेलों के समय में यहां अनेक मंदिरों और मूर्तियों का निर्माण हुआ।

सन् 1019 में महमूद ने कालिंजर पर हमला किया। उस समय किले पर चंदेल राजा धंगदेव का कब्जा था। दोनों शासकों के बीच संधि हो गई और महमूद गजनी वापस लौट गया। फिर पृथ्वीराज चौहान और चंदेल नरेशों के बीच युद्ध चले। अंत में दोनों के बीच संधि हुई। सन् 1202 में दिल्ली के सुलतान कुतुबुद्दीन ऐबक ने कालिंजर पर हमला किया। चंदेल राजा परमादिदेव ने मुकाबला किया, किंतु किले के भीतर के सभी कुंडों का पानी सूख जाने पर उसे आत्मसमर्पण करना पड़ा। कालिंजर दिल्ली सल्तनत का अंग बन गया। कुछ साल बाद किले पर पुनः चंदेलों का अधिकार हो गया।

गद्दी पर बैठते ही 1530 ई. में हुमायूं ने कालिंजर पर हमला किया, परंतु किला चंदेलों के कब्जे में ही रहा। सन् 1545 में शेरशाह की पठान फौज ने कालिंजर को घेर लिया। चंदेल राजा कीरतसिंह ने शरण में आने से इनकार कर दिया। दोनों फौजों में लंबे अरसे तक लड़ाई जारी रही। अंत में जब शेरशाह के आदेश से किले पर गोले दागे जा रहे थे, तो एक गोला किले के दरवाजे से टकराकर उस स्थान पर वापस आ गिरा जहां गोलों के ढेर पड़े थे। उनमें आग लगने से पास खड़ा शेरशाह बुरी तरह घायल हो गया। लेकिन युद्ध जारी रहा, जिसमें बड़ी संख्या में दोनों पक्षों के सैनिक मारे गए। चंदेलों की हार हुई;

कालिंजर दुर्ग

कीरतसिंह मारा गया। मगर उसी दौरान 22 मई, 1545 को शेरशाह की मृत्यु हो गई। चार दिन बाद उसका बेटा जलाल खां कालिंजर में ही गद्दी पर बैठा।

शेरशाह यदि आगे जीवित रहता, तो हिंदुस्तान का इतिहास कुछ दूसरा ही होता। लेकिन कालिंजर के 1545 ई. के उस निर्णायक युद्ध ने एक तरफ शेरशाह के शहंशाह बनने के सपने को समाप्त कर दिया, तो दूसरी तरफ चंदेलों का शासन भी सदा के लिए खत्म कर दिया। कालिंजर पर पुनः हुमायूं का कब्जा हो गया। सन् 1569 में यह किला अकबर के अधिकार में आ गया और आगे करीब 120 साल तक मुगलों के ही कब्जे में रहा। अकबर के समय में कालिंजर राजा बीरबल की जागीर में था। मुगलों की अवनति के बाद कालिंजर पर बुंदेला छत्रसाल का अधिकार हो गया। अंत में 1812 ई. में यह किला अंग्रेजों के अधिकार में चला गया। आगे जाकर उन्होंने इसके रक्षा-साधनों को बेकार कर डाला। कालजयी कालिंजर जब खंडहर बन गया है।

चंदेरी दुर्ग

चंदेरी के ऐतिहासिक खंडहर मध्य प्रदेश के गुना जिले में हैं। बेतवा नदी की उपत्यका में तीन ओर से पहाड़ियों से घिरा यह क्षेत्र बहुत ही सुरम्य है। चंदेरी दो हैं—बूढ़ी और नई। बूढ़ी चंदेरी के अवशेष बेतवा के पश्चिम में लगभग 100 मीटर ऊंची पहाड़ी पर फैले हुए हैं। नई चंदेरी वहां से करीब 12 किलोमीटर उत्तर-पश्चिम में है। दोनों ही प्राचीन बस्तियां हैं।

चंदेरी दुर्ग शहर के करीब 80 मीटर ऊपर एक पहाड़ी पर बसा हुआ है। किला उत्तर-दक्षिण दो किलोमीटर लंबा और पूर्व-पश्चिम एक किलोमीटर चौड़ा है। किले के चहुंओर करीब सात किलोमीटर लंबी काफी ऊंची दीवार है। इसमें तीन मजबूत बुर्ज हैं—उत्तर में कमल बुर्ज, दक्षिण में गदा बुर्ज और पश्चिम में भदभदा बुर्ज।

किले में पहुंचने के लिए पहले पांच दरवाजों को पार करना पड़ता था; अब केवल तीन दरवाजे बचे हैं। चढ़ते समय पहले 'खूनी दरवाजा' पड़ता है। कहा जाता है कि प्राचीन काल में इसी दरवाजे के पास से अपराधियों को नीचे ढकेल दिया जाता था। चंदेरी के 'फकीर दरवाजे' और 'दिल्ली दरवाजे' पर शार्दूल (हाथी को दबोच रहे बाघ) की आकृतियां बनी हुई हैं। ऐसी आकृतियां दिल्ली के पुराने किले के उत्तरी दरवाजे पर और महाराष्ट्र के अनेक किलों के प्रवेश-द्वार पर देखने को मिलती हैं।

चंदेरी का इतिहास काफी पुराना है। इसका प्राचीन नाम चंद्रगिरी था। कहा जाता है कि महाभारत-काल में यह नगर कृष्ण के विरोधी शिशुपाल की राजधानी थी। चंदेरी से मिले एक अभिलेख से पता चलता है कि ईसा की 11वीं-12वीं सदी में प्रतिहार राजा कीर्तिपाल के समय में यहां पर कीर्तिदुर्ग नामक किले का निर्माण हुआ था। उसने यहां कीर्तिसागर नामक एक तालाब भी खुदवाया। उस समय चंदेरी का नाम चंद्रपुर था।

चंदेरी दिल्ली के शासकों का दक्षिण-पश्चिम भारत की ओर जाने के लिए प्रमुख पड़ाव था। इसलिए दिल्ली के कई सुलतान पहले चंदेरी पर कब्जा करके ही दक्षिण की ओर आगे बढ़े थे। दिल्ली सल्तनत कमजोर पड़ गई, तो चंदेरी पर मालवा के सुलतानों का कब्जा हो गया। उनके समय में चंदेरी में अनेक इमारतें बनीं।

एक विद्रोह को दबाने पर मालवा के सुलतान महमूद खिलजी ने अपने मंत्री मेदिनीराय को चंदेरी का सूबेदार बना दिया था। आगे चित्तौड़ के राणा सांगा की सहायता से मेदिनीराय 1520 ई. में चंदेरी का स्वतंत्र शासक बन गया। खानवा के युद्ध (1528 ई.) में राणा सांगा को हराने के बाद बाबर ने चंदेरी के किले को घेर लिया। मेदिनीराय ने उसके सुलह के प्रस्ताव को ठुकराकर साल भर लड़ाई जारी रखी। अंत में तोप के एक गोले से किले की दीवार टूट गई। तब किले में मौजूद महिलाओं ने जौहर किया और मेदिनीराय सैनिकों ने अंतिम सांस तक लड़कर अपने प्राणों की आहुतियां दीं। किले पर बाबर का कब्जा हो गया।

आगे जाकर चंदेरी पर बुंदेलों का अधिकार हो गया। उनके समय में यहां कई महल बने। फिर 1811 ई. में ग्वालियर के शिंदे ने चंदेरी को जीता। सन् 1857 में क्रांतिकारियों की मदद से चंदेरी पर बुंदेला राजा मदनसिंह का कब्जा हो गया था। सन् 1858 में अंग्रेजों ने चंदेरी को जीतकर पुनः ग्वालियर के शिंदे को सौंप दिया। तब से देश के स्वतंत्र होने तक चंदेरी ग्वालियर राज्य का ही हिस्सा बना रहा।

चंदेरी दुर्ग और शहर में अनेकानेक पुराने स्मारकों के अवशेष बिखरे हुए हैं। शहर के स्मारकों में बादल महल का दरवाजा विशेष रूप से उल्लेखनीय है। दोहरी मेहराब वाला यह दरवाजा करीब 17 मीटर ऊंचा और 8 मीटर चौड़ा है। इसके दोनों ओर दो मीनारें हैं। स्थापत्य-कला दृष्टि से दरवाजा बहुत ही उत्कृष्ट है, मगर उस महल का कोई निशान नहीं बचा है जिससे यह जुड़ा हुआ था।

रणथंभौर और बूंदी के दुर्ग

दिल्ली से मुंबई जाने वाले रेलमार्ग पर कोटा से पहले, सवाई माधोपुर नाम का एक छोटा स्टेशन है। यहां से 13 किलोमीटर की दूरी पर पहाड़ियों के बीच बसा राजस्थान का प्रसिद्ध रणथंभौर किला है। प्राचीन काल में दिल्ली या आगरा से मेवाड़ और मालवा की ओर जाने वाले रास्ते इधर से ही गुजरते थे इसलिए सैनिक दृष्टि से रणथंभौर के किले का बड़ा महत्त्व था। दिल्ली के प्रायः हर शासक ने रणथंभौर पर अधिकार करने के लिए संघर्ष किया है।

समुद्रतल से लगभग 480 मीटर ऊंची पहाड़ी पर बसा हुआ रणथंभौर किला चारों ओर से पहाड़ियों से घिरा हुआ है और बीच-बीच में गहरी खाइयां और नाले हैं। रणथंभौर शब्द 'रण' और 'थंभ' (स्तंभ) के मेल से बना है। किले की ऊंची पहाड़ी का नाम 'थंभ' (स्तंभ) है और उसके नीचे की पहाड़ी का नाम 'रण' है।

बूंदी का तारागढ़ : पहाड़ी पर दुर्ग, ऊपर दाईं ओर भीमबुर्ज,
बीच में गढ़ के महल और नीचे नवलसागर सरोवर

इस तरह 'रणथंभौर' का अर्थ हुआ—'रण की घाटी में ऊंची पहाड़ी पर बसा नगर'। अकबर के दरबारी अबुल फजल ने इस गिरिदुर्ग के बारे में लिखा है—"यह दुर्ग पहाड़ी प्रदेश के बीच में है। इसलिए लोग कहते हैं कि और दुर्ग तो नंगे हैं, मगर यह बख्तरबंद है।"

दुर्ग पर पहुंचने के लिए केवल एक ही मुख्य मार्ग है, जो पश्चिम की ओर से आकर किले की उत्तरी दिशा में नीचे पहुंचता है। उस पड़ाव की पूर्व दिशा में झील है और दक्षिण दिशा में पहाड़ी पर दुर्ग स्थित है। गाड़ी को वहीं छोड़ देने के बाद सर्पिल रास्ते से चढ़ते हुए किले तक पहुंचने में चार विशाल दरवाजों को पार करना पड़ता है। इन दरवाजों के नाम हैं—नौलखा, हाथीपोल, सूरजपोल और त्रिपोलिया। आखिरी त्रिपोलिया दरवाजे को 'अंधेरी दरवाजा' भी कहते हैं। इस दरवाजे के पास से एक सुरंगनुमा रास्ता किले के महलों तक गया है।

किले के भीतर हम्मीर महल, सुपारी महल, हम्मीर की कचहरी, बादल महल, जौरां-भौरां (अनाज-भंडार), 32 खंभों वाली छतरी, रनिहाड़ तालाब, पीर सदरूद्दीन की दरगाह, लक्ष्मीनारायण मंदिर (भग्नावस्था में), जैन मंदिर और दूर-दूर तक प्रसिद्ध गणेश मंदिर आदि उल्लेखनीय स्मारक हैं। किले में पद्मला, सागर, जंगाली आदि नाम के बड़े जलाशय भी हैं। अमीर खुसरों ने जानकारी दी है कि रणथंभौर दुर्ग की चाहरदीवारी 12 किलोमीटर के घेरे में बनी थी। यह मजबूत पत्थर की बनी हुई थी। दीवार के बुर्जों पर पत्थर के गोले बरसाने वाले यंत्र लगे हुए थे।

रणथंभौर दुर्ग का चौथा दरवाजा

रणथंभौर दुर्ग कब बना और किसने

बनाया, इसके बारे में प्रामाणिक जानकारी नहीं मिलती। अधिकांश इतिहासकारों का मत है कि ईसा की आठवीं सदी में अजमेर के चौहान शासकों ने इस दुर्ग की नींव रखी। दिल्ली के प्रसिद्ध पृथ्वीराज चौहान के समय (बारहवीं सदी का उत्तराध) में यह दुर्ग मौजूद था। पृथ्वीराज चौहान 1192 ई. में तराईन के युद्ध में मुहम्मद गोरी से परास्त होकर मारा गया, तो उसके बेटे गोविंदराज ने रणथंभौर को अपनी नई राजधानी बनाया।

उसके बाद रणथंभौर पर कभी चौहानों का कब्जा रहा, तो कभी दिल्ली के सुलतानों का। सैनिक दृष्टि से रणथंभौर के दुर्ग का विशेष महत्त्व था, इसलिए इस पर लगातार आक्रमण होते रहे। कुतुबुद्दीन ऐबक, इल्तुतमिश और बलबन जैसे सुलतान रणथंभौर पर कब्जा करने में सफल हुए, मगर उनके कमजोर पड़ते ही रणथंभौर का चौहान राज्य स्वतंत्र हो गया।

राव हम्मीर देव चौहान का शासनकाल (1282-1301 ई.) रणथंभौर के इतिहास का सबसे गौरवशाली अध्याय है। हम्मीर ने अनेक लड़ाइयां लड़कर उज्जैन और आबू पर्वत तक अपने राज्य का विस्तार किया। फिर उसने सुलतान अलाउद्दीन खिलजी के विद्रोही सेनापति मीर मुहम्मदशाह को अपने यहां पनाह दी, तो उसे दिल्ली की फौज का सामना करना पड़ा। अलाउद्दीन ने 1300 ई. में पहली बार अपने सेनापति नुसरत खां को एक विशाल सेना के साथ रणथंभौर जीतने के

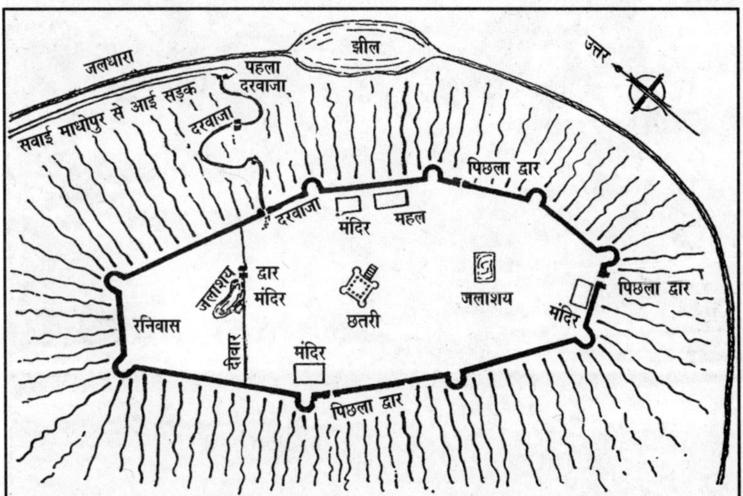

रणथंभौर दुर्ग का नक्शा

लिए भेजा। लेकिन किले के भीतर से की गई पत्थरों की भारी वर्षा से वह मारा गया, तो अलाउद्दीन खुद रणथंभौर पर चढ़ आया। लगभग एक साल तक वह दुर्ग को घेरे रहा, पर उसे सफलता नहीं मिली। अंत में उसने हम्मीर के दो मंत्रियों को लालच देकर अपनी ओर मिला लिया। पराजय का समय नजदीक देखकर हम्मीर ने 'केसरिया' करने का यानी मर-मिटने तक लड़ने का निर्णय लिया। दुर्ग की महिलाओं ने जौहर किया। फिर हम्मीर अपने कुछ खास सामंतों के साथ दुर्ग से बाहर आया और शत्रु सेना से लड़ते हुए वीरगति को प्राप्त हुआ। जुलाई, 1301 में रणथम्भौर पर अलाउद्दीन का अधिकार हो गया।

शरण में आए व्यक्ति की रक्षा के लिए हम्मीर के इस 'हठ' यानी त्याग व बलिदान के बारे में 'हम्मीरायण', 'हम्मीररासो', 'हम्मीरहठ' आदि कई काव्य-पुस्तकें लिखी गईं। यह सही है कि वह एक वीर राजपूत था, परंतु पड़ोसी राज्यों पर हमले करके उसने अपनी स्थिति कमजोर बना ली थी। वह अपने योग्य मंत्रियों पर भी विश्वास नहीं करता था। उसने अपनी प्रजा पर भारी कर लगा रखे थे। 'हम्मीरायण' में उल्लेख है कि अलाउद्दीन द्वारा दुर्ग की घेराबंदी किए जाने पर बनिए बाजार में बैठे हंसते रहे।

ऊपर रणथंभौर दुर्ग और नीचे जोगी महल

अलाउद्दीन खिलजी के बाद रणथंभौर दुर्ग पर दिल्ली के तुगलक सुलतानों का कब्जा रहा। तुगलकों की ताकत घट जाने पर रणथंभौर पर अधिकार जमाने के लिए मालवा के सुलतान और राणा कुंभा के बीच संघर्ष चला। अंत में यह किला मेवाड़ के राणा सांगा के अधिकार में चला गया। बाबर के साथ 1527 ई. में खानवा में हुए युद्ध में राणा सांगा घायल हुआ, तो उसे रणथंभौर लाया गया। सांगा की मृत्यु के बाद उसकी रानी कर्मवती ने एक संधि के तहत यह दुर्ग गुजरात के सुलतान बहादुरशाह को सौंप दिया। फिर 1542 ई. में शेरशाह ने रणथंभौर को जीत लिया। उसकी मृत्यु के बाद यह दुर्ग बूंदी के राव सुरजन हाड़ा के अधिकार में आ गया।

सुरजन हाड़ा के समय में ही रणथंभौर पर दूसरा बड़ा हमला हुआ। चित्तौड़ पर विजय प्राप्त करने के एक साल बाद ही फरवरी 1569 में अकबर एक बड़ी फौज और बड़ी-बड़ी तोपें लेकर रणथंभौर पहुंचा और दुर्ग को घेर लिया। तोपों से विशाल गोले फेंके गए तो दुर्ग की दीवार टूटने लगी, मकानों में दरारें पड़ गईं। लगभग सवा महीने तक घेरा पड़ा रहा। तब आमेर के राजा भगवानदास के प्रयासों से दोनों पक्षों में संधि हो गई। सुरजन हाड़ा ने अकबर की अधीनता स्वीकार कर ली और दुर्ग उसे सौंप दिया। उसके बाद यह दुर्ग कभी सीधे मुगल बादशाहों के अधिकार में रहा, तो कभी उनके सामंतों के अधिकार में। मुगल काल में रणथंभौर दुर्ग का शाही कारागार के रूप में भी उपयोग हुआ।

मुगलों की अवनति के बाद रणथंभौर दुर्ग जयपुर राज्य के अधिकार में चला गया और देश के स्वतंत्र होने तक यह उन्हीं के पास रहा। बीच में कुछ समय तक यह दुर्ग मराठों के कब्जे में रहा। अब यह ऐतिहासिक दुर्ग भारतीय पुरातत्त्व सर्वेक्षण के संरक्षण में है।

रणथंभौर दुर्ग अब लगभग वीरान पड़ा है; इसके अधिकतर स्मारक खंडहर बन गए हैं। झाड़-झंखाड़ से व्याप्त यह दुर्ग अब बंदरों और वन्य प्राणियों की आश्रयस्थली बना हुआ है। परंतु यहां का गणेश मंदिर अब भी एक जीवंत पूजास्थल है। इस क्षेत्र के लाखों लोग आज भी यहां के गणेश की पूजा करने के बाद ही महत्त्व का कोई कार्य आरंभ करते हैं। विवाह या गृह-प्रवेश जैसा कोई मंगल-कार्य हो तो पहला न्योता–पहला निमंत्रण-पत्र–दुर्ग के गणेशजी को भेजा जाता है। सप्ताह में एक दिन मंदिर के पुजारी के पास ढेर सारे पत्र, मनीआर्डर और मिठाइयों के पार्सल पहुंचते हैं।

रणथंभौर का पहाड़ी क्षेत्र अरावली और विंध्य पर्वतमालाओं के संगम पर स्थित है। पानी और चारे की भरपूर सुविधा के कारण यहां बाघ, तेंदुआ, चीतल,

सांभर, नीलगाय, मगरमच्छ, अजगर आदि अनेक किस्म के वन्य प्राणी पाए जाते हैं। किसी समय यह वन्य क्षेत्र जयपुर के शासकों का शिकारगाह था। सन् 1955 में यहां के 392 वर्ग-किलोमीटर क्षेत्र को 'रणथंभौर राष्ट्रीय उद्यान' घोषित कर दिया गया, जिसमें 'बाघ परियोजना' भी शामिल है।

बूंदी का दुर्ग (तारागढ़)

अरावली की सुरम्य घाटी में बसा हुआ बूंदी शहर कोटा से कोई 35 किलोमीटर उत्तर-पश्चिम में है। कोटा सहित बूंदी के आसपास का यह प्रदेश लंबे समय तक हाड़ा राजपूतों द्वारा शासित रहा है, इसलिए इसे हाड़ावती या हाड़ौती के नाम से जाना जाता है। बूंदी एक दुर्ग-नगर है। इसकी रचना आमेर (जयपुर) के किले जैसी है—सबसे ऊपर दुर्ग, बीच में गढ़ और नीचे जलाशय। समुद्रतल से 500 मीटर ऊंची पहाड़ी पर बना हुआ है। धरती से यह आकाश के तारे की तरह दिखाई देता है, इसीलिए शायद इसे तारागढ़ का नाम दिया गया। तारागढ़ के साये में जो गढ़ है उसमें कई भव्य राजमहल, मंदिर, दरवाजे, छतरियां और बावड़ियां हैं, नीचे नवलसागर नामक जलाशय है, जिसमें पूरी बूंदी प्रतिबिंबित होती है।

बूंदी का सिलसिलेवार इतिहास ईसा की तेरहवीं सदी से मिलता है। पहले यह स्थान मीणा सरदार जैता बुंदू के अधिकार में था। तेरहवीं सदी में हाड़ा शासक देवसिंह ने मीणा सरदार और उसके परिवार के लोगों को मारकर बूंदी पर कब्जा कर लिया। आगे चलकर उसके वंशजों ने यहां पर्वत की चोटी पर एक विशाल दुर्ग का निर्माण किया। बाद में अलग-अलग हाड़ा शासकों ने पर्वत के ढलान पर भव्य राजप्रासाद बनवाए। राजस्थान के प्रसिद्ध इतिहासकार कर्नल जेम्स टॉड ने बूंदी के इन अनूठे राजमहलों के बारे में लिखा है—"राजस्थान के सभी रजवाड़ों के राजमहलों में बूंदी के राजमहल सर्वश्रेष्ठ हैं।" अपने निर्माताओं के नाम से प्रसिद्ध ये महल स्थापत्य के उत्कृष्ट नमूने हैं। साथ ही, बूंदी के ये महल अपने भित्तिचित्रों के लिए भी विख्यात हैं। इनमें सबसे प्रसिद्ध है, उमेद महल की चित्रशाला (रंगविलास), जिसका निर्माण राव उमेदसिंह ने 1749-73 ई. के बीच कराया।

तारागढ़ का अधिकांश भाग सपाट है। दुर्ग में दरवाजे, जीवरखा महल, भीमबुर्ज, छतरियां और चार पक्के जलाशय हैं। जलाशयों में साल-भर पानी रहता है। दुर्ग का एकमात्र भीमबुर्ज निगरानी और तोप के गोले दागने के लिए था। बुर्ज के नजदीक छतरियां हैं। तारागढ़ से नीचे के नगर का बड़ा ही सुंदर और मोहक

नजारा देखने को मिलता है। दुर्ग और उसके साये में निर्मित गढ़ के बीच में दूधा महल है, जो संभवतः बूंदी की सबसे पुरानी इमारत है।

शुरू से ही तारागढ़ पर हमले होते रहे। कभी इस पर मेवाड़ के सिसोदिया शासकों का कब्जा हुआ, तो कभी मालवा (मांडू) के सुलतानों का। लेकिन हर बार वीर हाड़ाओं का शत्रु के साथ कड़ा मुकाबला हुआ। मेवाड़ का राणा लाखा भी जबरदस्त प्रयासों के बावजूद, तारागढ़ दुर्ग को नहीं जीत पाया; उसे एक 'नकली दुर्ग' को हासिल करके ही अपना प्रण पूरा करना पड़ा।

हमने पीछे देखा है कि बूंदी के राव सुरजन हाड़ा ने रणथंभौर का दुर्ग अकबर को सौंपकर उसकी अधीनता स्वीकार कर ली थी। उसने अकबर की ओर से कई युद्धों में भाग लिया। बाद में जहांगीर के शासनकाल में उसके बेटे खुर्रम (बाद में शाहजहां) ने बाप के खिलाफ बगावत की, तो बूंदी के राव रतनसिंह हाड़ा ने उसे शरण दी थी। आगे मुगलों के पतनकाल में जयपुर नरेश सवाई जयसिंह ने बूंदी पर हमला करके अपने ही बहनोई बुद्धसिंह को गद्दी से हटा दिया। मराठों ने बुद्धसिंह को पुनः गद्दी पर बिठाने के प्रयास किए, किंतु जयसिंह ने उनकी कोशिशों को विफल कर दिया। अंततः बूंदी का राज्य अंग्रेजों के अधीन हुआ और आजादी मिलने पर यह भारत में विलीन हो गया।

मुगल शासकों ने दुर्गों को जीतने के लिए युद्ध के नए शक्तिशाली साधनों– बारूद, भारी तोपों आदि का बड़े पैमाने पर उपयोग किया। इसलिए कड़ा मुकाबला किए जाने पर ही चित्तौड़ और रणथंभौर जैसे सुदृढ़ दुर्गों को जीत पाना उनके लिए संभव हुआ। नए जमाने में दुर्ग अब दुर्गम और दुर्भेद्य नहीं रह गए थे। आगे जाकर इन्हें हथियाने में अंग्रेजों को ज्यादा मेहनत नहीं करनी पड़ी। आज तो इन दुर्गों का केवल इतिहास ही शेष है।

गुलबर्गा और बीदर के किले

आमतौर पर समझा जाता है कि बड़े-बड़े किले उत्तर भारत में ही देखने को मिलते हैं। मगर सच्चाई यह है कि दक्षिण भारत में किलों की संख्या अधिक है और उनका स्थापत्य भी बहुत शानदार है। दक्षिण के देवगिरि (दौलताबाद), वरंगल, बादामी, शिवनेरी, पन्हाला आदि अनेक किले काफी पुराने हैं। फिर ईसा की तेरहवीं सदी से दक्षिण भारत में दिल्ली के सुलतानों का शासन शुरू हुआ। लड़ाई में नए तरीकों और साधनों का इस्तेमाल होने लगा। तदनुसार दक्षिण भारत में कई नए किलों का निर्माण हुआ और कई पुराने किलों को नए सिरे से बनवाया गया।

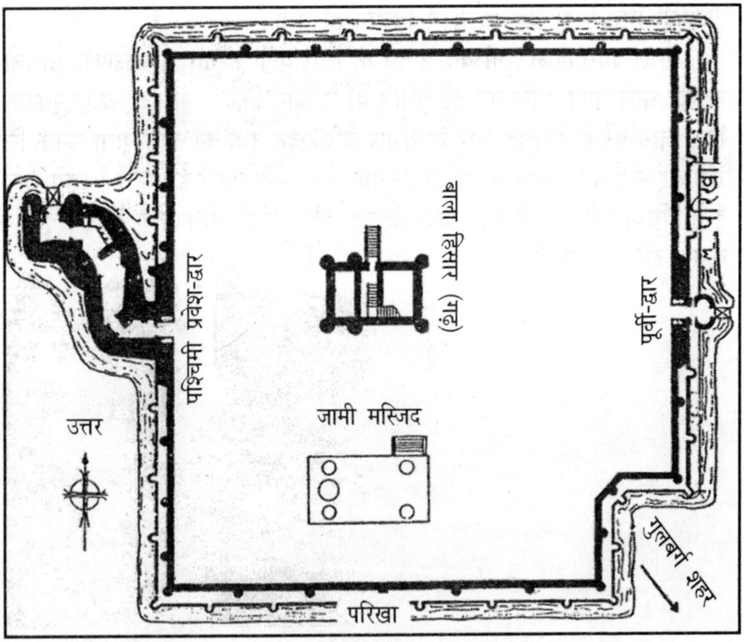

गुलबर्गा के किले का नक्शा

अलाउद्दीन खिलजी ने 1292 ई. में नर्मदा नदी को पार करके देवगिरि के यादववंशी राजा रामचंद्र को हराया। उसकी बेशुमार दौलत लूटकर वह वापस लौटा और उसके बाद दिल्ली का सुलतान बना। देवगिरि का अभेद्य दुर्ग भी यादव राज्य की रक्षा करने में असफल रहा। अलाउद्दीन के सेनापति मलिक काफूर ने पुनः हमले करके, न केवल देवगिरि के यादवों और वरंगल के काकतीयों को परास्त किया, बल्कि वह भारत के ठेठ दक्षिणी छोर तक पहुंच गया।

खिलजी वंश के अवसान के बाद दिल्ली में तुगलक वंश का शासन शुरू हुआ। मुहम्मद तुगलक (1325-1351 ई.) दिल्ली से अपनी राजधानी देवगिरि ले गया (1327 ई.) और उसे नया दौलताबाद नाम दिया। मगर कुछ साल बाद ही वह राजधानी दिल्ली वापस ले आया। एक विशाल साम्राज्य को टिकाए रखना मुहम्मद के लिए बहुत कठिन हो गया। उसके सरदार जगह-जगह विद्रोह करके अपने स्वतंत्र राज्य स्थापित करने में जुट गए।

मुहम्मद तुगलक के दक्खन से वापस लौटने के बाद वहां के बागी अमीरों ने अपने में से एक सेनानायक–हसन गंगू–को सुलतान घोषित कर दिया, जो अलाउद्दीन हसन बहमनशाह के नाम से 1347 ई. में गद्दी पर बैठा। यह बहमनी राजवंश का संस्थापक था। एक समय बहमनी राज्य पश्चिम में अरब सागर से लेकर पूर्व में उड़ीसा तक और उत्तर में ताप्ती नदी से लेकर दक्षिण में कृष्णा

गुलबर्गा के पश्चिमी प्रवेश-द्वार का भीतरी दृश्य

तुंगभद्रा नदियों तक फैल गया था। विजयनगर और बहमनी राज्यों के बीच युद्धों का सिलसिला लंबे समय तक चलता रहा।

बहमनी राज्य को चार सूबों में विभक्त किया गया था—गुलबर्गा, दौलताबाद, बीदर और बरार (विदर्भ)। बहमनी राज्य की पहली राजधानी दौलताबाद में नहीं बल्कि गुलबर्गा में स्थापित हुई। बाद में 1426 ई. में राजधानी को गुलबर्गा से बीदर ले जाया गया। बहमनी सुलतानों ने गुलबर्गा और बीदर के किलों को नए सिरे से बनवाया और उनमें आलीशान महलों व मस्जिदों का निर्माण करवाया। इनके अलावा उन्होंने अपने राज्य में गाविलगढ़, नरनाळा, परिंडा आदि अनेक किले नए सिरे से बनवाए।

गुलबर्गा

कर्नाटक राज्य के उत्तर-पूर्वी भाग में स्थित गुलबर्गा का पुराना नाम कलबुर्गा था। बताया जाता है कि पहले वहां राजा गुलचंद का बनवाया एक किला था। बहमनी राज्य की राजधानी बनाए जाने के बाद गुलबर्गा को नया नाम 'अहसानाबाद' दिया गया और वहां शहर के उत्तर-पश्चिम में नए किले और नई इमारतों को बनवाने का काम शुरू हो गया।

गुलबर्गा का किला एक भूदुर्ग है, यानी यह समतल जमीन पर बना है। यह वर्गाकार है और चारों ओर से करीब 12 मीटर चौड़े दोहरे परकोटे से घिरा हुआ है। जगह-जगह अर्धगोलाकार बुर्ज हैं। परकोटे के बाहर काफी चौड़ी और गहरी परिखा यानी खाई है। गोले दागने के लिए परकोटे के ऊपरी भाग में छेदों की व्यवस्था की गई है। तोपों को चलाने के लिए घूमने वाले चबूतरे बनाए गए हैं।

किले के दो प्रवेश-द्वार हैं—एक पूर्वी दीवार के मध्य में और दूसरा पश्चिमी दीवार के मध्य में। शहर की ओर से दिखने वाला पूर्वी द्वार काफी-कुछ नष्ट हो गया है। यहां परिखा पर पहले लकड़ी का जो उठाऊ पुल था, उसके स्थान पर अब सड़क का पुल है। पश्चिमी द्वार खुले मैदान की ओर खुलता है और इधर से ही हमला होने की ज्यादा संभावना थी। इसलिए सुरक्षा की दृष्टि से उसे मजबूत और काफी लंबा बनाया गया है। यहां भी परिखा पर पहले उठाऊ पुल था। उसके बाद एक लंबे घुमावदार मार्ग में चार फाटक बनाए गए हैं। यह मार्ग बुर्जों से घिरा हुआ और मेहराबों से ढका हुआ है। हाथियों की टक्कर से फाटकों को बचाने के लिए उनमें खास प्रकार के लोहे की कोणकीलें ठोकी गई हैं।

किले के भीतर की पुरानी शानदार इमारतें अब खंडहर बन गई हैं। उनके पत्थरों के ढेर जहां-तहां बिखरे पड़े हैं। किले में पहले शाह बाजार का एक सीधा रास्ता था। उसके दोनों तरफ बनी इमारतों के अवशेष बताते हैं कि यह व्यापार का एक केंद्र था। उस समय फारस, अफ्रीका और भूमध्यीय सागरीय देशों के व्यापारी गुलबर्गा में पहुंचते थे।

किले का एक विशिष्ट स्मारक है– इसके मध्य में बना वर्गाकार ढांचे वाला गढ़ (बाला हिसार) जो हमले के समय सबसे अंत में शरण लेने के लिए बनाया गया था। इसकी मोटी दीवारों में कोई झरोखा या खिड़की नहीं है। इसकी उत्तरी दीवार में बनी बहुत सारी सीढ़ियां चढ़ने के बाद ही इसके भीतर पहुंचा जा सकता है। इसकी छत अब नष्ट हो गई है और भीतर का भाग टूट-फूट गया है। इस तरह का गढ़ भारत में अन्यत्र कहीं भी देखने को नहीं मिलता।

गढ़ के दक्षिण में 1368 ई. में बनी अनूठी जामी मस्जिद है। यह देशभर में अकेली मस्जिद है जिसमें कोई खुला आंगन नहीं है। पूरी मस्जिद गुंबदों वाली छत से ढकी हुई है। बीच में कई सारे छोटे-छोटे गुंबद हैं। मस्जिद के भीतर रोशनी मेहराबों से आती है। यह मस्जिद मूरों (अरबों) द्वारा स्पेन के कोरदोवा स्थान में बनाई मस्जिद के अनुकरण पर बनी है।

किले के बाहर आरंभिक बहमनी सुलतानों के गुंबदों वाले सादे चौकोर मकबरे हैं। प्रथम बहमनी सुलतान अलाउद्दीन हसन बहमनशाह की मृत्यु 1358 ई. में हुई। उसके उत्तराधिकारी मुहम्मद (प्रथम) ने वरंगल और विजयनगर के साथ कई खूनी लड़ाइयां लड़ीं। इतिहासकार फरिस्ता जानकारी देता है कि 1365 ई. में बहमनियों ने विजयनगर के साथ हुई लड़ाई में बारूद का इस्तेमाल किया था। यह बाबर द्वारा उत्तर भारत में बारूद का पहली बार प्रयोग किए जाने के करीब दो सौ साल पहले की बात है। आठवें बहमनी सुलतान फीरोजशाह के समय

गुलबर्गा का अनोखा बाला हिसार (गढ़)

में गुलबर्गा में कई शानदार इमारतों और महलों का निर्माण हुआ। उसने भी विजयनगर के विरुद्ध लड़ाइयां लड़ीं। अंत में उसके भाई अहमदशाह ने ही उसकी हत्या कर दी। गुलबर्गा को असुरक्षित जानकर अहमदशाह 1426 ई. में अपनी राजधानी बीदर ले गया। उसके बाद गुलबर्गा का वैभव जाता रहा।

1520 ई. में विजयनगर के राजा कृष्णदेव राय ने गुलबर्गा पर हमला करके उसे तहस-नहस कर डाला। आगे जाकर बहमनी राज्य टूटकर पांच स्वतंत्र भागों में विभक्त हो गया। औरंगजेब जब दक्खन का गवर्नर था, तो 1657 ई. में उसने गुलबर्गा पर अधिकार कर लिया। अंत में गुलबर्गा निजामशाह का अंग बन गया। किले के भीतर के स्मारक अब उपेक्षित हैं, खंडहर बन गए हैं। किले के अंदर अब भी कई लोग रहते हैं।

बीदर

विजयनगर जैसा शक्तिशाली राज्य नजदीक होने के कारण बहमनी राजधानी गुलबर्गा को हमेशा खतरा बना रहता था। इसलिए नौवां बहमनी सुलतान अहमदशाह (1446-1481 ई.) अपनी राजधानी बीदर ले गया। बीदर गुलबर्गा से करीब सौ किलोमीटर उत्तर-पूर्व में है। यहां की आबोहवा भी बेहतर थी। यहां स्वच्छ पानी के सोते और फलों के बाग थे। यह शहर एक ऊंचे पठार पर स्थित होने के कारण यहां प्रतिरक्षा के बेहतर साधन जुटाए जा सकते थे।

बहमनियों के पहले बीदर में कल्याणी के चालुक्यों, देवगिरि के यादवों और वरंगल के काकतीयों का शासन रहा। पता चलता है कि बीदर में पहले से एक दुर्ग मौजूद था। बहमनियों ने उसके स्थान पर नया मजबूत किला बनवाया। किले के

गुलबर्गा की पूरी तरह ढकी हुई विशाल जामी मस्जिद

दक्षिण में नगर है। नगर से किले की ओर जाते समय ऊंचाई धीरे-धीरे बढ़ती जाती है। किले के उत्तरी सिरे पर बाला किला यानी गढ़ है। उसके आगे लगभग सौ मीटर गहरी खाई है। शहर को भी परकोटे और परिखा से घेरा गया है।

बीदर का किला बहुत मजबूत और शानदार है। किले का निर्माण कई चरणों में पूरा हुआ। यहां करीब डेढ़ सौ साल तक महल, मस्जिदें और मकबरे बनते रहे। किले का परकोटा 8 से 17 मीटर तक ऊंचा है। परकोटे पर चौड़ा रास्ता है और इसमें जगह-जगह पर विभिन्न आकार के विशाल बुर्ज हैं। इनमें मुंडा बुर्ज सबसे प्रभावशाली है। परकोटे के चारों ओर 11 मीटर गहरी और 16 मीटर चौड़ी खाई है। यह खाई शहर से लेकर किले के मुख्य गुंबद दरवाजे तक तिहरी है, जो इस किले की अपनी एक विशेषता है।

किले में प्रवेश के लिए सात विशाल दरवाजे हैं, जिनके नाम मांडू, कलमडगी, दिल्ली, कल्याणी आदि हैं। शहर से किले में जाने के लिए तिहरा दरवाजा है। पहला दरवाजा नष्ट हो गया है। दूसरे दरवाजे के ऊपर दो शेरों की आकृतियां हैं। इसलिए इसे शारजा दरवाजा कहा जाता है। तीसरे का नाम गुंबद दरवाजा है। प्रत्येक दरवाजे में भारी मेहराबें हैं।

किले के अंदर के प्रमुख भवन हैं—सोलह खंभा मस्जिद, तख्त महल, तरकश महल, रागिनी महल, शाही रसोईघर, गगन महल, दीवाने-आम, हजार कोठरी

बीदर के किले का गुंबद दरवाजा

(तहखाना) और नौबतखाना। किले में बगीचे बनाने की शुरुआत संभवतः यहीं से हुई थी। शहर के मुख्य स्मारक हैं—जामी मस्जिद, तख्त-ए-किरमानी और महमूद गवां का मदरसा, जो बहमनी काल की बहुत प्रभावशाली इमारत है।

बहमनी राजवंश में कुल 18 सुलतानों ने लगभग 190 साल तक शासन किया। अंतिम चार केवल नाम के सुलतान रहे। बहमनियों का ज्यादा समय विजयनगर के साथ युद्ध करने और आपसी कलह में गुजरा। बहमनी अमीरों के दो दल थे : (1) दक्खनी, जो काफी पहले से दक्खन में रहते आ रहे थे, और (2) अफकी जो फारस तथा अन्य देशों से आए थे। अफकी अधिकतर शिया थे, जबकि दक्खनी ज्यादातर सुन्नी थे। दोनों में सांप्रदायिक दुश्मनी चलती रही।

बहमनी राज्य तब अपने उत्कर्ष के शिखर पर पहुंचा था जब शासन की बागडोर वजीर महमूद गवां (1446-1481 ई.) के हाथों में थी। वह एक कुशल राजनीतिज्ञ था। बीदर शहर में बनाया गया उसका मदरसा समरकंद में बने उलूगबेग के मदरसे की शैली का है। वह विद्याप्रेमी था। मगर विरोधियों ने षड्यंत्र रचकर उसे मरवा डाला। उसके साथ बीदर का वैभव भी जाता रहा। महमूद गवां के समय में ही रूसी व्यापारी अफनासी निकीतिन बीदर आया था। उसने बहमनी सुलतानों की विशाल सेना, अमीर-उमरा के ऐश-आराम और शेष जनता की निर्धनता का वर्णन किया है।

बहमनी सामंतों की आपसी कलह ने राज्य को कमजोर कर दिया। सोलहवीं सदी के आरंभ से बहमनी राज्य खंडित होने लगा। अंत में उसके पांच स्वतंत्र भाग हो गए। बीदर का अंतिम बहमनी सुलतान, जिसके हाथ में कोई सत्ता नहीं रह गई थी, भागकर बीजापुर चला गया। तब उसके वजीर कासिम बरीद ने अपने को सुलतान घोषित करके बीदर में बरीदशाही की नींव डाली। बरीदशाही के जमाने में भी बीदर में अनेक इमारतें बनीं। आगे बीदर क्रमशः विजयनगर, औरंगजेब और हैदराबाद के निजाम के अधिकार में रहा।

जोधपुर, जैसलमेर और बीकानेर के किले

दिल्ली से लेकर खंबात की खाड़ी तक फैली हुई अरावली पर्वत की पहाड़ियां राजस्थान को लगभग दो समान भागों में बांटती हैं। पूर्वी राजस्थान के कुछ रेतीले भागों को छोड़, बाकी सभी क्षेत्र उपजाऊ हैं। इसके विपरीत, पश्चिमी राजस्थान थार के विशाल रेगिस्तान से घिरा हुआ है। फिर भी मध्ययुग में पश्चिमोत्तर राजस्थान में जोधपुर, जैसलमेर और बीकानेर जैसे नगरों में भव्य दुर्गों, विशाल महलों और अनूठी हवेलियों का निर्माण हुआ।

पश्चिमोत्तर राजस्थान के ये नगर मुख्यतः देशपार के व्यापार के कारण फले-फूले थे। यह नगर उन व्यापारी मार्गों पर बसे हुए थे जो उत्तर भारत के नगरों को गुजरात के बंदरगाहों से जोड़ते थे। साथ ही, ये उन्हें पश्चिम और मध्य एशिया की मंडियों से भी जोड़ते थे। इसलिए राजस्थान के ये नगर व्यापार और शिल्प के

जोधपुर का मेहराणगढ़ दुर्ग, नीचे जसवंत थड़ (छतरियां)

केंद्र बने। बाहरी आक्रमण से रक्षा के लिए इन नगरों में दुर्ग बनाए गए। प्रतिरक्षा की दृष्टि से इन्हें दुर्ग-नगर कहा जा सकता है।

जोधपुर का मेहराणगढ़

जोधपुर राजस्थान का दूसरा बड़ा नगर है। यहां बना किला, जिसका नाम मेहराणगढ़ है, राजस्थान का एक प्रमुख पर्वतीय दुर्ग है। ईसा की तेरहवीं सदी के आरंभ में कनौज पर मुसलमानों का अधिकार हो जाने पर वहां के राठौड़वंशी शासक राजस्थान के इस मरुदेश (मारवाड़) में आ गए और यहां उन्होंने अपना नया राज्य स्थापित किया। जोधपुर से कुछ किलोमीटर उत्तर में मंडोर नामक स्थान पर एक प्राचीन दुर्ग था। मारवाड़ पहुंचे राठौड़ों ने अपनी पहली राजधानी मंडोर में ही स्थापित की।

आगे जाकर राठौड़ वंश के राव जोधा ने मंडोर को असुरक्षित जानकर वहां से 9 किलोमीटर दक्षिण में स्थित 'चिड़िया टूंक' नामक विशाल पहाड़ी पर नया दुर्ग और उसके पास ही एक नया नगर बसाने का निर्णय लिया। तदनुसार 13 मई, 1459 को नए दुर्ग (मेहराणगढ़) की नींव रखी गई और उसके चारों ओर जो नगर बसाया गया वह राव जोधा के नाम पर जोधपुर कहलाया।

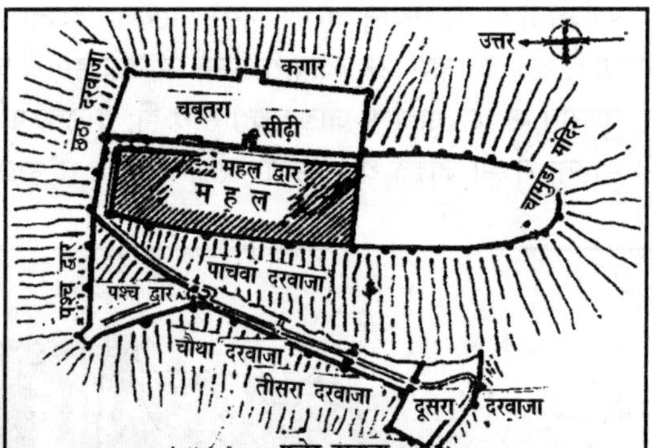

जोधपुर : मेहराणगढ़ का नक्शा

दुर्ग की नींव में जीवित व्यक्ति को गाड़ने की प्रथा बहुत पुरानी है, दूसरे देशों में भी। माना जाता था कि नींव में नरबलि देने से किले के द्वार तथा बुर्ज मजबूत बने रहते हैं और वह किला निर्माता के वंशजों के हाथ से नहीं निकलता। जानकारी मिलती है कि महाराष्ट्र के पुरंदर और लोहगढ़ किलों के प्रवेश-द्वारों के बुर्जों में नरबलि दी गई थी। कहते हैं कि मेहराणगढ़ में भी ऐसा ही हुआ। जोधपुर के इस किले की नींव में राजिया नामक व्यक्ति को जिंदा गाड़ दिया गया। इस बलिदान के बदले उसके परिवार वालों को जागीर दे दी गई। जिस जगह राजिया को गाड़ा गया उसके ऊपर खजाना और नक्कारखाने (नगाड़े रखने और बजाने की जगह) के भवन बने हैं।

जोधपुर का यह सुदृढ़ दुर्ग भूमितल से 122 मीटर ऊंचा है। किले के चारों ओर मजबूत परकोटा है और उसमें विशाल बुर्जें बनी हुई हैं। दुर्ग में पहुंचने का मार्ग चढ़ाई का और घुमावदार है। पहले पहाड़ी के पश्चिमी भाग में दक्षिण से उत्तर की ओर चढ़ना पड़ता है। रास्ते में कुल सात दरवाजे हैं। दक्षिण-पश्चिम में शहर के अंदर से पहला दरवाजा फतेहपोल है। अन्य प्रमुख द्वार हैं–ध्रुवपोल, सूरजपोल, इमरतपोल, भैंरोपोल, लोहापोल।

मेहराणगढ़ के नीचे तलहटी में जोधपुर शहर बसा हुआ है। शहर के चारों ओर मजबूत परकोटा है, जिसमें 101 बुर्ज और 6 दरवाजे हैं। इन दरवाजों को उन नगरों के नाम दिए गए हैं जिधर ये खुलते हैं; जैसे, जालौरी दरवाजा। किले की तलहटी में सफेद संगमरमर का बना जसवंत थड़ा है। यह वास्तव में जोधपुर के शासकों की छतरियों का समूह है।

राव जोधा और आगे के राठौड़ शासकों ने मेहराणगढ़ में कई महल बनवाए–मोतीमहल (दरबार-ए-तख्त), फूलमहल (दीवान-ए-खास), फतह महल, सिंगार महल, जनाना महल आदि। विशाल जनाना महल 1670 ई. में बना था। मोती महल की छत कांच की है। महलों की नक्काशी, झरोखे, छज्जे, जालियां और चित्रकारी देखते ही बनती है। राठौड़ों की कुलदेवी चामुंडा का मंदिर भी दुर्ग के भीतर ही है। चामुंडा की मूर्ति को राव जोधा मंडोर से उठा लाया था। दुर्ग के पश्चिम में पुराने समय में राणीसर और पदमसर तालाब बने थे। जलाशयों से रहट

जनाना महल, मेहराणगढ़, जोधपुर

द्वारा किले के ऊपर पानी पहुंचाया जाता था। दो गहरे कुएं भी थे। मेहराणगढ़ की तोपें लंबी दूरी तक मार करने के लिए प्रसिद्ध रही हैं।

जोधपुर के किले पर अनेक बार आक्रमण हुए। राव जोधा की मृत्यु के बाद बीकानेर राज्य के संस्थापक बीका ने जोधपुर पर चढ़ाई की थी, मगर बाद में सुलह हो गई। शेरशाह ने 1544 ई. में जोधपुर पर अधिकार किया था, परंतु बाद में मालदेव ने उसे वापस ले लिया। जोधपुर के शासकों को मुगल आधिपत्य भी स्वीकारना पड़ा। जयपुर और बीकानेर के राज्यों के साथ भी जोधपुर की झड़पें जारी रहीं।

मेहराणगढ़ आज भी अच्छी हालत में है। यहां एक अनूठा संग्रहालय है, जिसमें पिछले लगभग पांच सौ वर्षों की सुलभ वस्तुओं–अस्त्र-शस्त्र, जिरह-बख्तर, राजसी व सैनिक परिधान, पालकियां, हौदे, गलीचे चित्र आदि–को सजाकर रखा गया है। इस संग्रहालय को देखने से पर्यटकों को मारवाड़ के वैभवशाली अतीत की अच्छी जानकारी मिल जाती है।

जैसलमेर का सोनगढ़

जैसलमेर का दुर्ग-नगर जोधपुर से 285 किलोमीटर पश्चिमोत्तर में थार के विशाल मरुस्थल के मध्य में स्थित है। नगर के आस-पास कृषि योग्य भूमि नहीं है, जंगल भी नहीं हैं। किसानों का मुख्य धंधा पशुचारण है, और अब खनिजों का उत्खनन किया जाने लगा है। यह क्षेत्र ऊनी वस्तुओं के उत्पादन के लिए प्रसिद्ध है।

जैसलमेर दुर्ग की नींव भाटी राजपूत रावल जैसल ने 1155 ई. में रखी। इससे पहले भाटी राजवंश की राजधानी लोद्रवा में थी। परंतु जब देखा कि वह स्थान सुरक्षित नहीं है, तो वहां से 16 किलोमीटर दक्षिण-पूर्व में स्थित 76 मीटर ऊंची

जैसलमेर का दुर्ग

नथमल की हवेली, जैसलमेर

त्रिकुटा पहाड़ी पर एक दुर्ग बनाने का निर्णय लिया गया। रावल जैसल के समय में दुर्ग का विशाल प्रवेश-द्वार और कुछ महल ही बन पाए थे। जैसलमेर दुर्ग का अधिकांश निर्माण-कार्य उसके पुत्र शालिवाहन के समय में पूरा हुआ। सुरक्षा की दृष्टि से बाद में भी कई चीजें जोड़ी गईं।

जैसलमेर भाटी राजवंश की राजधानी बन गया तो व्यापारियों, महाजनों और शिल्पियों ने यहां अपनी बड़ी-बड़ी हवेलियों का निर्माण किया। सन् 1700 ई. तक लगभग 40 हजार की आबादी वाला यह नगर व्यापार और वाणिज्य का एक बहुत बड़ा केंद्र बन गया। उस समय दिल्ली, आगरा, आमेर, जोधपुर आदि स्थानों से मुलतान और कंदहार जाने वाले कारवां जैसलमेर में अवश्य रुका करते थे। भारत पर अंग्रेजों का प्रभुत्व स्थापित हो जाने पर जैसलमेर का वैभव जाता रहा। अब शहर की आबादी घटकर लगभग दस हजार पर आ गई है।

जैसलमेर दुर्ग का स्थापत्य अनूठा है। दुर्ग-नगर चारों ओर से दोहरे मजबूत परकोटे से घिरा हुआ है। इसे स्थानीय पीले रंग के पत्थरों को बिना चूने की सहायता से जोड़कर बनाया गया है। सूर्योदय और सूर्यास्त के समय यह सोने की तरह चमकता है, इसलिए इसे 'सोनगढ़' या 'सोनार किला' भी कहते हैं। अक्षयपोल किले का मुख्य प्रवेशद्वार है। किले के भीतर जाने का मार्ग घुमावदार और संकरा है। सूरजपोल, गणेशपोल, हवापोल आदि अन्य सुदृढ़ प्रवेशद्वार हैं।

किले के भीतर कई महल हैं—विलास महल, रंगमहल, बादल महल आदि, जिनके झरोखों और जालियों का अलंकरण दर्शनीय है। पहले सारा शहर किले के भीतर था, परंतु अब चौथाई आबादी ही किले के अंदर है। जैसलमेर अपनी हवेलियों के लिए भी प्रसिद्ध है। हर हवेली की बनावट और नक्काशी निराली है।

पटवों की हवेली सबसे बड़ी है। अन्य मशहूर हवेलियां हैं—नथमलजी की हवेली, सलीम सिंह की हवेली।

जैसलमेर को कई बार हमलावरों का सामना करना पड़ा। दिल्ली के सुलतान अलाउद्दीन खिलजी ने जैसलमेर दुर्ग को कई साल तक घेरे रखा था। फीरोजशाह तुगलक ने भी जैसलमेर पर हमला किया था। इन आक्रमणों के दौरान भाटी वीरों ने शत्रु का डटकर मुकाबला किया और दुर्ग की स्त्रियों ने जौहर।

जैसलमेर दुर्ग के भीतर कई भव्य जैन मंदिर हैं, जिनमें आदिनाथ का मंदिर 12वीं सदी का है। साथ ही यहां प्राचीन हस्तलिखित ग्रन्थों का भी एक अनमोल संग्रह है। इस तरह, मरुभूमि में स्थित यह दुर्ग-नगर इतिहास, साहित्य और कला की एक अनूठी संगम-स्थली है।

बीकानेर का जूनागढ़

बीकानेर की नींव जोधपुर (मारवाड़) के शासक राव जोधा के ज्येष्ठ पुत्र बीका ने 1485 ई. में रखी थी। उसके द्वारा बनवाया गया गढ़ एक ऊंची चट्टान पर आज भी मौजूद है और 'बीकाजी की टेकड़ी' कहलाता है। बाद में बीकानेर के प्रतापी शासक रायसिंह (1571-1611 ई.) ने यहां एक भव्य दुर्ग का निर्माण करवाया, जो जूनागढ़ कहलाता है। रायसिंह मुगल बादशाह अकबर और फिर जहांगीर का विश्वस्त मनसबदार था। उसने मुगलों की ओर से गुजरात, काबुल और दक्षिण के सैनिक अभियानों में भाग लिया था।

उत्तरी राजस्थान का बीकानेर नगर चारों तरफ से थार के रेगिस्तान से घिरा हुआ है। यह नगर उत्तर भारत, मध्य व पश्चिम एशिया और गुजरात के बंदरगाहों

जूनागढ़ किला, बीकानेर

को जोड़ने वाले मुख्य कारवां-मार्ग पर बसा होने के कारण मध्य युग में व्यापार का एक बहुत बड़ा केंद्र बन गया था। राजस्थान के सबसे सम्पन्न लोग व्यापारी और महाजन थे। इन्होंने यहां बड़ी-बड़ी हवेलियां बनवाईं और जैन मंदिरों के निर्माण में भी योगदान दिया। बीकानेर के मारवाड़ी व्यापारियों ने अपना सबसे बड़ा मंदिर, जहां उनका माल भी सुरक्षित रह सकता था, किले के अंदर ही बनवाया है।

बीकानेर का जूनागढ़ किला एक भूमि-दुर्ग है। चतुर्भुजाकार यह किला लगभग 350 मीटर की परिधि में फैला हुआ है। परकोटा बहुत मजबूत है, जिसमें समान दूरी पर 37 विशाल बुर्जें बनी हुई हैं। किले के चहुंओर खाई या परिखा है, जो सात-आठ मीटर गहरी और इतनी ही चौड़ी है। किले के भीतर जाने के लिए दो मुख्य प्रवेशद्वार हैं—पूर्व की ओर कर्णपोल और पश्चिम की ओर चांदपोल। इनके अलावा किले के पांच आंतरिक द्वार भी हैं। पीले पत्थरों से निर्मित सूरजपोल पर अंकित लेख में किले के संस्थापक रायसिंह के बारे में जानकारी है।

किले के भीतर बने विशाल महलों में प्रमुख हैं—रायसिंह का चौबारा, फूल महल, गज मंदिर, अनूप महल, लाल महल, गंगा निवास, मोती महल। अनूप महल में बीकानेर के राजाओं का राजतिलक होता था। इसकी दीवारों पर सोने की पच्चीकारी का काम किया हुआ है। बीकानेर के अंतिम राजा करणीसिंह ने लिखा भी है—"जूनागढ़ किले में स्थापत्य सौंदर्य के ऐसे अनेक रूप हैं जिन्हें देखकर इतिहासकार को फतेहपुर सीकरी और दिल्ली के लाल किले की याद आती है।"

जूनागढ़ किले में दुर्लभ प्राचीन वस्तुओं, शास्त्रास्त्रों, देवमूर्तियों और फारसी तथा संस्कृत के हस्तलिखित ग्रन्थों का बहुत बड़ा संग्रहालय है। मध्य युग का वैभवशाली बीकानेर शहर आज भुजिया, पापड़, रसगुल्लों, ऊंटों और ऊन की मंडी के लिए दूर-दूर तक प्रसिद्ध है।

बीजापुर और विजयनगर के किले

बीजापुर और विजयनगर—आज के कर्नाटक राज्य के दो इतिहास-प्रसिद्ध दुर्ग-नगर। दक्षिण भारत के इन दोनों नगरों ने लगभग दो सौ साल तक वैभव व विलास के दिन देखे और दूर-दूर तक ख्याति अर्जित की। दोनों नगरों में मजबूत दुर्गों, भव्य महलों, विशाल मंदिरों और मस्जिदों का निर्माण हुआ। दोनों के नामों में साम्य था (विजयपुर का ही बिगड़ा रूप बीजापुर है)। मगर ये नगर एक-दूसरे के कट्टर दुश्मन बन गए और एक-दूसरे पर विजय प्राप्त करने के प्रयास में जुटे रहे। दोनों में लगातार लड़ाइयां होती रहीं। अंत में दोनों बरबाद हो गए, खंडहर बन गए।

अलाउद्दीन खिलजी उत्तर भारत का पहला सुलतान था जिसने 1294 ई. में देवगिरि पर हमला करके वहां के यादववंशी राज्य को समाप्त कर दिया। फिर उसके सेनापति मलिक काफूर ने कन्याकुमारी तक हमले करके दक्षिण भारत के बहुत-से राज्यों को दिल्ली सल्तनत में शामिल कर लिया। आगे मुहम्मद तुगलक के समय में अलाउद्दीन बहमनशाह ने विद्रोह करके 1347 ई. में दक्खन में एक स्वतंत्र बहमनी राज्य की स्थापना की। मगर यह राज्य भी बहुत दिनों तक एकजुट नहीं रह पाया। इसका विभाजन हो गया और पांच स्वतंत्र सल्तनतें अस्तित्व में आईं—विदर्भ में इमादशाही, अहमदनगर में निजामशाही, गोलकुंडा में कुतुबशाही, बीदर में बरीदशाही और बीजापुर में आदिलशाही। इनमें आदिलशाही दक्षिण में और सबसे महत्त्वपूर्ण सल्तनत थी।

बीजापुर

बीजापुर कर्नाटक प्रांत के पश्चिमोत्तर भाग में महाराष्ट्र की सीमा के पास है। पता चलता है कि ईसा की 11वीं सदी में यह स्थान, जिसका पुराना नाम विजयपुर था, पश्चिमी चालुक्यों के अधिकार में था। तदनंतर यहां देवगिरि के यादवों का शासन चला। फिर बीजापुर क्रमशः अलाउद्दीन खिलजी, तुगलकों और

गोल गुंबद, बीजापुर

बहमनियों के अधिकार में रहा। अंत में 1489 ई. में बहमनी सूबेदार यूसुफ आदिलशाह ने अपने को स्वतंत्र घोषित करके बीजापुर को अपनी राजधानी बनाया। सन् 1668 में औरंगजेब द्वारा जीत लिए जाने तक बीजापुर आदिलशाही राज्य की राजधानी बना रहा।

यूसुफ आदिलशाह (1489-1510 ई.) एक योग्य और सहिष्णु शासक था। उसने शासन-कार्य में हिंदुओं को शामिल किया और मराठी भाषा को प्रश्रय दिया। उसने गोवा तक अपने राज्य का विस्तार किया। बीजापुर पर कई बार हमले हुए, फिर भी यह राज्य टिका रहा। यूसुफ के बाद ईस्माल, इब्राहीम (प्रथम), अली (प्रथम), इब्राहीम (द्वितीय) और मुहम्मद (1627-56 ई.) कुशल आदिलशाही शासक हुए। इन्होंने भीतरी कलह और लगातार बाहरी हमलों के बावजूद आदिलशाही को लगभग दो सौ साल तक टिकाए रखा और बीजापुर के किले को मजबूत बनाकर यहां भव्य इमारतों का निर्माण करवाया।

दक्षिण के सुलतानों ने जो अनेक किले बनवाए उनमें बीजापुर का किला सबसे बड़ा है। किले की नींव यूसुफ ने रखी थी। परकोटा प्रथम अली के शासनकाल में पूरा हुआ। किला वृत्ताकार है और इसके मध्य में दुर्ग (आर्क किला) है। समूचे परकोटे की लंबाई लगभग 10 किलोमीटर है। परकोटे में 106 बुर्ज बने हैं। बुर्जों के ऊपर तोपें लगाने की व्यवस्था की गई थी। परकोटे के बाहर काफी गहरी और चौड़ी खाई है, जो अब लगभग भर गई है।

परकोटे में बने पांच प्रमुख दरवाजे हैं—फतेह दरवाजा (दक्षिण में), मक्का दरवाजा व शाहपुर दरवाजा (पश्चिम में), बहमनी दरवाजा (उत्तर में) और अलीपुर दरवाजा (पूर्व में)। ये सभी दरवाजें बुर्जों, दोहरे फाटकों और घुमावदार प्रवेश-मार्गों से सुरक्षित रहे हैं। भीतरी दुर्ग, जिसे 'आर्क किला' कहते हैं, शहर के मध्य भाग में स्थित है। दोहरी परिखा और दोहरे परकोटे से घिरा हुआ यह वृत्ताकार दुर्ग आज टूटी-फूटी अवस्था में है। यहां बने शानदार शाही महल अब खंडहर बन गए हैं।

दुर्ग का मुख्य प्रवेश-द्वार भी आज भग्नावस्था में है।

मैदान-ए-मलिक तोप, बीजापुर

किसी समय बीजापुर को 'दक्षिण का आगरा' कहा जाता था। यह शहर अपने महलों, मीनारों और मस्जिदों की विशिष्ट वास्तु-शैली के लिए विख्यात रहा है। यहां ऐतिहासिक महत्त्व के अनेक स्मारक आज भी मौजूद हैं। शेरजा बुर्ज पर स्थित 'मलिक-ए-मैदान' तोप की अपनी अलग ही कहानी है। करीब पौने पांच मीटर लंबी और 40 टन भार की पीतल में ढाली गई यह तोप लोहे के एक टन के गोले को दागने में समर्थ थी। अपने किस्म की संसार की सबसे बड़ी इस तोप को अहमदनगर में ढाला गया था। विजयनगर के विरुद्ध हुए तालीकोट के युद्ध (1556 ई.) में इसका इस्तेमाल किया गया था। बाद में इसे परेंडा के किले के एक बुर्ज पर रखा गया था, जहां से 1632 ई. में आदिलशाह इसे बीजापुर उठा लाया। बीजापुर की सबसे बड़ी तोप दक्षिणी परकोटे के लंडा कसब बुर्ज पर स्थित है। लोहे से बनी इस तोप का भार 47 टन है।

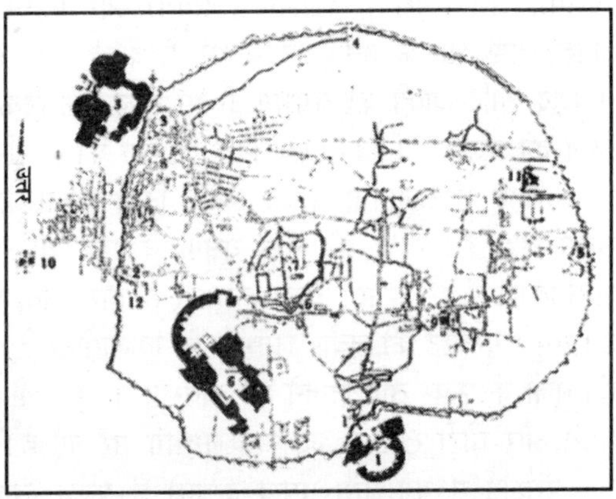

बीजापुर का नक्शा

1. फतेह दरवाजा (अलग से नक्शा)
2. मक्का दरवाजा
3. शाहपुर दरवाजा (अलग से नक्शा)
4. बहमनी दरवाजा
5. अलीपुर दरवाजा
6. भीतरी किले का दरवाजा (अलग से नक्शा)
7. भीतरी किले और महल
8. हैदर बुर्ज
9. जामी मस्जिद
10. इब्राहीम रौजा
11. गोल गुंबज
12. ताज बावड़ी

शहर में ऐतिहासिक महत्त्व की अनेक इमारतें हैं। इनमें सबसे विशिष्ट है गोल गुंबद। संसार के किसी भी अन्य गुंबद के नीचे इतनी खुली जगह नहीं है। अपने लिए इस भव्य मकबरे का निर्माण मुहम्मद आदिलशाह ने शुरू करवाया था। इसके चारों कोनों पर सतमंजिली मीनारें हैं। बीजापुर की दूसरी महत्त्वपूर्ण इमारत है– जामी मस्जिद। यह बीजापुर की सबसे बड़ी मस्जिद है। इसकी मेहराबों की सजावट और नक्काशी देखने लायक है। मक्का दरवाजे के भीतर ताज बावड़ी है, जो बीजापुर का प्रमुख तालाब है। उसी दरवाजे के बाहर सुलतान इब्राहीम का रौजा (मकबरा) है। बीजापुर की अधिकांश इमारतें अली प्रथम, इब्राहीम द्वितीय और मुहम्मद के समय में बनीं।

बीजापुर में अंतिम दो शासक कमजोर निकले। शिवाजी (1630-80 ई.) के पिता शाहजी कुछ साल तक बीजापुर की आदिलशाही की सेवा में थे। शिवाजी ने आदिलशाही राज्य के कई किलों को जीतकर अपना स्वतंत्र राज्य खड़ा किया था। फिर 1686 ई. में औरंगजेब ने बीजापुर पर हमला करके उसे जीत लिया और आदिलशाही को खत्म कर दिया। मुगलों के बाद 1724 ई. बीजापुर निजाम के कब्जे में चला गया। फिर यह शहर पेशवा के अधिकार में आया। पेशवाशाही के अंत के बाद बीजापुर सातारा राज्य का अंग बन गया। सन् 1848 में बीजापुर पर अंग्रेजों का कब्जा हो गया था।

दशाधारी है, दशगुणोत्तर (एक, दश, शत, सहस्र, दश सहस्र इत्यादि) है

विजयनगर

विजयनगर के भग्नावशेष कर्नाटक राज्य के बेल्लारी जिले के हास्पेट तालुके में हंपी गांव के पास तुंगभद्रा नदी के दक्षिण में हैं। आज से लगभग पांच सौ साल पहले यह एक वैभवशाली नगर था। इतालवी, ईरानी, पुर्तगाली और रूसी यात्रियों ने इस नगर की भूरि-भूरि प्रशंसा की है। पुर्तगाली यात्री पाएस ने इसे रोम जैसा विशाल और सुंदर नगर बताया, तो ईरान के राजदूत अब्दुर रज्जाक का कथन है– "पूरी दुनिया में विजयनगर जैसा शहर न तो कहीं देखा और न कहीं सुना।" लेकिन 1565 ई. में पराजय के बाद यह महान नगर विनष्ट हो गया और तब से खंडहर बना पड़ा है। अब इसके स्मारकों को विश्व धरोहर का सम्मान मिला है।

विजयनगर (नगर और राज्य) की नींव हरिहर और बुक्क नामक दो भाइयों ने रखी–1336 ई. में। इस काम में उन्हें विद्यारण्य नाम के एक मुनि की मदद मिली थी, इसलिए कुछ समय तक इस नगर को 'विद्यानगर' कहा गया। नगर का निर्माण 1343 ई. में पूरा हुआ। तब तक राज्य का विस्तार पूर्वी समुद्र से लेकर पश्चिमी समुद्र तक हो चुका था। पहले हरिहर ने शासन किया और उसकी मृत्यु के बाद उसके भाई बुक्क ने बाईस साल (1377 ई.) तक राज्य किया। पर मजे की बात यह है कि राज्य की नींव रखने वाले इन दोनों भाइयों ने कोई राजपदवी धारण नहीं की। आगे 'महाराजाधिराज' की पदवी इनके उत्तराधिकारियों ने धारण की।

कल्याणी जलाशय, विजयनगर

लगभग ढाई सौ साल तक वियजनगर पर चार राजवंशों का शासन रहा। विजयनगर के संस्थापक (हरिहर और बुक्क) संगम वंश के माने जाते हैं। संगम वंश का शासन 1485 ई. तक चला। इस वंश में देवराय द्वितीय एक शक्तिशाली शासक हुआ। उसने बहमनियों के साथ कई लड़ाइयां लड़ीं और श्रीलंका सहित समूचे दक्षिण भारत पर अपना राज्य स्थापित किया। वह एक विद्यानुरागी शासक था। उसी के समय में ईरान का राजदूत अब्दुर रज्जाक विजयनगर आया था।

संगम वंश के कमजोर पड़ने पर विजयनगर कुछ साल तक सालुव राजवंश के अधिकार में रहा। उसके बाद 1505 ई. में तुलुव राजवंश का शासन शुरू हुआ। इस वंश में कृष्णदेवराय (1509-29 ई.) और अच्युतराय (1529-42 ई.) दो योग्य शासक हुए। कृष्णदेवराय के शासनकाल को विजयनगर का स्वर्णयुग कहा जा सकता है। उसने बहमनी सुलतानों को कुचलकर रायचूर के दोआब (कृष्णा और तुंगभद्रा के बीच) पर कब्जा कर लिया। वह एक विद्वान शासक था और उसने संस्कृत तथा तेलुगु में पुस्तकें लिखीं। पंपापति (विरुपाक्ष) मंदिर का गोपुर व रंगमंडप, नरसिंह की भव्य मूर्ति और कृष्ण मंदिर उसी के समय में बने। उसने सिंचाई की कई योजनाएं पूरी कीं और हास्पेट के पास एक बड़ा तालाब बनाया। कृष्णदेवराय और उसकी दो रानियों की खड़ी कांस्य मूर्तियों को प्रसिद्ध तिरुपति मंदिर में आज भी देखा जा सकता है।

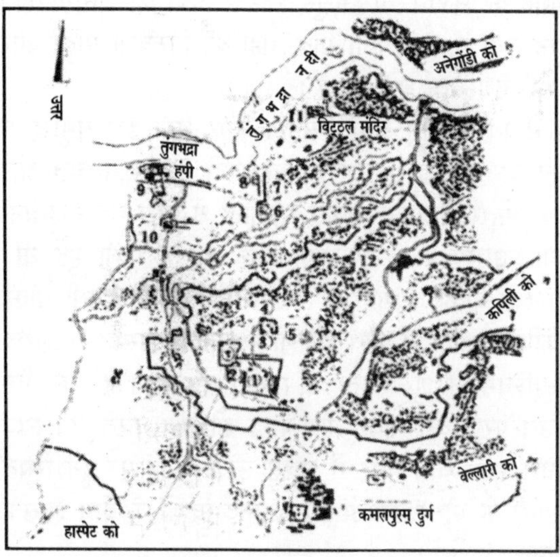

विजयनगर का नक्शा

1. राजप्रसाद (सिंहासन-मंच सहित)
2. टकसाल
3. हजार राम मंदिर
4. जनाना (कमल महल सहित)
5. अश्वशाला
6. अच्युतराय का मंदिर
7. सूलई बाजार
8. राजतुला
9. विरुपाक्ष मंदिर और हंपी बाजार
10. कृष्ण मंदिर
11. विट्ठल मंदिर
12. विष्णु मंदिर

कृष्णदेवराय के बाद अच्युतराय सिंहासन पर बैठा। वह भी विद्वान और विद्याप्रेमी शासक था। उसने अच्युतराय मंदिर

बनवाया और अन्य कई मंदिरों का विस्तार किया। मगर अच्युतराय के बाद विजयनगर राज्य में आपसी कलह का दौर शुरू हो गया। राज्य की बागडोर कृष्णदेवराय के जमाता रामराय के हाथों में चली गई और इस प्रकार विजयनगर पर चौथे अरवीडु वंश का शासन शुरू हुआ। रामराय ने दक्षिण की सल्तनतों को आपस में लड़ाने की चालें चलीं। लेकिन दांव उलटा पड़ा। बीजापुर, अहमदनगर, गोलकुंडा और बीदर की मुस्लिम सल्तनतें विजयनगर के विरुद्ध एकजुट हो गईं। रामराय ने भी एक विशाल फौज खड़ी की। जनवरी 1565 में कृष्णा नदीतट के पास तालीकोट में दोनों फौजों में जो युद्ध हुआ उसमें विजयनगर की पराजय हुई और रामराय मारा गया।

शत्रु सेना ने राजधानी में प्रवेश करके उसे कई दिनों तक लूटा और उसके स्मारकों को तहस-नहस कर डाला। विजयनगर राजधानी नहीं रहा और उसका वैभव सदा के लिए समाप्त हो गया। विजयनगर और उसके आसपास के क्षेत्र पर बीजापुर और गोलकुंडा की सल्तनतों का कब्जा हो गया। बाद में इस क्षेत्र पर क्रमशः औरंगजेब, हैदराबाद के निजाम और मैसूर के हैदर अली का शासन रहा। विजयनगर तो खंडहर बन गया है, परंतु हंपी गांव, यहां का विरुपाक्ष मंदिर और अन्य कुछ मंदिर आज भी तीर्थस्थान बने हुए हैं।

अपने उत्कर्ष-काल में विजयनगर अत्यंत समृद्ध नगर था। इस समृद्धि में विदेशी व्यापार का काफी योगदान था। नगर की किलेबंदी अत्यंत मजबूत और विस्तृत थी। एक-दूसरे के भीतर सात वलयाकार परकोटों से घिरी हुई राजधानी और उससे लगी बस्तियां लगभग 164 वर्ग-किलोमीटर क्षेत्र में फैली हुई थीं। बाहरी परकोटे की उत्तरी रक्षा-चौकी तुंगभद्रा के परे अनेगोंडी में थी। पूर्वी चौकी 19 किलोमीटर दूर के कंपिली स्थान में थी। दक्षिणी रक्षापंक्ति हास्पेट से करीब तीन किलोमीटर दक्षिण-पश्चिम से शुरू होती थी। नगर से सबसे दूर के तीन परकोटे कृषिभूमि और उस पर स्थित गांवों और बागों की रक्षा करते थे। स्वयं नगर चार परकोटों से घिरा हुआ था। नगर में सबसे ऊंची जगह पर दुर्ग स्थित था। दुर्ग और उसकी दीवारों के भीतर उद्यानों और आनंद महलों के बीच शासक का बहुमंजिला प्रासाद बना हुआ था।

परकोटों में कई छोटे-बड़े दरवाजे थे। सभी दरवाजे इतने बड़े थे कि उनमें से हाथी बड़े मजे में गुजर सकते थे। लेकिन अब विजयनगर की किलेबंदी के बहुत कम अवशेष बचे हैं। फिर भी वहां अभी बहुत कुछ बाकी है, जो गवाही देता है कि विजयनगर अपने जमाने में संसार का एक सर्वश्रेष्ठ शहर था।

जिंजी और श्रीरंगपट्टण के दुर्ग

दक्षिण भारत के मंदिर दूर-दूर तक मशहूर हैं, मगर इधर के किलों की ओर बहुत कम लोगों का ध्यान जाता है। दरअसल, दक्षिण भारत के कई किले बहुत प्राचीन हैं और उनका इतिहास भी काफी शानदार है। ऐसा ही एक किला है–जिंजी, जो चेन्नई (मद्रास) से करीब 140 किलोमीटर दक्षिण-पूर्व में तमिलनाडु के विल्लुपुरम् जिले में स्थित है। स्थानीय लोग इसे 'सेंजी' के नाम से पुकारते हैं, क्योंकि यहां देवी सेंजी अम्मान का मंदिर है। इसी सेंजी से अंग्रेजों ने अपना जिंजी शब्द बनाया था।

जिंजी दुर्ग तीन पहाड़ियों पर बसा हुआ है। एक बड़ा-सा त्रिभुज बनाने वाली इन पहाड़ियों के नाम हैं–राजगिरि, कृष्णगिरि और चंद्रगिरि। इन पहाड़ियों को

जिंजी दुर्ग का कल्याण महल (ऊपर दाएं) और सामने सभा-मंच

करीब 5 किलोमीटर लंबे परकोटे से जोड़ दिया गया है। परकोटे के बाहर काफी चौड़ी खाई है। राजगिरि सबसे ऊंची पहाड़ी है और मुख्य दुर्ग इसी पर बसा हुआ है। इस मुख्य दुर्ग को भी मजबूत परकोटे और चौड़ी खाई से घेरा गया है। जिंजी की किलेबंदी कई शासकों द्वारा कई चरणों में पूरी हुई।

जिंजी दुर्ग का इतिहास बहुत पुराना है। कुछ इतिहासकारों का मत है कि दक्षिण भारत के शक्तिशाली चोल शासकों ने ईसा की तीसरी से नौवीं सदी के बीच इस दुर्ग की नींव रखी थी। एक अन्य जानकारी के अनुसार, कोनार (यादव) कबीले के सरदार आनंद कोन-प्रथम ने 1200 ई. में राजगिरि पहाड़ी पर एक दुर्ग का निर्माण किया था। फिर उसके उत्तराधिकारी कृष्ण कोन ने 1240 ई. के आस-पास कृष्णगिरि पहाड़ी की किलेबंदी की।

दक्षिण भारत पर कब्जा जमाए रखने के लिए जिंजी दुर्ग को अधिकार में रखना आवश्यक था, इसलिए इसने समय-समय पर कई आक्रमण झेले हैं। जब यह दुर्ग विजयनगर साम्राज्य के अंतर्गत आ गया, तो यहां उनके प्रतिनिधि नायक सरदारों ने शासन किया। उनके कई साल के शांतिपूर्ण शासन में जिंजी के दुर्ग में कई रक्षा-साधन जोड़े गए। तालीकोट के युद्ध (1565 ई.) में विजयनगर की हार के बाद जिंजी पर बीजापुर की आदिलशाही का शासन शुरू हुआ। फिर यह दुर्ग मुगलों के कब्जे में चला गया।

सन् 1677 ई. में छत्रपति शिवाजी ने जिंजी दुर्ग मुगलों से जीत लिया। जब औरंगजेब ने 1689 ई. में शिवाजी के बड़े बेटे संभाजी को बंदी बनाकर मराठों की राजधानी रायगढ़ पर कब्जा कर लिया, तब शिवाजी के दूसरे बेटे राजाराम ने जिंजी जाकर वहीं से मुगलों के साथ अपनी लड़ाई जारी रखी। मुगलों द्वारा लंबे समय तक घिरे रहने पर भी उसने 8 साल तक जिंजी की रक्षा की। उस दौरान मराठों ने यहां कई नए रक्षा-साधन जोड़े। अंत में 1698 ई. में जिंजी पर मुगलों का कब्जा हो गया और उन्होंने यहां बेशुमार दौलत हासिल की।

मुगलों के बाद जिंजी पर आरकट के नवाब का कब्जा हो गया। फिर सन् 1750 में रात के समय अचानक हमला करके फ्रांसीसियों ने जिंजी को जीत लिया और आगे के 11 साल तक यह दुर्ग उनके अधिकार में रहा। उसके बाद करीब 20 साल तक जिंजी दुर्ग अंग्रेजों के कब्जे में रहा। सन् 1780 में श्रीरंगपट्टण (मैसूर) के शासक हैदरअली ने जिंजी पर हमला किया तो अंग्रेज बहुत डर गए थे।

जिंजी दुर्ग तीन पहाड़ियों पर बसा है, इसलिए यह एक 'गिरि दुर्ग' है। परंतु इन पहाड़ियों के मध्य में घाटी होने के कारण इसे 'गुहा दुर्ग' भी कहा जाएगा। इन दोनों स्थितियों के कारण जिंजी को 'मिश्र दुर्ग' की श्रेणी में रखा जाता है। जैसा

कि पहले बताया गया है, तीनों पहाड़ियों को एक बाहरी परकोटे से जोड़ा गया है। मुख्य दुर्ग राजगिरि पहाड़ी पर है। इसमें प्रवेश के लिए तिहरा दरवाजा है, जिसमें समकोण में कुल छह मोड़ हैं। इतने मोड़ वाला प्रवेश-मार्ग भारत के किसी अन्य दुर्ग में देखने को नहीं मिलता।

आगे दो और दरवाजे पार करने के बाद शिखर के ठीक नीचे एक खाई है, जिस पर लकड़ी का उठाऊ पुल बना है। उसके परे एक छोटा दरवाजा है। फिर शिखर की चोटी तक पहुंचने के लिए सात फाटकों और घुमावदार मोड़ों से गुजरना पड़ता है। सारी रचना इस प्रकार की है कि यहां के थोड़े से सैनिक शत्रु के सैकड़ों सैनिकों का मुकाबला कर सकते हैं। दुर्ग की एक विशिष्ट चीज है—एक चट्टान पर प्राकृतिक रूप से खड़ा करीब 7 मीटर ऊंचा एक गोला-पत्थर, जिसके मध्य भाग में खोखली जगह बनाई गई है। मृत्युदंड पाए कैदियों को इसमें डाल दिया जाता था—भूखे मरने के लिए।

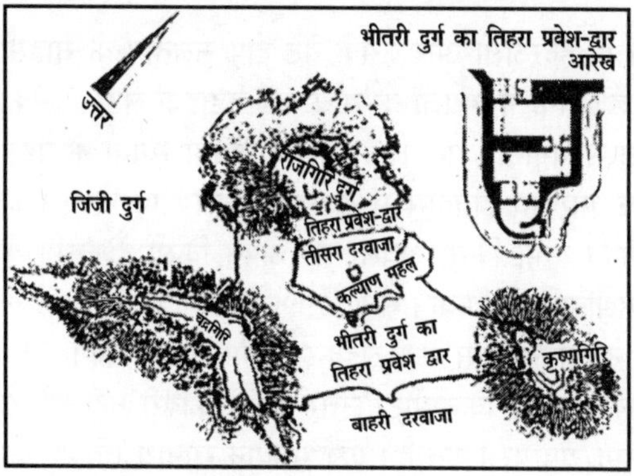

जिंजी दुर्ग का नक्शा

राजगिरि दुर्ग के तलहटी वाले हिस्से में मंदिर, मस्जिद, सभा-मंडप, आवास-गृह, धान्य-कोठार, तेल व घी के कुएं, कल्याण महल, शस्त्रागार आदि के अवशेष हैं। सबसे आकर्षक और स्थापत्य की दृष्टि से सबसे महत्त्वपूर्ण स्मारक है—विजयनगर शासनकाल में बना कल्याण महल। ऐसा महल देश के किसी अन्य किले में देखने को नहीं मिलता। वह वर्गाकार महल आठ मंजिला है और उसके ऊपर पिरामिड के आकार की छत है। महल में एक वर्गाकार चौक है, जिसके चारों ओर रानियों के निवास के लिए कमरे बने हैं। यहीं पर नायक शासकों द्वारा उपयोग में लाया गया वर्गाकार मंच वाला सभा-भवन है। कल्याण महल के पास ही स्नान के लिए एक खूबसूरत तालाब है, जिसमें उतरने के लिए चारों ओर सीढ़ियां बनी हुई हैं और बीच में मंडप है। कल्याण महल सहित समूचे परिसर में जल-आपूर्ति के लिए राजगिरि पहाड़ी पर स्थित स्रोतों से मिट्टी की भूमिगत पाइपों द्वारा पानी लाने की अद्‌भुत व्यवस्था की गई थी।

अंग्रेजों को हमेशा यह डर बना रहता था कि जिंजी जैसा मजबूत दुर्ग दुश्मन के हाथ में न चला जाए। इसलिए उन्होंने इसे नष्ट कर देने की योजना बनाई थी, मगर उसे अमल में लाना संभव नहीं हुआ। जिंजी दुर्ग बरबाद होने से बच गया। आज यह भारतीय पुरातत्त्व विभाग के संरक्षण में है। अभी कुछ साल पहले यहां की गई खुदाई और सफाई में दुर्ग से संबंधित कई नई बातों का पता चला है।

श्रीरंगपट्टण

श्रीरंगपट्टण का जिक्र आते ही हैदरअली और उसके बेटे टीपू सुलतान के साहसी युद्धों का स्मरण हो आता है। दोनों ने अंग्रेजों के साथ कई लड़ाइयां लड़ीं। उनका लक्ष्य था, अंग्रेजों को भारत से भगाना। सन् 1857 के स्वाधीनता संग्राम के पहले के करीब डेढ़ सौ सालों के भारतीय इतिहास में हैदरअली और टीपू ही ऐसे दो शासक नजर आते हैं जिन्होंने कभी किसी अवसर पर अपने किसी देशवासी के विरुद्ध अंग्रेजों के साथ समझौता नहीं किया। सन् 1799 में श्रीरंगपट्टण में अंग्रेजों के साथ हुए युद्ध में टीपू ने अंतिम सांस तक लड़कर वीरगति प्राप्त की।

श्रीरंगपट्टण मैसूर से लगभग 14 किलोमीटर उत्तर-पूर्व में कावेरी नदी की दो धाराओं के बीच बने द्वीपनुमा टापू पर स्थित है। यहां भगवान रंगनाथ (विष्णु) का मंदिर है, इसीलिए इस स्थान को यह नाम मिला है। लोककथाओं में मंदिर को बहुत पुराना बताया जाता है, परंतु अभिलेखों से पता चलता है कि इसका निर्माण 1200 ई. के आसपास हुआ। विशेष अवसरों पर बड़ी संख्या में श्रद्धालु जन यहां आते हैं और कावेरी में स्नान करके मंदिर में पूजा करते हैं।

विजयनगर साम्राज्य के दिनों में तिमन्ना नामक एक सामंत श्रीरंगपट्टण में शासन कर रहा था। विजयनगर के पतन (1565 ई.) के साथ दक्षिण भारत के छोटे-मोटे सामंत स्वतंत्र हो गए और आपस में झगड़ने लगे। उसी समय मैसूर के ओडेयर नामक सामंत स्वतंत्र राजा बन गए। ओडेयर राजा ने

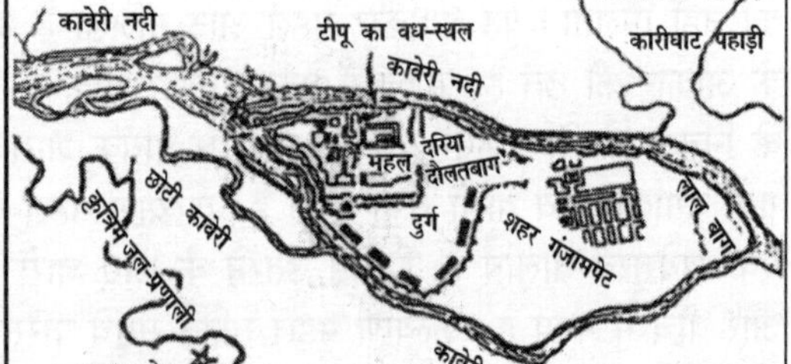

श्रीरंगपट्टण का नक्शा

टीपू सुलतान का मकबरा, श्रीरंगपट्टण

श्रीरंगपट्टण पर कब्जा करके वहां अपनी राजधानी स्थापित की। चिक्कदेवराज ओडेयर के शासन में मैसूर राज्य ने काफी तरक्की की।

बाद के ओडेयर शासक कमजोर निकले। उन्हें मुगलों और आरकट के नवाब के सामने पराजय स्वीकार करनी पड़ी। उसी समय मैसूर राज्य के सेनापति हैदरअली ने मराठों को हराकर राज्य की बागडोर अपने हाथ में ले ली। अकबर की तरह हैदरअली भी 'अनपढ़' था, मगर वह एक बहादुर, योग्य और न्यायप्रिय शासक था। उसने अपने राज्य का विस्तार करके उसे मजबूत बनाया। अंग्रेजों को हैदरअली से डर लगने लगा।

हैदरअली की मृत्यु (1782 ई.) के बाद उसके बेटे टीपू ने राज्य की बागडोर संभाली। पिता की तरह वह भी न्यायप्रिय, धर्म-सहिष्णु और साहसी योद्धा था। वह अंग्रेजों के साथ युद्ध करके उन्हें भारत से भगाना चाहता था। मगर उधर मैसूर की महारानी अपना खोया राज्य पुनः प्राप्त करने के लिए अंग्रेजों से मदद मांग रही थी। तब लार्ड कार्नवालिस के नेतृत्व में अंग्रेजों की फौज ने 1789 ई. में श्रीरंगपट्टण को घेर लिया। उस समय टीपू की स्थिति कमजोर थी, इसलिए उसे अंग्रेजों की कठोर शर्तें मानकर उनसे संधि करनी पड़ी।

टीपू ने अंग्रेजों से बदला लेने की ठान ली। उसने मदद के लिए कई देशों में अपने दूत भेजे और फ्रांस के शासक नेपोलियन को भी चिट्ठी लिखी। उस समय नेपोलियन मिस्र में अंग्रेजों की फौज पर हमला करने की तैयारी कर रहा था। अंग्रेजों को टीपू की इन गतिविधियों का पता चला, तो उन्होंने उसकी राजधानी श्रीरंगपट्टण पर हमला करने का निश्चय किया। आर्थर वेल्जली के नेतृत्व में मद्रास और मुंबई की अंग्रेजी फौजों ने फरवरी, 1799 में श्रीरंगपट्टण की ओर कूच किया। निजाम और पेशवा भी अंग्रेजों की मदद कर रहे थे। टीपू ने भी तैयारियां कीं। मगर श्रीरंगपट्टण में जो घमासान युद्ध हुआ उसमें

टीपू के कुछ सरदारों ने उसके साथ विश्वासघात किया। फिर भी उसने अंग्रेजों की शरण में जाना स्वीकार नहीं किया। अंत में गोली लगने से युद्धस्थल में ही 4 मई, 1799 को उसकी मृत्यु हो गई। उस समय टीपू 50 साल का था।

अंग्रेजों की सेना ने शाही महल में पहुंचकर हीरे-जवाहरात और खजाने को लूटा। टीपू के विशाल पुस्तकालय और दूसरे कीमती सामान को उन्होंने इंग्लैंड भेज दिया। फिर अंग्रेजों ने मैसूर की महारानी के साथ संधि करके कृष्णराज ओडेयर को गद्दी पर बिठा दिया। तदनंतर राजधानी मैसूर चली गई। आज श्रीरंगपट्टण और वहां का दुर्ग श्रीहीन है, मगर हैदरअली और टीपू के बनवाए स्मारकों को देखने बड़ी संख्या में पर्यटक वहां पहुंचते रहते हैं।

श्रीरंगपट्टण का रंगनाथ मंदिर

हैदरअली और टीपू ने दुर्ग में और आस-पास कई भवन बनवाए। उन्होंने किले के परकोटे की मरम्मत करवाई और बुर्जों, फाटकों, तहखानों आदि का निर्माण करवाया। बाहरी परकोटे से सटा हुआ बंदीगृह है। लकड़ी से निर्मित 'दरिया दौलत' महल किले से करीब आधे किलोमीटर की दूरी पर नदी के किनारे बना है और एक बाग के बीच में स्थित है। टीपू ने इसे 1784 ई. में बनवाया था। यह उसका ग्रीष्मकालीन महल था। इसकी दीवारें, खंभे, मेहराब और छतें नाना प्रकार की नक्काशी से अलंकृत हैं। इनमें बीच-बीच में सोने का सुंदर काम भी किया हुआ है। इसकी बाहरी दीवारों पर हैदर और टीपू के जीवनकाल में घटित युद्धों और युद्ध-यात्राओं के भव्य चित्र अंकित किए गए हैं। अब इस महल में संग्रहालय है, जहां हैदर और टीपू की अनेक चीजें संग्रहीत हैं।

टीपू सुलतान ने यहां एक शानदार मस्जिद बनवाई थी। मस्जिद एक ऊंचे चबूतरे के आधे भाग में है और इसमें दो ऊंची मीनारें बनी हैं। द्वीप के पूर्वी भाग में टीपू का मकबरा अथवा गुंबज स्थित है। गुंबज पीतवर्ण का है और खंभे काले संगमरमर के। यह मकबरा एक खूबसूरत उद्यान (लाल बाग) के बीच में है। इसे टीपू ने अपनी मां और पिता हैदरअली के लिए बनवाया था। अंग्रेजों ने टीपू की कब्र भी इसी में बनवा दी।

आज श्रीरंगपट्टण एक छोटा-सा कस्बा है, मगर इसके साथ इतिहास की अनेक यादें जुड़ी हुई हैं। श्रीरंगपट्टण का दुर्ग हमें हैदरअली और उसके बेटे टीपू द्वारा अंग्रेजों को भारत से निकाल बाहर करने के लिए किए गए साहसी युद्धों की याद दिलाता रहेगा।

भरतपुर और झांसी के किले

अंग्रेजों ने भारतीय राजे-रजवाड़ों को कभी आपस में भिड़ाकर, कभी लालच दिखाकर और कभी छल-कपट से उनके किले जीतकर, आज से दो सौ साल पहले, दिल्ली के तख्त तक की मंजिल तय कर ली थी। सितंबर, 1803 में जनरल लेक ने दिल्ली का सारा राज-काज अपने हाथ में ले लिया; शाह आलम हिंदुस्तान का नाममात्र का बादशाह बना रह गया। अंग्रेजों ने यह सफलता भाड़े के भारतीय सिपाहियों और आपस में झगड़ रहे देशी राजा-महाराजाओं के सहयोग से प्राप्त की थी। कुछ ऐसे भी भारतीय शासक थे जिन्होंने अंग्रेजों का डटकर मुकाबला किया। टीपू सुलतान ने अंग्रेजों से लड़ते हुए 1799 ई. में

भरतपुर दुर्ग का एक प्रवेश-द्वार; सामने पानी से भरी चौड़ी खाई और उस पर बना हुआ पुल

वीरगति प्राप्त की। इंदौर का शासक जसवंतराव होलकर अंग्रेजों का मुकाबला करते-करते दिल्ली तक पहुंच गया था। वह उत्तर भारत के राजाओं को अंग्रेजों के खिलाफ एकजुट करने में लगा हुआ था। ग्वालियर का सिंधिया (शिंदे) यदि होलकर का साथ देता, तो दिल्ली पर अंग्रेजों का कब्जा नहीं हो पाता। दिल्ली हथिया लेने के बाद अंग्रेजों को अब राजस्थान की ओर आगे बढ़ना था। पर रास्ते में पड़ता था भरतपुर का राज्य, जहां का शासक रणजीत सिंह अंग्रेजों के सामने झुकने के लिए तैयार नहीं हुआ। इतना ही नहीं, उसने जसवंतराव होलकर को अपने राज्य में शरण दे दी।

अंग्रेजों की फौजें होलकर का पीछा करते हुए भरतपुर राज्य में दाखिल हुईं। आगरा से 56 किलोमीटर पश्चिम में भरतपुर है। भरतपुर से 34 किलोमीटर उत्तर में डीग नामक स्थान है। जाट सरदार बदनसिंह ने 1722 ई. में डीग को अपनी राजधानी बनाकर वहां खूसूरत महल और बगीचे बनवाए थे। फिर उसके बहादुर बेटे सूरजमल ने शहर के दक्षिणी भाग में एक मजबूत किला बनवाया। किले की ऊंची दीवारों और मजबूत बुर्जों के बाहर काफी चौड़ी और गहरी खाई थी। बाद में सूरजमल ने भरतपुर को जीतकर उसे अपनी राजधानी बनाया और वहां एक नए किले की नींव रखी।

नवंबर, 1804 में होलकर की फौज डीग के किले में पहुंच गई। अंग्रेजों ने उसका पीछा किया। कई दिनों तक दोनों में लड़ाई चली। अंत में होलकर की फौज डीग के किले में पहुंच गई। डीग के दुर्ग और आस-पास के इलाके पर अंग्रेजों का कब्जा हो गया। जनरल लेक की फौज डीग से चलकर 3 जनवरी, 1805 को भरतपुर के पास पहुंची। अंग्रेजों ने रणजीत सिंह से कहा कि वह होलकर को उन्हें सौंप दे। परंतु रणजीत सिंह ने ऐसा करने से इंकार कर दिया। चार दिन बाद अंग्रेजों की सेना ने भरतपुर के ऊपर गोले बरसाने शुरू कर दिए।

भरतपुर दुर्ग का एक पुराना महल

भरतपुर के किले का निर्माण एक खास पद्धति से हुआ है। यह किला भूमिदुर्ग यानी जमीन पर बने किले का एक बेजोड़ उदाहरण है। किले की दो विशाल दीवारें (परकोटे) हैं। नगर को घेरने वाली बाहरी दीवार मिट्टी-गारे से बनी है। बारह किलोमीटर लंबी इस मोटी दीवार के बाहर पानी से भरी हुई काफी चौड़ी और गहरी खाई थी। लड़ाई के समय शत्रु की तोपों के गोले मिट्टी के बाहरी परकोटे में ही धंस जाते थे, जिससे किले का भीतरी भाग सुरक्षित रहता था।

नगर के पूर्वी भाग में स्थित आयताकार मुख्य दुर्ग साढ़े छह वर्ग किलोमीटर क्षेत्र में फैला हुआ है। इस भीतरी दुर्ग की दीवारें तराशे हुए पत्थर, ईंट और चूने से बनी हैं। ये करीब 10 मीटर ऊंची और 9 मीटर चौड़ी हैं। इन दीवारों का पिछला हिस्सा मिट्टी का था, जिस पर तोपों की गोलाबारी का कोई असर नहीं होता था। भीतरी दुर्ग की इन दीवारों के बाहर करीब 25 से 50 मीटर चौड़ी और 12 मीटर गहरी खाई थी, जिसमें सुजानगंगा नामक नहर का पानी भरा रहता था। दुर्ग के दो प्रवेश-द्वारों तक पहुंचने के लिए खाई पर पुल बने हैं। दक्षिणी द्वार लोहिया (या चौबुर्जा) दरवाजा और उत्तरी द्वार अष्टधातु दरवाजा कहलाता है। भव्य और कलात्मक अष्टधातु दरवाजे को महाराजा जवाहरसिंह 1765 ई. में मुगल खजाने को लूटने के बाद दिल्ली के लाल किले से भरतपुर ले आया था। बताया जाता है कि यह दरवाजा पहले चित्तौड़ में था। अलाउद्दीन खिलजी उसे दिल्ली उठा ले गया था।

भरतपुर के दुर्ग में 8 विशाल बुर्जें और 40 अर्धचंद्राकार बुर्जें हैं। आठ विशाल बुर्जों में प्रमुख है–जवाहर बुर्ज, जिसे महाराजा जवाहरसिंह ने दिल्ली विजय के स्मारक के रूप में बनवाया था। फतेह बुर्ज अंग्रेजों पर विजय की याद में 1806 ई. में बनाया गया था। जैसा कि पीछे बताया गया है, अंग्रेजी फौज ने जनवरी, 1805 में भरतपुर पर हमला किया था। परंतु मिट्टी के बने बाहरी नगर-कोट ने उनकी बमबारी को विफल कर दिया। कई अंग्रेज अफसर और उनके बहुत-से सैनिक मारे गए। अंग्रेजी सेना को विवश होकर वापस लौटना पड़ा।

बारह दिन बाद अंग्रेजी फौज ने फिर भरतपुर पर हमला किया। लेकिन इस बार भी उनकी पराजय हुई। फिर अगले महीने नई मदद प्राप्त करके अंग्रेजी सेना ने पुनः भरतपुर पर हमला किया। इस बार भी अंग्रेजों की फौज परकोटे को पार करके नगर में नहीं घुस पाई। उलटे रणजीत सिंह और होलकर की फौज ही परकोटे से बाहर निकलकर अंग्रेजी फौज के साथ भिड़ गई और उसे मार

भगाया। विवश होकर अंग्रेजों को भरतपुर के महाराजा के साथ संधि करनी पड़ी। अपने उस अपमान का बदला उन्होंने बीस साल बाद लिया। दिसंबर, 1825 में अंग्रेजों ने भरतपुर के राजघराने में शुरू हुए आंतरिक कलह का लाभ उठाकर पुनः जोरदार हमला करके दुर्ग पर अधिकार कर लिया।

भरतपुर की 1805 ई. की लड़ाई में अंग्रेजों की तीन बार हुई पराजय के कुछ स्पष्ट कारण हैं। मुख्य कारण तो यही है कि रणजीत सिंह और होलकर, दोनों की सेना के किसी भी आदमी ने उनके साथ विश्वासघात करके अंग्रेजों का साथ नहीं दिया। अंग्रेजों की करारी हार में भरतपुर के किले की खास बनावट का भी महत्त्वपूर्ण योगदान रहा।

अंग्रेजों से लोहा लेने वाला भरतपुर का यह किला 'लोहागढ़' के नाम से जाना जाता है। मगर अब यह खंडहर बनता जा रहा है। इसके बाहर की खाई जगह-जगह मिट्टी से भर गई है। भीतरी दुर्ग के आठ विशाल बुर्जों में दरारें पड़ गई हैं और वे टूटते जा रहे हैं। दुर्ग के भीतर के कई भवनों में सरकारी दफ्तर खुल गए हैं और कई निजी मकान भी बन गए हैं। अब दुर्ग के एक भवन में संग्रहालय है।

झांसी का किला

झांसी या झांसी के किले का नामोल्लेख होते ही रानी लक्ष्मीबाई का पुण्य स्मरण हो आता है। भारत के प्रथम स्वतंत्रता संग्राम के दौरान मार्च, 1858 में झांसी के मजबूत दुर्ग के बल पर रानी लक्ष्मीबाई की सेना ने अंग्रेजों की फौज का बारह दिन तक डटकर मुकाबला किया था। रानी की सहायता के लिए तात्या टोपे की फौज समय पर पहुंच जाती, तो झांसी में भी अंग्रेजों की हार सुनिश्चित थी। झांसी पर आक्रमण करने वाली अंग्रेजी फौज के सेनापति जरनल ह्यू रोज ने भी कहा था कि झांसी के दुर्ग की गणना भारत के प्रसिद्ध दुर्गों में होती है।

जानकारी मिलती है कि बंगरा पहाड़ी पर झांसी के दुर्ग की नींव ओरछा के महाराजा वीरसिंह जू देव ने 1613 ई. में रखी थी। वीरसिंह ने सलीम (बाद में जहांगीर) के कहने पर अकबर के नवरत्न अबुल फजल की हत्या कर दी थी। बाद में सलीम बादशाह बना तो उसने वीरसिंह को ओरछा का राजा बना दिया। तब वीरसिंह ने ओरछा से 20 किलोमीटर दूर की इस बंगरा पहाड़ी पर अपनी राजधानी की सुरक्षा-चौकी के रूप में एक छोटे गढ़ का निर्माण किया।

मगर झांसी के दुर्ग में मिले चंदेल कालीन अभिलेख और अलंकृत पाषाण-स्तंभों से पता चलता है कि यहां ईसा की नौवीं-दसवीं सदी में भी स्मारक मौजूद थे। वीरसिंह द्वारा यहां बनाए गए दुर्ग की आकृति ओरछा के जहांगीर महल से झांई-सी (छाया की तरह) दिखाई देने के कारण यह दुर्ग 'झांई-सी' कहलाया, जो बाद में झांसी के नाम से प्रसिद्ध हुआ।

रानी लक्ष्मीबाई

बुंदेलों ने एक समझौते के तहत 1742 ई. में झांसी का इलाका पुणे के पेशवा को प्रदान किया। पेशवा का प्रतिनिधि नारोशंकर झांसी का पहला मराठा शासक था। उसने झांसी दुर्ग का विस्तार करके नए फाटक, बुर्ज, महल, मंदिर आदि बनवाए। नारोशंकर द्वारा निर्मित भाग शंकरगढ़ कहलाता है। सन् 1769 में रघुनाथ हरि नेवाककर झांसी का शासक बना। उसके और उसके भाई शिवरामभाऊ के शासनकाल में झांसी की काफी उन्नति हुई। लेकिन आगे झांसी के कमजोर शासकों को अंग्रेजों के साथ समझौते करने पड़े।

शिवरामभाऊ के ज्येष्ठ पुत्र रघुनाथराव 1838 ई. में निस्संतान मर गए, तो अंग्रेजों की कंपनी सरकार ने उनके छोटे भाई गंगाधरराव को झांसी का राजा स्वीकार कर लिया। गंगाधर की पहली पत्नी मर गई, तो लक्ष्मीबाई के साथ उसका दूसरा विवाह हुआ। उस समय गंगाधर 40 साल का और लक्ष्मीबाई 14 साल की थी। इनके एक पुत्र हुआ, मगर वह तीन महीने बाद ही मर गया। तब इन्होंने दामोदर नामक एक बालक को दत्तकपुत्र के रूप में गोद ले लिया।

सन् 1853 में गंगाधर का देहांत हो गया। रानी लक्ष्मीबाई ने इस बात की काफी कोशिश की कि कंपनी सरकार उसके दत्तकपुत्र को राजा स्वीकार कर ले, परंतु लॉर्ड डलहौजी नहीं माना और उसने झांसी को अंग्रेजी राज्य में मिला लेने का फैसला किया। रानी लक्ष्मीबाई ने सुना तो उसके क्रोधपूर्ण उद्‌गार निकले–"मैं झांसी नहीं दूंगी।" मगर उस समय (दिसंबर, 1854) वह विवश थी।

देश में जगह-जगह अंग्रेजों के खिलाफ संघर्ष की तैयारियां शुरू हो गई थीं। भीतर-ही-भीतर क्रांति की आग सुलग रही थी। लक्ष्मीबाई क्रांति के नायकों के संपर्क में थी। कानपुर में 4 जून, 1857 को क्रांति का श्रीगणेश हुआ। उसी दिन झांसी में भी क्रांति का विस्फोट हुआ। उसके चार दिन बाद सायंकाल को झांसी में घोषणा की गई–"खल्क (सृष्टि) खुदा की, मुल्क बादशाह का; हुकूमत महारानी लक्ष्मीबाई की।" रानी ने झांसी के शासन की बागडोर स्वयं संभाल ली। उसने 14,000 की सेना खड़ी की और लगभग 50 तोपें भी तैयार कर लीं। उसने स्त्रियों की भी एक सैनिक टुकड़ी तैयार की।

फिर वह समय भी आया जब अंग्रेजों ने पुनः पलटकर क्रांतिकारियों पर हमला करना शुरू कर दिया। ह्यू रोज के नेतृत्व में अंग्रेजों की फौज मार्च, 1858 में झांसी के पास पहुंच गई। रानी भी लड़ाई के लिए तैयार थी। एक चट्टान पर बना हुआ झांसी का दुर्ग बहुत मजबूत था। दीवारें पांच से छह मीटर मोटी थीं।

झांसी के दुर्ग का एक पुराना चित्र

दुर्ग में बने मजबूत बुर्जों पर से तोपें दागी जा सकती थीं। रानी ने एक नई बुर्ज बनवाई थी, जिसका नाम 'सफेद बुर्ज' रखा था। उसमें युद्ध की भारी सामग्री एकत्र की गई थी।

दुर्ग नगर से घिरा हुआ था। पश्चिम की ओर से चट्टान की सपाट ऊंचाई दुर्ग की रक्षा करती थी। दक्षिण दिशा के खुले स्थान से नगर का परकोटा प्रारंभ होता था। एक टीला भी गढ़ की तरह बना लिया गया था और उस पर पांच तोपें चढ़ा दी गई थीं। नगर के परकोटे में बीच-बीच में बुर्जियां बनी थीं, जिनमें युद्ध की सामग्री जमा थी।

ह्यू रोज 21 मार्च (1858) को झांसी नगर के सामने पहुंच गया। दूसरे दिन से घमासान लड़ाई शुरू हो गई। रानी ने दुर्ग से तोपें दागना शुरू कर दिया। आठ दिन तक रात-दिन युद्ध चलता रहा। सायंकाल के समय 23 साल की रानी गोलंदाजों के पास जाकर उनका उत्साह बढ़ाती थी। 30 मार्च तक दुर्ग और नगर की कई बुर्जियां टूट-फूट गई थीं तथा कई तोपें बेकार हो चुकी थीं। कई हजार सैनिकों की जानें गईं। गोला-बारूद कम पड़ने लगा। रानी ने पेशवा से मदद मांगी। तात्या टोपे 20,000 की सेना के साथ झांसी की ओर रवाना हो गया। लेकिन वह बेतवा के पोखरों में जाकर फंस गया। ह्यू रोज की सेना के साथ हुए बेतवा के युद्ध में तात्या की फौज टूट गई। वह रानी को कोई मदद नहीं पहुंचा सका। इससे अंग्रेजों की हिम्मत बढ़ गई। एक भेदिए से अंग्रेजों को नगर-कोट के एक कमजोर स्थान का पता चल गया। उसे तोड़कर 2 अप्रैल को अंग्रेजों के सैनिकों ने नगर में प्रवेश किया। अब नगर के अंदर लड़ाई शुरू हुई। महल पर हमला हुआ। अंग्रेजों के सैनिक नागरिकों की हत्या और लूटपाट करने लगे।

महल पर अंग्रेजों का कब्जा हो जाने के बाद रानी लक्ष्मीबाई ने झांसी में रुकना उचित नहीं समझा। अपने सगे-संबंधियों और कुछ सैनिकों को साथ लेकर रानी रात के समय नगर से बाहर निकल गई। उस समय घोड़े पर सवार रानी की पीठ पर उसके दत्तकपुत्र दामोदर बंधा हुआ था। वह भांडेरी फाटक से निकलकर सरपट काल्पी की ओर बढ़ गई। इधर रानी की विश्वस्त दासी झलकारी ने लक्ष्मीबाई का रूप धारण करके मोर्चा लिया। अंत में 2 अप्रैल को झांसी के दुर्ग पर अंग्रेजों का अधिकार हो गया। झलकारी बाई ने अंग्रेजों से लड़ते हुए अपने प्राणों की आहुति दी। रानी के दो विश्वस्त मुसलमान तोपची गुलाम गौस खान और खुदाबख्श भी दुर्ग की रक्षा में शहीद हो गए। किले में इनकी समाधियां बनी हैं। क्रांति के दौरान ग्वालियर के शिंदे राजा ने अंग्रेजों की मदद की थी, इसलिए 1861 ई. में झांसी का किला उसे सौंप दिया गया। मगर

1886 ई. में अंग्रेजों ने झांसी का किला पुनः अपने अधिकार में ले लिया और उसमें अपनी फौज रखी।

आगे रानी लक्ष्मीबाई क्रांतिकारियों की सेना के साथ काल्पी से ग्वालियर गई। अंग्रेजी सेना भी ग्वालियर की ओर बढ़ी। ग्वालियर के पास कोटा की सराय में एक नाले के किनारे दोनों सेनाओं की अश्वारोही टुकड़ियों के बीच लड़ाई हुई। क्रांतिकारियों की उस टुकड़ी में रानी लक्ष्मीबाई भी थी। उसने 17 जून, 1858 को अंग्रेजों से लड़ते-लड़ते ही अपने प्राण त्यागे। पास ही एक पेड़ के नीचे उसका दाह-संस्कार हुआ। अंग्रेजों को उसकी मृत्यु का समाचार तीन दिन बाद मिला।

लक्ष्मीबाई की मृत्यु के बाद क्रांति का स्वरूप बदल गया। आगे कई महीनों तक छापामार युद्ध जारी रहा, मगर अंग्रेजों के खिलाफ पहला स्वातंत्र्य संग्राम अब एक तरह से समाप्त हो गया था।

भारत में विदेशियों के किले

समय-समय पर अनेक विदेशी जन-समुदाय भारत में आकर यहां स्थायी रूप से बस गए। केवल मध्य युग की ही बात करें तो हम देखते हैं कि तुर्कों, अफगानों और मुगलों ने भारत में आकर यहां अपने राज्य खड़े किए। यहीं पर अपनी राजधानियां सजाईं। इन्होंने भारत के पुराने किलों की मरम्मत करवाई और कई सारे नए किले बनवाए। मुगलों ने दिल्ली, आगरा, फतेहपुर-सीकरी, इलाहाबाद आदि स्थानों में नए शानदार किलों का निर्माण किया। बहमनियों ने भी दक्खन में बहुत से पुराने किलों को सुदृढ़ बनाया और कुछ नए किले भी बनवाए। यहां तक कि अबीसिनिया (पूर्वी अफ्रीका) से भारत में आकर बसे हुए सिद्दियों ने भी कई किलों के निर्माण में योगदान दिया।

लेकिन सोलहवीं सदी से स्थिति बदलती गई। यूरोप के पुर्तगाल, इंग्लैंड, हालैंड और फ्रांस जैसे देशों के सौदागर भारत में पहुंचने लगे और उन्होंने हमारे देश के समुद्र तट के महत्त्वपूर्ण स्थलों पर अपनी फैक्टरियां (कोठियां) स्थापित करने का काम शुरू कर दिया। जल्दी ही ये फैक्टरियां सैनिक अड्डे बन गईं। फिर इन विदेशियों ने अपने सैनिक अड्डों की किलेबंदी भी शुरू कर दी। इस तरह भारत के समुद्र-तटों के अनेक स्थानों पर विदेशियों द्वारा किलों का निर्माण हुआ।

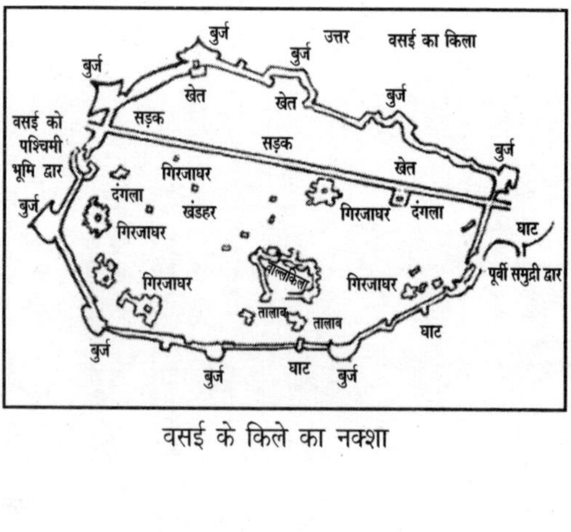

वसई के किले का नक्शा

यूरोप के सौदागरों और उपनिवेशवादियों के लिए भारत की राह खोलने वाला पहला पुर्तगाली नाविक था– वास्को-द-गामा, जो अपने तीन जहाजों से दक्षिण

अफ्रीका का चक्कर लगाकर 20 मई, 1498 ई. को केरल-तट के कालीकट बंदरगाह पहुंचा था। उस समय भारत में कई छोटे-छोटे राज्य थे। भारत में अभी मुगलों की सत्ता स्थापित नहीं हुई थी। पुर्तगालियों ने जल्दी ही कोच्चि जैसे बंदरगाहों में व्यापारी कोठियां खोलकर उनकी किलेबंदी शुरू कर दी। फिर पुर्तगाली गर्वनर आलबुकर्क ने 1510 ई. में बीजापुर की सल्तनत से गोवा छीनकर उसे भारत में अपने सामुद्रिक राज्य की राजधानी बनाया। पुर्तगालियों ने दीव और दमन पर भी अधिकार कर लिया। आगे जाकर उन्होंने वसई (मुंबई के उत्तर में) पर अधिकार करके उसे अपने उत्तरी अड्डों का मुख्यालय बनाया।

पुर्तगालियों के किले

पुर्तगलियों का गोवा पर लगभग साढ़े चार सौ साल तक शासन रहा–1510 ई. से लेकर दिसंबर 1961 ई. तक, जब इसे उनके कब्जे से मुक्त किया गया। गोवा प्रदेश पर अपने शासन को सुदृढ़ बनाने के लिए पुर्तगालियों ने यहां के पुराने किलों की मरम्मत करवाई और कुछ नए किले भी बनवाए। इनमें से कई किले अब खंडहर बन गए हैं, मगर कुछ अब भी टिके हुए हैं। इनमें प्रमुख और सबसे बड़ा है अगुवाद किला, जिसे अरब सागर और मांडवी नदी के मुहाने के पास की एक ऊंची पहाड़ी पर 1612 ई. में बनाया गया था। यहां एक प्रकाश-स्तंभ भी है। किले में पेयजल, आवासगृह, गिरजाघर, तोपों, बारूदखाना, बंदीगृह आदि का बंदोबस्त रहा है।

वसई के किले का पूर्वी समुद्री द्वार

अगुआद किले से करीब दो किलोमीटर पूर्व में मांडवी नदी के उत्तरी तट पर राइस मागोस किला है, जिसका निर्माण 1551 ई. में हुआ था। समय-समय पर इस किले का विस्तार और पुनर्निर्माण होता रहा है। यह अपेक्षाकृत छोटा किंतु शानदार किला आज भी अच्छी हालत में है। यहां का गिरजाघर देखने लायक है।

पुर्तगालियों द्वारा निर्मित गोवा प्रदेश के अन्य किले हैं–वास्को रेलवे स्टेशन के पास का मुरगांव किला (1624 ई.); छपोरा नदी के मुहाने पर 1717 ई. में बना छपोरा किला; छपोरा से नौ किलोमीटर उत्तर में नदी मुहाने के पास बना तेरेखोल (तिराकोल) किला। गोवा प्रदेश के दक्षिण-पश्चिम कोने के पास अंजदीव नामक पांच छोटे द्वीपों का एक समूह है। यहीं से पुर्तगालियों ने गोवा पर हमला किया था। अंजदीव में उन्होंने एक किला भी बनवाया था। पता चलता है कि यहीं पर सबसे पहले पुर्तगाली झंडा फहराया गया था और यही वह स्थान है जहां से पुर्तगाली झंडे को सबसे अंत में उतारा गया।

पुर्तगालियों का उत्तर की ओर का प्रमुख किला वसई में था। वसई शहर मुंबई से लगभग 48 किलोमीटर उत्तर में है। यहां का दुर्ग तीन ओर समुद्र से और उत्तर की ओर एक खाई से घिरा हुआ था। खाई, जिसमें समुद्र का पानी पहुंचता था, अब पाट दी गई है। इस दशभुजाकार किले की साढ़े चार किलोमीटर लंबी पत्थर की दीवार में 11 बुर्ज थे। किले के दो प्रवेश द्वार थे–पूर्व की ओर समुद्री द्वार और पश्चिम की ओर भूमि-द्वार। भीतर एक छोटा बालेकिल्ला (गढ़) भी था। किले में जलकुंडों, भंडार-गृहों, बारूदखाना, शस्त्रागार आदि के साधन मुहैया थे। किले के उत्तरी हिस्से में कुछ खेत भी थे। अब किले के लगभग सभी स्मारक खंडहर बन गए हैं।

मद्रास (तमिलनाडु) के डच किले की भीतरी दीवार

गुजरात के सुलतान बहादुरशाह के एक सेनापति मलिक तोकन ने 1533 ई. वसई में एक छोटा-सा किला

बनाया था। लेकिन अगले वर्ष बहादुरशाह को वसई का यह क्षेत्र मजबूरन पुर्तगालियों को सौंप देना पड़ा। पुर्तगालियों ने पहले यहां एक बालेकिल्ला बनाया और फिर 1590 ई. तक किले की दीवार और उसके भीतर के स्मारक बने। आगे के करीब 150 वर्षों तक वसई में वैभव और सम्पन्नता का साम्राज्य रहा। पुर्तगालियों ने यहां कई शानदार आवासगृहों, कॉन्वेंट्स, गिरजाघरों आदि का निर्माण करवाया। तब किले के भीतर केवल कुलीन पुर्तगाली (हिडाल्गो) ही रह सकते थे।

वसई पुर्तगालियों का एक प्रमुख नौसैनिक अड्डा और जहाज निर्माण का केंद्र बन गया था। 1739 ई. में पेशवा बाजीराव (प्रथम) के भाई चिमाजी आप्पा ने कठोर संघर्ष और भारी जनहानि के बाद वसई के किले पर कब्जा कर लिया। फिर 1802 ई. में पेशवा बाजीराव (द्वितीय) ने यहीं पर उस कुख्यात 'वसई की संधि' पर हस्ताक्षर किए जिससे मराठा संघ का सदा के लिए विघटन हो गया। अंत में 1817 ई. में वसई का किला अंग्रेजों के अधिकार में चला गया।

डचों के किले

पुर्तगालियों के साथ कुछ डच (हालैंडवासी) व्यापारी भी भारत पहुंचने लगे थे। फिर 1602 ई. में पूर्व के देशों में व्यापार करने के लिए उन्होंने एक कंपनी स्थापित की और अगले वर्ष उनका एक जहाजी बेड़ा कालीकट पहुंच गया। तब तक पुर्तगाली काफी कमजोर पड़ गए थे। डचों ने अपनी व्यापारी कोठियां चोळमंडल (कोरोमंडल) के तट पर स्थापित कीं—पहले मसुलिपटनम् में और फिर निजामपटनम्, देवनपटनम् और पुलिकट में। पुलिकट में डचों ने एक किले का निर्माण करके उसे चोळमंडल तट के अपने प्रशासन का मुख्यालय बनाया। बाद में मुख्यालय नागपटनम् में स्थानांतरित हुआ। डचों ने उत्तर में बालासोर (बालेश्वर), चिनसुरा, कासिमबाजार और पटना तक अपने पैर फैलाए। अंग्रेजों और डचों का संघर्ष शुरू हो गया। आगे जाकर अंग्रेजों ने डचों का भारत से पूरा सफाया कर दिया। भारत के पूर्वी तट पर डचों की ध्वस्त बस्तियों और किलों के अब कुछ ही अवशेष शेष बचे हैं।

चेन्नई (मद्रास) से 75 किलोमीटर दक्षिण में समुद्र तट पर सद्रास नामक एक पुरानी बस्ती है। इसका प्राचीन नाम सुदरंगपट्टिनम् था, जो बिगड़कर पहले सदिराई और बाद में डचों की जबान में सद्रास हो गया। पहले यह बंदरगाह रेशमी कपड़ों और मोतियों के निर्यात के लिए बहुत प्रसिद्ध था। डचों ने इस पर

कब्जा करके यहां एक मजबूत किला बनाया। यह आयताकार किला मजबूत ईंटों से बना है। इसकी पूर्वी दीवार में बुर्ज बने हैं। प्रवेश-द्वार पश्चिम की ओर था। डचों ने किले में बारूदखाना, शस्त्रागार और दो माल-गोदाम बनवाए थे। भीतर पानी के निकास के लिए उत्तम व्यवस्था थी।

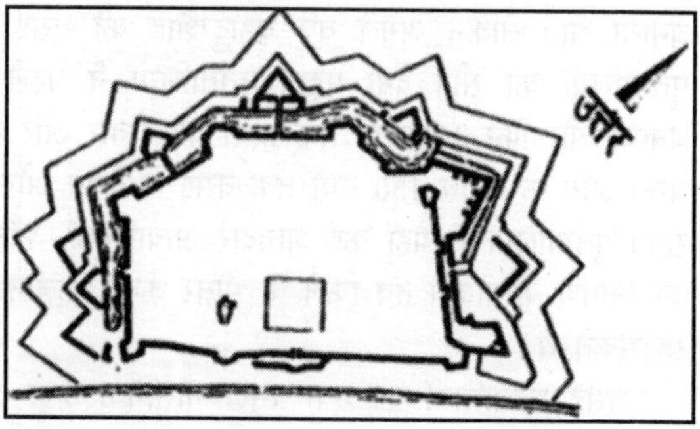

मद्रास (चेन्नई) के फोर्ट सेंट जार्ज की योजना

अंग्रेजों ने 1796 ई. में सद्रास के किले को जीतकर इसे ध्वस्त कर दिया। अब भारतीय पुरातत्त्व सर्वेक्षण की ओर से सद्रास के डच किले का पुनरुद्धार किया जा रहा है।

अंग्रेजों के किले

इंग्लैंड के व्यापारियों ने पूर्व के देशों में व्यापार करने के लिए 1599 ई. में 'ईस्ट इंडिया कंपनी' की स्थापना की और अगले वर्ष रानी एलिजाबेथ से आज्ञापत्र (चार्टर) प्राप्त किया। इंग्लैंड का एक जहाजी बेड़ा 1612 ई. में सूरत पहुंचा। पुर्तगालियों के कड़े विरोध के बावजूद अंग्रेज सूरत में अपने पैर जमाने में सफल हो गए।

अंग्रेजों को पता चला कि चोळमंडल का सूती कपड़ा गुजरात के कपड़े से भी बेहतर है। तब मसुलिपटनम् के अंग्रेज एजेंट ने चंद्रगिरि के नायक राजा से 1639 ई. में मद्रास (चेन्नई) में जमीन का एक टुकड़ा खरीदा और वहां एक किला बनाने की अनुमति प्राप्त की। लगभग आठ किलोमीटर लंबा और डेढ़

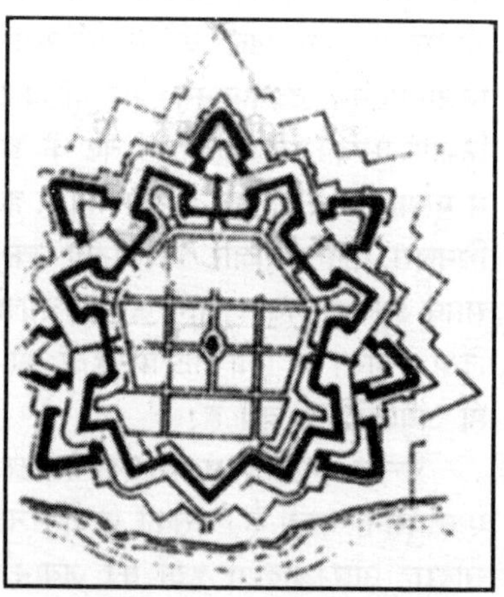

कोलकाता के फोर्ट विलियम की योजना

मुंबई के ब्रिटिश किले का पुराना चित्र (18वीं सदी)

किलोमीटर चौड़ा जमीन का यही पट्टा भारत में अंग्रेजों द्वारा अर्जित और शासित पहला भूक्षेत्र था। अंग्रेजों ने 1640 ई. में यहां एक किला बनवाया और उसे फोर्ट सेंट जार्ज (इंग्लैंड के संरक्षक संत) का नाम दिया। अंग्रेजों द्वारा भारत में निर्मित यह पहला किला था। आगे अंग्रेजों ने उड़ीसा, बिहार तथा बंगाल में बस्तियां बसाईं। इन सभी बस्तियों पर शासन करने के लिए अंग्रेजों ने फोर्ट सेंट जार्ज को प्रेसीडेंसी में तब्दील कर दिया।

फोर्ट सेंट जार्ज ने मुगलों और मराठों के हमलों को भी झेला है। कुछ साल तक इस किले पर फ्रांसीसियों का भी कब्जा रहा, मगर अंग्रेजों ने इसे पुनः हासिल कर लिया। मैसूर के शासक हैदरअली और उसके बेटे टीपू सुलतान ने भी मद्रास के किले पर हमला करने की तैयारियां की थीं। परंतु इस किले पर अंग्रेजों का कब्जा बरकरार रहा और इसने भारत में उनके राज्य विस्तार में अहम् भूमिका अदा की। आज इसके भीतर बने भवनों में सरकारी कार्यालय हैं।

मद्रास के बाद अंग्रेजों ने अपना दूसरा गढ़ और बंदरगाह मुंबई में बनाया। गुजरात के सुलतान ने 1534 ई. में मुंबई के द्वीप पुर्तगालियों को सौंप दिए थे। पुर्तगाली राजकन्या कैथरीन ब्रेगांजा का 1662 ई. में इंग्लैंड के राजा चार्ल्स द्वितीय के साथ विवाह हुआ, तो दहेज के रूप में मुंबई के द्वीप इंग्लैंड को दे दिए गए। आगे 1665 ई. में चार्ल्स ने मुंबई ईस्ट इंडिया कंपनी को दे डाली–प्रति वर्ष 10 पौंड के किराए पर। यहां से कंपनी का प्रशासन 1668 ई. में शुरू हुआ।

मद्रास के बाद मुंबई भारत में दूसरा स्थान था जहां अंग्रेजों को अपनी स्वयं की जगह मिल गई थी। तब मुंबई सात द्वीपों में विभक्त थी। अंग्रेजों ने मुंबई के दक्षिण-पूर्वी भाग के कुलाबा द्वीप के समुद्र-तट पर एक किले का निर्माण किया

(1670 ई.)। टाउन हाल (जिसके एक भाग में एशियाटिक सोसायटी का ग्रंथालय है) की इमारत से थोड़ी दूरी पर टकसाल है। उसके पीछे किले के अवशेषों को आज भी देखा जा सकता है। मुंबई का 'फोर्ट' नामक इलाका आज भी याद दिलाता है कि अंग्रेजों ने यहां एक किला बनवाया था। मुंबई का महत्त्व बढ़ने लगा तो अंग्रेजों ने इसे प्रेसीडेंसी बना दिया।

अंग्रेजों ने अपना तीसरा किला कोलकाता में बनाया। यह 24 अगस्त, 1690 की घटना है। ईस्ट इंडिया कंपनी के एजेंट जॉब चारनाक के जहाज ने हुगली नदी में सूतानटी गांव के पास लंगर डाला। फिर सन् 1697 में कंपनी ने स्थानीय नवाब से मात्र 1200 रुपए में तीन गांव–सूतानटी, गोविंदपुर और कालीकोता खरीद लिए और इन तीनों के मिलने से एक नई बस्ती बस गई, जो आगे चलकर कलकत्ता के नाम से प्रसिद्ध हुई। 'कलकत्ता' कालीकोता का ही रूपांतर है। अब कलकता को पुनः 'कोलकाता' नाम दिया गया है।

कलकत्ता में फोर्ट विलियम नामक किले का निर्माण 1696 से 1715 ई. के दौरान हुआ। इसके बन जाने से कलकत्ता में अंग्रेजों को सुरक्षा प्राप्त हो गई। बाद में इस किले को तुड़वाकर इसके स्थान पर कस्टम हाउस और जनरल पोस्ट आफिस की इमारतें बनवाई गईं। आज जिस स्थान पर किला है उसे बाद में चुना गया था।

अभी हाल तक समझा जाता था कि कलकत्ता नगर की नींव 1690 ई. में जॉब चारनाक ने डाली। परंतु नए पुरातात्विक सबूतों से प्रमाणित होता है कि पिछले कम से कम 2000 वर्षों से कोलकता में लगातार बस्ती और बंदरगाह का अस्तित्व रहा है।

पारिभाषिक शब्दावली

अंतःपुर, जनानखाना	the female apartment
अटारी, अलिंद, छज्जा	balcony
अट्टालक, अट्टालिका	tower
अर्धदल	merlons, raised crenellation
आधार, टेक	buttress
इंद्रकील	the bolt of a door, a pin
इंद्रकोष	a projection of the roof, balcony, crenelle
उत्खनन	excavation
उद्यान	garden
कमानी, मेहराब	arch
कंगूरे (दीवार के ऊपर के), फसील	battlements
कंगूरों के छिद्र	loop-holes
कगार	scarp
कडेलोट (मराठी)	very high precipice
कपिशीर्षक	battlement
कीलें	wedges
कोट, कूट	fort
कोट-घेरा	city-wall
कोट्टक	granary
कोष	treasure
खाई, परिखा	moat
गढ़, गड (मराठी)	fort, fortress
गढ़गज	barbican
गढ़ी, चौबुर्जी	small fort

गवाक्ष	a latticed window
गिरिदुर्ग	mountain fort
गुंबद	dome
गोपुर	main gateway and tower over it
ग्लैसिस, पुश्ता	glacis, a gently sloping earthen mound built round the outer edge of a moat
घोकस, घूंघट	barbican
चारदीवारी	city-wall, boundry
चौबारा	balcony
चौक	courtyard
चबूतरा, चौतरा	platform
छत्ता	archade
छत्री	memorial canopy
छिद्र	loop-holes
जंजीरा	island fort
जंघ्या (मराठी)	loop-holes
जलदुर्ग, अंबुदुर्ग	water-fort
जौहर, साका	voluntary immolation of women and children
झरोखा	machicolations
डाट, मेहराब	arch
तटबंदी	fortification
तल	floor
तहखाना	basement
ताजदार खिड़की	balconid window
तोरण	arch, lintel
दालान	carridore, veranda
दुर्ग	fort, fortress
देवालय, देवायतन	shrine, sanctuary
दुर्ग-द्वार	gateway
द्वारी	barbican

धन्व या धान्वदुर्ग	desert fort
नगर-द्वार	city-gate
नगारखाना	a gallery at the top of the gate where musicians played
नदीदुर्ग	river-fort
नरदुर्ग	man-fort
पश्चद्वार	postern
पडकोट (मराठी)	parapet, battlement
परकोटा, घेरा, प्राचीर	enceinte
परिधि	periphery
पर्दे की दीवार	barbican
पुर	city, fort
पुश्ता	battress
पोल	gate
प्रतोली	gateway
प्राकार	rampart
प्राचीर, परकोटा	city-wall
प्रासाद, महल	palace
फर्श	floor
फाटक	gate
फालिका	embrasures, openings made into the parapet for observing and firing
बांध, तटबंध, बंद, पुश्ता	embankment
बारादरी	audience hall
बालेकिल्ला	the upper fort, fortress
बुर्ज	bastion
भूतल	floor
मंडप	pavilion
मरुदुर्ग	desert fort
मेहराब	arch
महल, प्रासाद	palace

महीदुर्ग	earth fort, land fort
माची (मराठी)	a fortified level ground near the top
मिश्रदुर्ग	mixed fort
मेट (मराठी)	a small observational post on the slope of a fort
वनदुर्ग	forest fort
वप्र	rampart
वास्तु	architecture
वितान	domical roof
विधान	design
शहरपनाह	city-wall
संक्रम	bridge on a moat
संगतराश	sculptor
सहन	courtyard
सहायदुर्ग	ally-fort
सिंहद्वार	royal gate
सुरंग	tunnel, hollow way
सूच्याकार	pyramidal
सोपान	stairs, steps
स्तंभ, सुतून	pillar
स्थपति	architect
स्थलदुर्ग	landfort
स्थापत्य	architecture
हर्म्य	belvedere, balcony
हवेली	palace

●●●